4年

実力アップ 白地図ノート

教科書ワーク
96ページの
プラスワークも
見てみましょう。

自分だけの地図を作

社会の力をのばす! 調べ

JN058745

年	組	名前

※地図の縮尺(しゅくしゃく)は異(こと)なっている場合があります。また、一部の離島(りとう)を省略(しょうりゃく)している場合があります。

「白地図ノート」はとりはずして使用できます。

1 日本のすがた①

0　　　200km

2 日本のすがた②

使い方のヒント

日本は 47 の都道府県に分けることができるよ。知っている都道府県はいくつあるかな。

0　　　　200km

3 日本のすがた③

●色分けのルールをかこう。

0 ────── 400km

4 世界のすがた

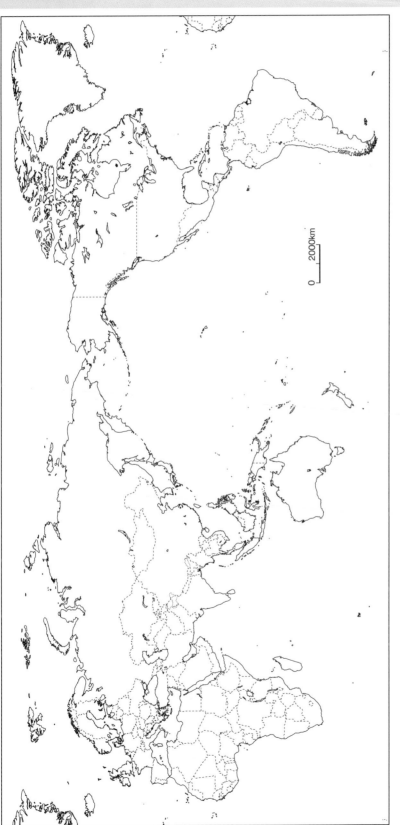

0 2000km

●調べたことを自由にかこう。

●色分けのルールをかこう。

5 都道府県マスター！

使い方のヒント

①～㊼の都道府県名がわかるかどうか、たしかめてみよう！漢字で書けるとかんぺき！

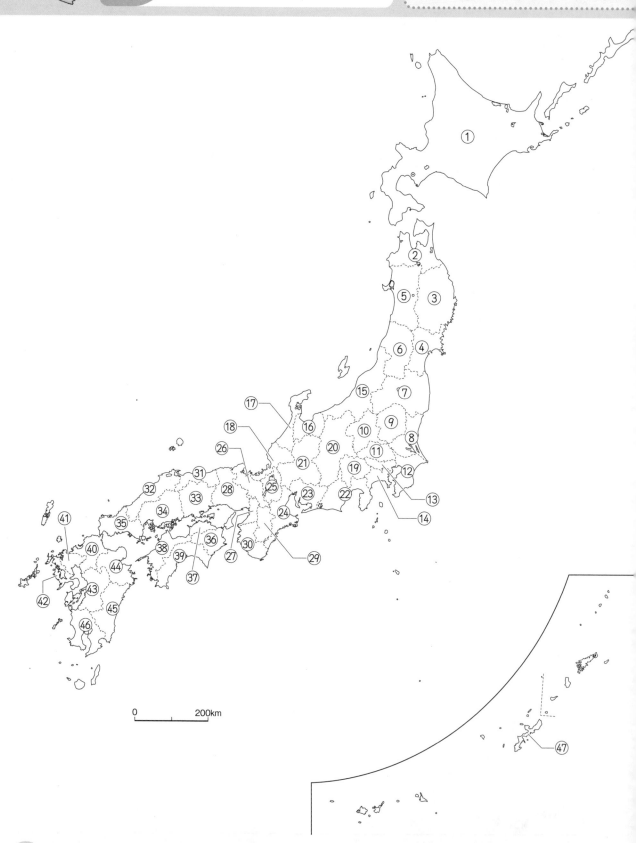

200km

6 都道府県庁所在地マスター！

とどうふけんちょうしょざいち

使い方のヒント

①〜㊼の都道府県の都道府県庁所在地名がわかるかどうか、たしかめてみよう！
漢字で書けるとかんぺき！

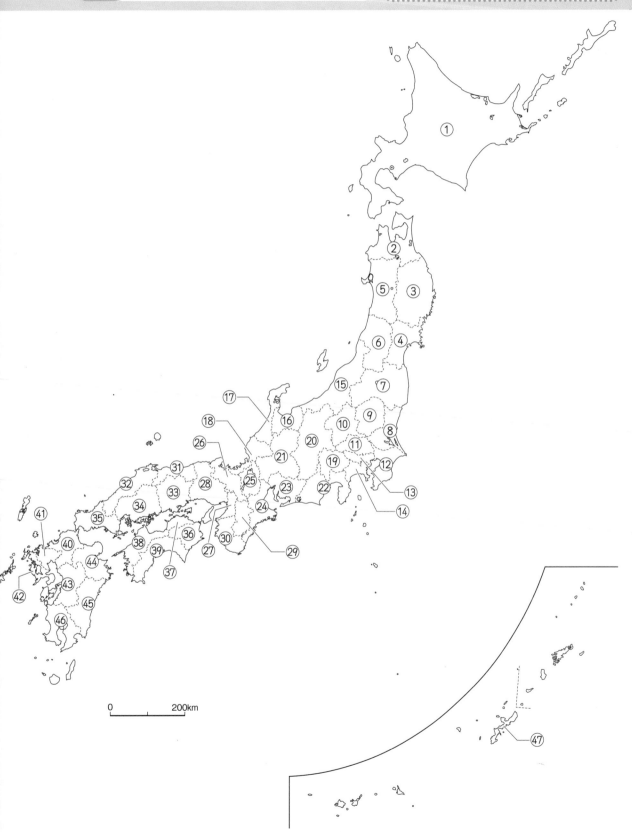

0　　　200km

7 日本の地方区分

●調べたことを自由にかこう。

0 〜〜〜〜〜〜〜〜〜〜〜〜 400km

●色分けのルールをかこう。

8 北海道地方
ほっかいどう

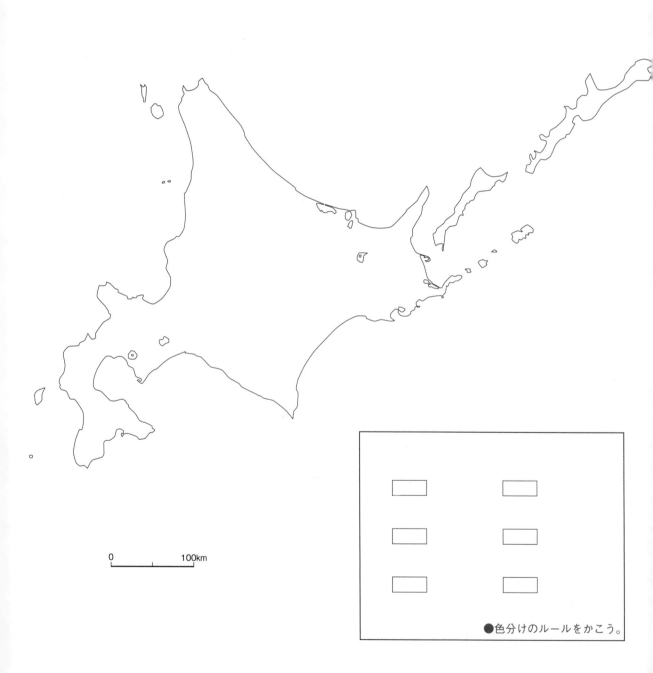

0　　　　　100km

●色分けのルールをかこう。

9 東北地方
とうほく

東北地方には６つの県があるよ。好きな県について、地形や農業、祭りなどの特色を自由に調べてみよう。

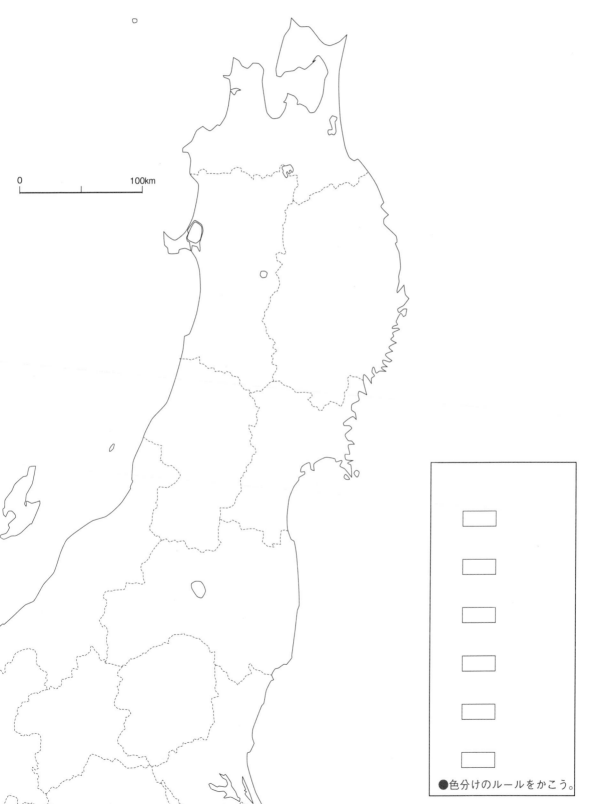

0 ─────── 100km

●色分けのルールをかこう。

10 関東地方
かんとう

使い方の**ヒント**
関東地方には1つの都と6つの県があるよ。好きな都県について、地形や農業、祭りなどの特色を自由に調べてみよう。
とくしょく

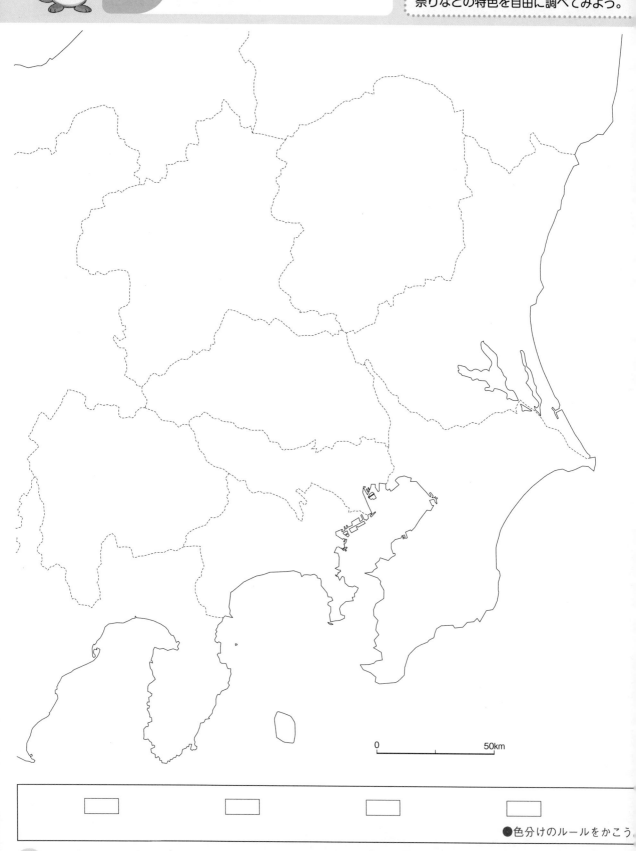

0　　　　　50km

●色分けのルールをかこう

11 中部地方

中部地方には9つの県があるよ。好きな県について、地形や農業、祭りなどの特色を自由に調べてみよう。

0 ────────── 50km

●色分けのルールをかこう。

● 勉強した日　　月　　日

12 近畿地方
きんき

使い方の ヒント

近畿地方には2つの府と5つの県がある
よ。好きな府県について、地形や農業、
祭りなどの特色を自由に調べてみよう。

0　　25km

●色分けのルールをかこう

13 中国・四国地方
ちゅうごく　しこく

0　　　50km

●色分けのルールをかこう。

14 九州地方
きゅうしゅう

使い方のヒント

九州地方には8つの県があるよ。好きな県について、地形や農業、祭りなどの特色（とく）を自由に調べてみよう。

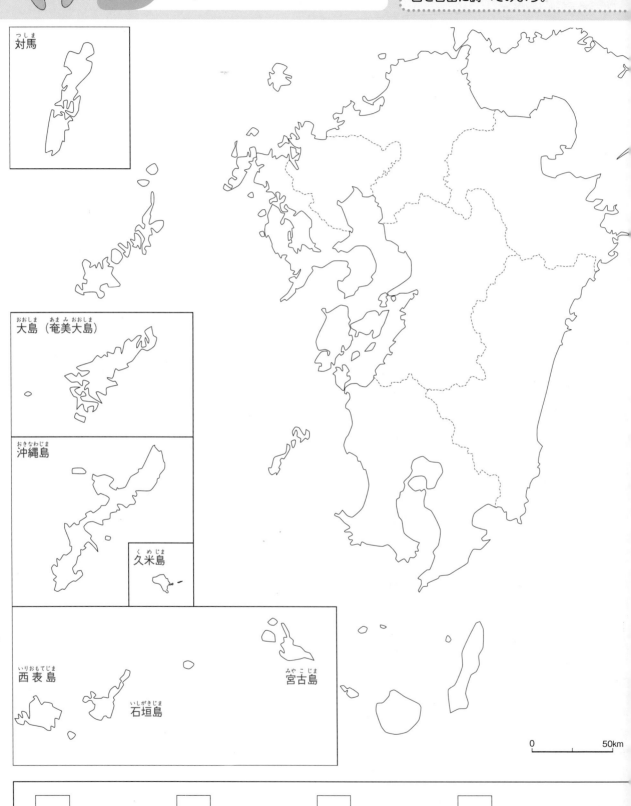

対馬
つしま

大島（奄美大島）
おおしま　あまみおおしま

沖縄島
おきなわじま

久米島
くめじま

西表島
いりおもてじま

石垣島
いしがきじま

宮古島
みやこじま

0　　　　　50km

●色分けのルールをかこう

教科書ワーク

答えとてびき

「答えとてびき」は、とりはずすことができます。

日本文教版

社会4年

使い方

まちがえた問題は、もういちどよく読んで、なぜまちがえたのかを考えましょう。正しい答えを知るだけでなく、なぜそうなるかを考えることがたいせつです。

日本の47都道府県を旅してみよう

2ページ きほんのワーク

❶ ①都道府県　②東京　③北海
④大阪　⑤京都　⑥43

❷ ⑦広島　⑧沖縄　⑨岩手
⑩愛知

3ページ 練習のワーク

❶ (1)㋑　(2)㋓・㋕　(3)㋐
(4)大阪・京都

❷ ①千葉県　②兵庫県　③滋賀県
④新潟県　⑤山口県　⑥石川県

てびき ❶ (1)㋐は福島県、㋒は島根県、㋓は和歌山県です。都道府県の「都」は東京都を指します。

(2)徳島県は中国・四国地方の県で、「阿波おどり」や「鳴門のうず潮」が有名です。㋐・㋑は東北地方、㋒は中部地方、㋔は関東地方、㋓・㋕は中国・四国地方にある県です。

(3)㋑の沖縄県と㋒の長崎県は東シナ海、㋓の福井県は日本海に面しています。海に面していない都道府県は、全部で8つあります。

❷ ①房総半島という大きな半島があります。②南にある島は淡路島といい、兵庫県にふくまれます。③日本で最も大きい湖である琵琶湖があります。④北にある島は佐渡島といい、新潟県にふくまれます。また、県内を流れる信濃川は日本一長い川です。⑤中国・四国地方の中で最も西側にあります。⑥能登半島という半島があります。

4ページ きほんのワーク

❶ ①北海道　②東北　③関東
④中部　⑤近畿　⑥中国・四国
⑦九州

❷ ⑧岡山　⑨佐賀　⑩栃木
⑪静岡

5ページ 練習のワーク

❶ (1)①㋕　②㋓　③㋑
(2)47
(3)[あ]群馬県　[い]鳥取県

❷ ①大分県　②秋田県　③長崎県
④茨城県　⑤青森県　⑥愛媛県

てびき ❶ (1)地方区分は、中国・四国地方をそれぞれ1つの地方(中国地方・四国地方)として8つとされることもあります。

(2)1都1道2府43県です。

(3)ほかに動物の名前が入っている都道府県には、熊本県と鹿児島県があります。

❷ ①大分県で有名な関さばです。②秋田県は、米の生産がさかんです。きりたんぽは米から作られます。③長崎県のカステラは有名です。④茨城県は、メロンやピーマンなども有名です。⑤青森県は、**青森ねぶた祭**やりんご、いかなどが有名です。⑥愛媛県の今治市は、タオルの生産で有名です。

1 わたしたちの県のようす

てびき **❶** (1)岡山県で特に人口が多い都市はイの岡山市、エの倉敷市です。岡山市は岡山県の県庁所在地で、県の政治の中心です。

(2)地図の中にある「↥」が方位を表す記号です。方位を表す記号がない場合は、地図の上が北となります。

(3)地図を見ると、人口が多い都市は瀬戸内海に近い南部に多いことがわかります。

❷ (1)瀬戸内海は島が多く、おだやかな海です。

(2)中国山地より北側を山陰地方、南側を山陽地方とよぶこともあります。岡山県がある中国地方は中国山地をさかいに、南と北で気候などがことなっています。

(3)ア吉備高原は県の西部にあります。イ市区町村の場所は、この地図からはわかりません。

(4)地図を見ると、土地が北から南に向かって低くなっていることがわかります。

てびき **❶** (1)①岡山桃太郎空港から、中国や韓国などに行けます。②瀬戸大橋は、鉄道と自動車で利用することができます。③人口の多いところに鉄道や道路が集まっています。

(2)水島港の周りには工場が集まっています。

❷ (1)岡山県内のいろいろな場所で特産物がつくられています。

(2)ア吉備高原に畑があります。ウ県の南北に岡山自動車道が走っています。オ米子自動車道は鳥取県にのびています。

てびき **❶** (2)①兵庫県は北が日本海、南が瀬戸内海に面しています。②沖縄県は、沖縄島や宮古島などの島々からできています。③長野県は、となり合っている県の数が最も多い県です。

❷ (1)岡山県は広島県、鳥取県、兵庫県と陸でとなり合っています。

❸ (1)①市街地は、県の南部に集まっています。③畑は県の東部よりも、西部に多く見られます。

(2)工場で使う原料を運んできたり、できた製品を運び出したりするときには、おもに船が使われます。そのため、工場は海に面したところに多くなります。

❹ (1)ア岡山桃太郎空港は岡山市にあります。ウ岡山県の県庁所在地である岡山市には、鉄道や道路が集まっており、空港もあります。

(2)岡山県では、ぶどうの生産もさかんです。アのりんごは青森県、ウのみかんは和歌山県や愛媛県、エのすいかは熊本県などでおもにつくられています。

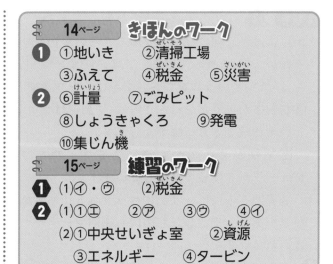

都道府県				8方位		
と	どう	ふ	けん	ほう	い	
特産物			白地図			
とく	さん	ぶつ	はく	ち	ず	

1　ごみのしょりと活用

てびき ❶ (1)ごみの分別については、地いきに
よってちがいがあるので、自分が住んでいる市
（区）町村のきまりにしたがって分別しましょう。
①プラマークがあるものは資源ごみになります。
ただし、大分市（おおいた）でもよごれたものはもえるごみ
に出すことが指定されています。②生ごみは、
水を切らないで出すともえにくくなりますから、
水をしっかり切って出すことがたいせつです。
③大分市の資料（りょう）では、われるものは「キケン」と
書いて有料指定ごみぶくろ（ゆうりょうしてい）に入れることになっ
ています。④大分市では、よごれた服はもえる
ごみとして出します。

(2)地いきごとに、資源ごみを回収（かいしゅう）するしせつ
や場所（せっち）が設置されています。

❷ (1)②ごみは、自分が住んでいる地いきのごみ
ステーションに出します。③もえるごみは、清
掃工場でもやします。

(2)①清掃工場でもやすごみ以外（いがい）のもえないご
みなどは、おもにリサイクルプラザでしょりさ
れています。③外国人の中には、日本語が読め
ない人たちもいます。市役所などでは、住んで
いる外国人にもわかるように資料をつくってい
ます。

てびき ❶ (1)⑦東の地いきのもえるごみは、佐（さ）
野（の）清掃センター清掃工場に運ばれます。

(2)税金（ぜいきん）は、わたしたちが国や都道府県（とどうふけん）、市（区）
町村におさめています。ものを買ったときにはら
うお金にも、税金がふくまれています。

❷ (1)①しょうきゃくろでごみをもやして灰（はい）にし
ます。②ごみをもやしたときに出たけむりのう
ち、体によくないものは集じん機で取りのぞか
れます。③運ばれてきたごみは一度ごみピット
にためられ、そこからクレーンでしょうきゃく（しゅうしゅう）
ろなどに運ばれます。④はじめに、収集車ごと
ごみの重さをはかります。

(2)①安全をたもつために、清掃工場でのすべ
ての作業は中央せいぎょ室でかんししています。
②磁石（じしゃく）につくものは鉄などに、つかないものは
アスファルトなどにリサイクルされます。③④
ごみをもやすときに出た熱（ねつ）を利用（りょう）して、タービ
ンで発電します。

てびき ❶ (1)①もえないごみが何でできている
かによって、何にリサイクルできるのかが変わ
るため、磁石を使って選別します。②まずは「あ
らはさい」という作業でおおまかにくだきます。
③おおまかにくだかれたごみは、「高速はさい」
という作業でさらに細かくします。

(2)㋐細かくしてから選別します。㋒コン
ピューターを使って計量しています。

(3)資源ごみには、ほかにペットボトルや古紙
などがあり、そうしたものにも識別マークがつ
けられています。

❷ (2)うめ立て場を新しくつくるのはかんたんで
はありません。どうしたら、今あるうめ立て場
をもっと長く使えるのかを考えていく必要があ
ります。

18ページ きほんのワーク

❶ ①セメント　②うめ立て場
③プラスチック　④資源プラごみ
⑤もえる　⑥ごみ拾い

❷ ⑦4R（アール）　⑧リフューズ
⑨リデュース　⑩リユース
⑪リサイクル

19ページ 練習のワーク

❶ (1)①㋒　②㋑　③㋐
(2)㋐・㋒
(3)①海　②プラスチック
③レジぶくろ

❷ ㋑・㋓

てびき ❶ (1)(2)大分県では、ごみをもやすとき
に出た灰をリサイクルしてセメントの原料とし
て使っています。
(3)SDGs（エスディージーズ）とは、だれ一人取り残すことなく、
地球上の人々が生きていくために、世界にある
いろいろな問題の解決に向けて、2030年までに
達成すべきだとされている17の目標です。

❷ ㋐「3きり運動」は、食べ物についてのものな
ので、セメント工場とは関係がありません。㋑
「3きり運動」とは、大分市が取り組んでいる、
「使いきり！　食べきり！　水きり！」をすすめ
る運動のことです。㋓4Rのごみをふやさない
取り組みは、家庭だけでなく市(区)町村や会社
も取り組んでいます。

20・21ページ まとめのテスト

❶ (1)①もえる　②水
(2)①○　②×　③○　④×
(3)〈例〉ガスボンベがばくはつして、ごみ
収集車がもえる。

❷ (1)分別（ぶんべつ）
(2)右図

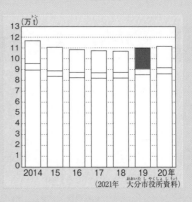

(2021年　大分市役所資料)

(3)災害（さいがい）

❸ (1)①㋑　②㋓
(2)〈例〉ごみをもやすときに出る熱（ねつ）を使っ
てタービンで発電している。
(3)㋐　(4)資源（しげん）

❹ (1)①㋑　②㋐　③㋒
(2)㋑・㋒

てびき ❶ (1)①すべての週の金曜日のところに、
「もえるごみ」と書いてあります。②図を見ると、
「もえないごみ」を出せるのは21日です。21日は
第3水曜日です。
(2)大分（おおいた）市で火曜日に出せるのは「もえるごみ」
です。②のかけた陶器（とうき）のお皿（さら）は「もえないごみ」、
④の新聞紙は、「古紙・布類（ぬのるい）」の日に出します。
(3)ガスボンベをもえるごみといっしょにすて
たり、中身が残（のこ）ったまますてたりすると、ごみ
収集車の中でばくはつするおそれがあります。

❷ (1)資源になるごみをきちんとリサイクルする
ためにも、ごみは地いきのルールにしたがって
分別して出します。
(3)大きな災害がおきると、建物（たてもの）がこわれたがれきなどもごみになるため、ふだんは出ないよ
うなごみがたくさん出ます。

❸ (2)ごみをもやすときに出る熱は、電気をつ
くったり、植物公園の温室をあたためたりする
などに使われることで、エネルギーがむだなく
利用（りよう）されています。
(3)㋑リサイクルできないごみを、まとめてう
め立て場でしょりします。㋒鉄やアルミニウム

4

は、リサイクルプラザで選別されてから、**リサイクル工場**に運ばれます。

(4)分類としては資源ごみでも、プラスチックの容器などはよごれているとリサイクルができません。水であらうことができるときは、あらってきれいにしてからごみに出すようにしましょう。

[4] (1)①「3きり運動」は、大分市以外の地いきでもおこなわれています。③3Rに**リフューズ**が加わり、**4R**となりました。

なぞり道場 何回も書いてかくにんしよう！

資(し)	源(げん)	ご	み		分(ぶん)	別(べつ)	
識(しき)	別(べつ)	マ	ー	ク		4	R(アール)

★下水のしょりと再利用

22ページ きほんのワーク

❶ ①下水道管 ②ちんさ池 ③第一ちんでん池 ④反のうそう ⑤第二ちんでん池

❷ ⑥せいけつ ⑦しん水 ⑧水質 ⑨再生水

23ページ 練習のワーク

❶ (1)下水
(2)(利用)できない
(3)①㋓ ②㋒ ③㋐ ④㋑

❷ ①× ②○ ③× ④×

てびき ❶ (1)**下水**は下水道管を通って**水再生センター**に運ばれ、きれいにしょりされてから川などに放流されます。

(2)下水はしょりされていても、飲み水には使えません。しょりされた「**再生水**」はトイレを流す水や、ふん水の水などに再利用されます。飲み水として利用できるのは、じょう水場でしょりされた水で、じょう水といいます。

❷ ②トイレットペーパーは、水にとけやすいようにくふうしてつくられています。それ以外の紙をトイレに流すと、紙がとけず、下水道管がつまってしまう原因となります。①のように道路にごみをすてると、下水道管に流れこみます。ごみによって下水道管がつまりやすくなります。大雨がふったときに下水道管がつまると道路に水があふれるので、道路にごみをすてないことや道路をきれいにすることもたいせつです。

2 くらしをささえる水

24ページ きほんのワーク

❶ ①214L ②おふろ ③トイレ ④お金 ⑤水量

❷ ⑥水 ⑦8 ⑧公共しせつ ⑨10 ⑩2

25ページ 練習のワーク

❶ (1)㋑
(2)㋐○ ㋑× ㋒× ㋓○
(3)㋒

❷ ①34 ②下水道 ③59

❸ ①10 ②家庭

てびき ❶ (1)図のすべての本数を足すと107本になります。

(2)㋑台所で使う量は3番目に多いです。㋒トイレで使う量は、2番目に多いです。

(3)**1立方メートル(㎥)**は1000リットル(L)をあらわしています。

❷ ①「ご使用水量」に注目しましょう。②「上水道」「下水道」の「金額」をくらべましょう。③昨年の同じ時期の使用水量と今回の使用水量をくらべることができます。

❸ ①グラフの右上に合計の水の量が書かれています。②「家庭」で使われる水量は、ほかのものを全部足した水量より多いです。

26ページ きほんのワーク

❶ ①琵琶湖 ②ダム ③じょう水場 ④取水口

❷ ⑤ちんさ池 ⑥ちんでん池 ⑦ろか池 ⑧浄水池 ⑨配水池

27ページ 練習のワーク

❶ ①㋒ ②㋓ ③㋔ ④㋑ ⑤㋐

❷ (1)①㋒ ②㋑ ③㋐
(2)①○ ②○ ③× ④×

[てびき] ❷ (1)じょう水場は、川から水を取り入れる→水の中のあらいごみや砂を取りのぞく→薬品を使ってさらに小さなごみを取りのぞく→砂のそうでにごりを取りのぞく→においやばいきんを取りのぞく→飲めるようになった水を浄水池でためる、という作業をへて、最後に配水池から水を家庭や学校などに送り出しています。

(2)③いっぱんの家庭では、飲むことができる水をトイレでも使っています。④じょう水場は、川から水を取り入れてきれいにしています。

28ページ　きほんのワーク

❶ ①水質けんさ　②薬品
③井戸　④病気

❷ ⑤学習問題　⑥ノート　⑦司会
⑧話し合い　⑨発言　⑩ぎもん

29ページ　練習のワーク

❶ (1)資料１㋐　資料２㋒　資料３㋑
(2)①毎日　②薬品　③ばいきん

❷ (1)㋒(→)㋐(→)㋑
(2)①×　②○　③×

[てびき] ❶ (1)資料１…じょう水場では24時間交代して水をつくり続けるため、中央管理室のコンピューターも24時間動いています。

(2)水質けんさでは、水の中に人の体によくないものや病気のもとになるばいきんがいないか、化学物質がふくまれていないかなどを毎日調べ、水に入れる薬品の量を調節しています。

❷ (1)ノートに自分の考えをまとめます。

(2)①話し合いでは、自分の考えも発表しましょう。③話し合いの中でぎもんが出た場合は、そのぎもんも発表しましょう。

30ページ　きほんのワーク

❶ ①水道管　②琵琶湖　③森林

❷ ④水じょう気　⑤雨　⑥森林
⑦地下水　⑧川　⑨海
⑩水源　⑪緑のダム

31ページ　練習のワーク

❶ ①そうじ　②よし　③よごさない

❷ (1)㋐○　㋑×　㋒×　㋓○
(2)①1990　②人口　③給水量

[てびき] ❶ ①川の水がよごれると、取水することができなくなるので、川のそうじをすることはたいせつな取り組みだといえます。②よしは、水中のちっそやリンをすい取ったり、よごれを分解したりすることができます。滋賀県にある琵琶湖は日本でいちばん大きな湖で、滋賀県だけでなく近畿地方の他の府県に住む人々のくらしもささえています。また、琵琶湖のまわりの水源となる森林を守る取り組みもおこなわれています。

❷ (1)㋑人口は2000年からあまり変わっていません。㋒給水量がいちばん多いのは1990年です。

(2)給水量がへっているのは、水をむだにしない節水の取り組みがおこなわれているためと考えられます。

32・33ページ　まとめのテスト

[1] (1)㋑
(2)㋓
(3)①家庭　②３

[2] (1)ダム
(2)①㋐　②㋒　③㋓　④㋑

[3] (1)①㋑　②㋐
(2)井戸

[4] (1)①㋑　②㋒　③㋐
(2)㋐・㋑

[5] (1)1990(年)
(2)①〈例〉ふえて　②〈例〉へって
(3)節水

[てびき] [1] (1)資料１からは、「上水道料金」「下水道使用量」「昨年の同じ時期に使った水の量」などがわかります。

(3)家庭の次に多いのは、会社や公共しせつなどです。

[2] (1)ダムには、おもに水の量を調節する治水の役わりと、田や畑に水を送る利水の２つの役わりがあります。ダムがないと、川の水の量が多くなりすぎてこう水が発生することがあります。

[3] (1)くらしにかかせない水を管理しているじょう水場は、職員が交代で働いており、24時間運転しています。

(2)井戸からくんだ水は十分に安全とはいえず、水質が悪いと病気が流行することもありました。

[4] (2)森林は、水をたくわえるはたらきがあるため、大雨などが原因でおこる土砂くずれやこう水を防ぐことができます。

[5] (2)大阪府の給水量は、1990年から2019年にかけてへり続けています。大阪府の人口は、1970年から1990年にかけてふえ続け、その後は約900万人で安定しています。

(3)家庭での水の使われ方は、おもにトイレ、ふろ、食事の準備・後かたづけ、せんたくなどです。トイレで使う水の量を調節し、ふろに入るときや顔をあらうときに水を出しっぱなしにしないようにすることで、節水することができます。

なぞり道場 何回も書いてかくにんしよう！

			すい	じょう		すい	げん
じ	ょ	う	水	場		水	源
きゅう	すい	りょう		せっ	すい		
給	水	量		節	水		

★わたしたちのくらしと電気／★わたしたちのくらしとガス

34ページ きほんのワーク

[1] ①火力　②水力　③原子力
④変電所　⑤二酸化炭素
⑥再生可能　⑦太陽光

[2] ⑧タンカー　⑨ガス　⑩ガスもれ

35ページ 練習のワーク

[1] (1)①㋑　②㋐　③㋒
(2)送電線　(3)㋒
(4)①少ない　②風力

[2] (1)㋒
(2)①ガスもれ　②ガス管　③地震

てびき [1] (1)①日本の発電は、**火力発電**がいちばん多いですが、石油などの燃料のほとんどを輸入にたよっていることや、燃料をもやすときに多くの二酸化炭素などが発生するという問題があります。

(3)㋐は**水力発電**など**再生可能エネルギー**による発電の説明で、㋑は**原子力発電**の説明です。

(4)②**波力発電**は、海でおこる波の力を使って電気をおこします。再生可能エネルギーとは自然の力を利用したエネルギーで、水力、風力、太陽光、地熱などがあります。二酸化炭素やはいき物を出さず、燃料がなくなる心配がないという利点がありますが、発電せつびの費用や発電できる量などに課題があります。

[2] (1)㋐**天然ガス**のほとんどを輸入にたよっています。㋑都市ガスの原料の天然ガスやLPガスの原料の石油からつくったガスには、もともとにおいがありません。ガスがもれたときにわかるように、においがつけられています。

(2)ガス会社はガス管を定期的に点検して、安全に利用できるようにしています。

36・37ページ まとめのテスト

[1] (1)①㋑　②㋒　③㋐　(2)ガス
(3)①○　②○　③×

[2] (1)㋒　(2)㋑

[3] (1)①○　②△　③□　④△
(2)㋐
(3)①二酸化炭素　②地球温だん化
(4)自由化

[4] (1)①(LNG)タンカー
②気体〔ガス〕
(2)〈例〉ガスもれに気がつきやすくするため。

てびき [1] (1)まず大きなよごれをしずめ、次に細かいよごれをしずめ、しずめきれなかったよごれをび生物によって分解します。

(3)③道路わきにあるみぞにごみなどをすてると、下水道管がつまる原因になります。

[2] (1)㋐**水力発電**は、水が流れ落ちる力でタービンを回して発電します。㋑電力会社どうしで電気を送り合うことができます。㋒少ない量の電気は、電池にためておくことができますが、電力会社が毎日送っている量の電気をためておく技術は、まだ実用化されていません。

(2)日本の発電は、**火力発電**が中心です。2011年におこった東日本大震災のえいきょうで、原子力発電の利用は少なくなりました。

[3] (1)②水力発電は、石油や石炭、天然ガスなどの化石燃料を使わないため二酸化炭素やはいき物を出さない、かんきょうにやさしい発電方法ですが、ダムの建設にたくさんの費用が必要になります。③**原子力発電**は少ない燃料でたくさ

んの電気をつくることができ、二酸化炭素も出さない発電方法ですが、大きな事故がおこると、広いはんいにえいきょうがおよびます。

⑵㋑は**太陽光発電**、㋒は**風力発電**、㋓は**波力発電**のせつびです。

⑶②**地球温だん化**のたいさくは世界中でとられており、一人ひとりの行動がたいせつです。

⑷電力の自由化によって、電力会社以外のガス会社や通信会社などからも電気を買えるようになりました。

[4] ⑴**天然ガス**は気体ですが、冷やして液体にすることで、一度に多くの量を運ぶことができるようになります。液体にした天然ガスをLNGといいます。

⑵ガスがもれると、ばく発や火事などの事故がおこることがあります。

なぞり道場 何回も書いてかくにんしよう！

か	りょく	はつ	でん				
火	力	発	電				
すい	りょく	はつ	でん				
水	力	発	電				
げん	し	りょく	はつ	でん			
原	子	力	発	電			
ち	きゅう	おん			か		
地	球	温	だ	ん	化		

1 自然災害から命を守る

38ページ きほんのワーク

❶ ①関東大震災 ②自然災害 ③台風 ④風水害 ⑤しん水

❷ ⑥荒川 ⑦てい防 ⑧水門 ⑨はんらん

39ページ 練習のワーク

❶ ⑴①㋐ ②㋒ ③㋑

⑵①台風 ②下 ③土砂くずれ

❷ ⑴㋑

⑵①とじた ②下がった ③こえる

てびき ❶ ⑴土砂災害は大雨が原因でおこり、津波は地震が原因でおこります。このように、ほかの**自然災害**のえいきょうによっておきる災害があります。

⑵①2019(令和元)年の台風19号(東日本台風)のときは、東京都では秋川や多摩川がはんらんし、あきるの市や世田谷区でしん水などのひ害がおきました。また、この台風は関東地方から東北地方にかけての広いはんいで大きなひ害をもたらし、長野県では千曲川のてい防がこわれてはんらんするなどのひ害がありました。②下水道や川には雨水が流れこみますが、**台風**や大雨などのときには流れこむ水が多くなりすぎることによって、はんらんすることがあります。

❷ ⑴図の隅田川の左の低いほうのてい防の高さが、隅田川がはんらんする水位です。

⑵台風19号がきたとき、**国土交通省**の荒川下流河川事務所のはんだんで岩淵水門をとじたことで、隅田川ははんらんしなかったため、風水害のひ害がおさえられました。

40ページ きほんのワーク

❶ ①改修 ②調節池 ③雨水

❷ ④区役所 ⑤自衛隊 ⑥消防しょ ⑦救助 ⑧交通整理

41ページ 練習のワーク

❶ ⑴㋑・㋓

⑵①水位 ②観測所 ③公園 ④調節池

❷ ⑴①㋒ ②㋓ ③㋐ ④㋑

⑵多く

てびき ❶ ⑴写真は、東京都が環状七号線という大きな道路の下につくった神田川・環状七号線**地下調節池**で、中野区と杉並区にまたがっています。

⑵①②観測所では、川の水の水位や、地下調節池の水の量をたしかめています。③公園のほかにも、学校の運動場なども水をためておくはたらきをもっています。④地下調節池ができたことによって、急に大雨がふってもしん水がおきないようになりました。

❷ 自然災害がおきたとき、自分たちでできるひなんを自主的にしましょう。

42ページ きほんのワーク

[1] ①けい報　②ひなん所　③ハザードマップ　④防災アプリ

[2] ⑤住民　⑥運営訓練　⑦ライフライン　⑧食料　⑨防災会議　⑩校長先生　⑪びちく倉庫

43ページ 練習のワーク

[1] (1)㋐
(2)けい報
(3)①ハザードマップ　②ひなん

[2] (1)①学校　②防災会議　③役所
(2)㋐×　㋑○　㋒×　㋓○

[てびき] [1] (1)気象庁のホームページでは、地いきごとの自然災害についての注意報やけい報、特別けい報を発表しています。

(2)注意報よりもけい報の方が災害のおきる可能性が高いといえます。また、重大な災害がおきる可能性がある場合に、気象庁は特別けい報を出してけいかいをよびかけます。

(3)地震や風水害など、災害の種類によってひ害のおきる場所やはんいがちがうため、それぞれの災害について、ハザードマップがつくられています。

[2] (2)㋐ライフラインは、水道や電気、ガス、電話、インターネットといった、人が生活するうえでたいせつなせつびのことです。インターネットなどの通信は、情報を得たり発信したりするためにたいせつだといえます。㋒㋓ひなん所は学校におかれることが多いですが、運営や訓練は、おもに地いきの住民がおこないます。

44ページ きほんのワーク

[1] ①公助　②共助　③自助　④互助

[2] ⑤水はけ　⑥ラジオ　⑦ひなん　⑧きけん　⑨家族　⑩防災訓練

45ページ 練習のワーク

[1] (1)①㋐　②㋒　③㋑
(2)互助

[2] (1)①㋐　②㋑
(2)①家族　②自助　③防災アプリ　④防災訓練

[てびき] [1] (1)大きな災害がおこったとき、けいさつや消防、自衛隊などによる救助活動(**公助**)だけにたよるのは限界があります。そのため、自分の身は自分で守ること(**自助**)や、地いきの人たちと共に助け合うこと(**共助**)がたいせつになります。

①公助の取り組みの例
・人命の救助、ひ害を受けた地いきの復旧や復興活動
・メール配信サービスや防災無線などの整備
・地いきの自主防災団体へのほ助金の給付
・防災パンフレットなどの配布
・防災講座の出張活動
・びちく品の整備や管理

②自助の取り組みの例
・食料や飲み水のびちく
・家具の固定
・家族でひなん場所やひなん経路を決める

③共助の取り組みの例
・地いきの防災訓練
・地いきの見回りや情報伝達
・高れい者や障がい者への協力

[2] (1)①暴風雨の体験をすることで、強い雨や風の中で行動することがむずかしいことを実感でき、雨や風が強くなる前に早めにひなんすることのたいせつさを理解することができます。

(2)①災害がおきたらどのように行動するか、そのために家の中や家族の一人一人がどのようなそなえをするか、家族みんなで話し合っておくようにしましょう。

46・47ページ まとめのテスト

[1] (1)①㋒　②㋐
(2)①前　②あと　③集中豪雨
(3)国土交通省

[2] ①○　②○　③×　④×　⑤○　⑥○

[3] (1)㋑・㋓
(2)〈例〉(水道、電気などの)人が生活するうえでたいせつなせつび。

[4] (1)①公助　②共助　③自助
(2)①㋒　②㋐　③㋓　④㋑
(3)㋐・㋒・㋔

てびき **1** (2)開発が進む前は、木や地面、田などが水をたくわえていたので、水はすぐに下水道や川に流れこみませんでした。しかし、開発が進んだあとは水をたくわえるはたらきをするものが少なくなったため、水が一度に下水道や川に流れこむようになり、水害がおきやすくなりました。

2 ③緑地はけずるのではなく、保全回復(ほぜんかいふく)が風水害(ふうすいがい)へのたいさくとしておこなわれています。④雨水がしみこむ歩道がつくられています。この絵を見ると、それほど川や雨と関係(かんけい)がなさそうなところもあり、東京都(とうきょう)が風水害(ふうすいがい)をふせぐためにいろいろなしせつを利用(りよう)していることがわかります。

3 (1)水害(すいがい)ハザードマップには、しん水のひ害の予想や、ひなん所の場所がかかれています。ハザードマップを見て、自分の住んでいる家の近くでひ害がどうなると予想されているかをたしかめておくことがたいせつです。なお、水害と地震(じしん)では、ひ害が大きくなることが予想される場所やはんいがちがうので、ひなん場所がちがっている場合があります。ですから、それぞれの災害ごとのハザードマップをかくにんし、ひなん経路(けいろ)などを考えましょう。

4 (1)国や都道府県(とどうふけん)、市(区)町村による救助活動(きゅうじょ)を公助、近くに住む人たちが共(とも)に助け合う救助活動を共助、自分自身で自分の身を守る活動を自助といいます。一人一人の人が自助を心がけることでひ害をへらせます。

(3)①きけんな場所には、近づかないように気をつけることがたいせつです。①水害にそなえるためには、できるだけゆかは高くしておくことがたいせつです。

なぞり道場	何回も書いてかくにんしよう！

自(し)	然(ぜん)	災(さい)	害(がい)		台(たい)	風(ふう)
自	然	災	害		台	風

自(じ)	衛(えい)	隊(たい)		気(き)	象(しょう)	庁(ちょう)
自	衛	隊		気	象	庁

ハ	ザ	ー	ド	マ	ッ	プ

公(こう)	助(じょ)		自(じ)	助(じょ)		共(きょう)	助(じょ)
公	助		自	助		共	助

◆ **地震による災害**

48ページ	**きほんのワーク**

1 ①地震(じしん) ②水 ③けいさつ
④復旧(ふっきゅう) ⑤給水(きゅうすい)
⑥ボランティア
2 ⑦危機管理室(ききかんり) ⑧公助(こうじょ) ⑨共助(きょうじょ)
⑩自助(じじょ)

49ページ	**練習のワーク**(こう)

1 (1)①585 ②神戸(こうべ)(市)
(2)①⑦ ②⑦ ③① ④①
2 (1)①① ②⑦ ③⑦
(2)①⑦ ②⑦ ③①

てびき **1** (1)表は、1995年1月17日に兵庫県(ひょうご)で発生した阪神(はんしん)・淡路大震災(あわじだいしんさい)についてのものです。震源地(しんげんち)は淡路島(あわじ)北部で、最大震度(さいだいしんど)7の大きな地震(じしん)でした。なかでも神戸市(こうべ)で大きなひ害(がい)が出ました。家がこわれて住めなくなった人は、兵庫県(ひょうご)や神戸市が公園や学校の校庭などにつくった仮設住宅(かせつじゅうたく)でくらすことになりました。

(2)ライフラインは、わたしたちが生活を送るために必要な電気、ガス、水道、電話やその他の通信(つうしん)、交通などのことをいいます。阪神・淡路大震災のときは、鉄道や高速道路はひ害が大きかったため、復旧(ふっきゅう)するのにおよそ8か月から9か月かかりました。

2 (1)災害(さいがい)がおきたとき、自助・共助・公助がそれぞれおこなわれることで、ひ害を少なくすることができます。

(2)①家にいるときには、まずは落ちてくる物などから身を守ります。ゆれがおさまったと思っても、余震(よしん)がおきる場合があるので、すぐには外に出ないようにします。②屋外にいるときには、家やしせつなどのブロックのへいや自動販売機(はんばい)など、たおれるかもしれない大きいきけんなもののそばには近づかないようにします。近くに公園などの広い土地があるときには、頭を守って安全をかくにんしながら、ひなんします。③人の多いしせつにいるときには、しせつの係の人の指示(しじ)にしたがって、落ち着いて行動するようにします。エレベーターは、停電(ていでん)すると止まってとじこめられることがあるので、使わないようにします。

◆津波による災害

50ページ **きほんのワーク**

❶ ①巨大地震　②津波　③19　④3

❷ ⑤高台　⑥てい防　⑦防波てい
⑧強く　⑨ひなん標識

51ページ **練習のワーク**

❶ (1)㋑
(2)①×　②○　③×　④○

❷ (1)①高台　②津波
(2)㋐・㋓

てびき ❶ (1)地下にあるプレートとよばれる地面が動くと地震が発生します。地震は津波だけでなく、火災や地割れを引きおこすこともあります。

(2)①和歌山県の北部には、震度5強が予想されている地いきも見られます。③この地図は震度の分布を示しているため、津波のひ害については読み取れません。

❷ (1)「**稲むらの火**」は和歌山県にある紀州広村(今の広川町)で、浜口梧陵という人が地震のときにおこなった対応をもとにつくられた話です。この地震のあとも、梧陵は津波のためのてい防をつくるなど、さまざまなたいさくをおこないました。

(2)㋑てい防は低いと津波がこえてきてしまうため、高くつくります。㋒ひなん方法などのたいさくは、都道府県だけでなく市町村もいっしょに考えます。

★火山による災害／★雪による災害

52ページ **きほんのワーク**

❶ ①ふん火　②畑　③復興
④市や町　⑤観測

❷ ⑥弘前　⑦雪　⑧除雪　⑨熱
⑩たいさく本部　⑪ボランティア

53ページ **練習のワーク**

❶ (1)①㋐　②㋓　③㋒　④㋑
(2)㋒

❷ (1)①じゅうたい　②除雪
(2)①㋐　②㋓　③㋑

てびき ❶ (1)火山のふん火けいかいのレベルは1から5まであります。レベル1は予報、レベル2から3はけい報として出されます。レベル4から5は特にきけんなじょうたいのため、特別けい報として出されます。

(2)㋐ふん火けいかいのレベルは周辺に住む人にけいかいしてもらうため出すものなので、ふん火が始まる前に、できるだけ早く出されます。㋑火山の研究は進んでいますが、ふん火がいつおきるかといったふん火の予想は、できるようになっていません。

❷ (1)①道路に雪が積もると、自動車は走りにくくなり、事故もおこりやすくなるため、車が多くなる朝までに**除雪**をしておく必要があります。②除雪は積もった雪を取りのぞく作業です。作業に使うことができる車には、除雪トラックやロータリ除雪車などがあります。雪の多い市町村では、毎年、除雪など雪たいさくの費用が多くかかります。

(2)①弘前市では、市民に小型の除雪機をかし出して、協力して雪害にそなえられるようにしえんしています。②道路や歩道、駐車場などがこおらないように、路面の温度を上げて雪をとかすしくみを、ロードヒーティングといいます。③弘前市は、「ひろさき便利まっぷ」という情報サイトを作り、除雪・はい雪をしている場所や雪置き場の場所を発信するなどして、市民に雪たいさくのための役に立つ情報を知らせています。

1　わたしたちのまちに伝わるもの

54ページ **きほんのワーク**

❶ ①五島神楽　②対馬
③黒島天主堂　④世界遺産

❷ ⑤年中行事　⑥長崎くんち
⑦踊町　⑧7　⑨国宝

55ページ **練習のワーク**

❶ ①㋑　②㋐　③㋒　④㋔
⑤㋓

❷ (1)①年中行事
②㋐㋒　㋑㋑　㋒㋐
(2)①380年　②10月　③神社

[てびき] ❶ ①・②・③は長崎県に古くから伝わるものです。①の五島神楽は、五島列島にある五島市で、今から500年くらい前に原型が生まれ、げんざい、舞いの種類は全部で30あります。②の朝鮮通信使は、今から400年くらい前から200年ほど前に朝鮮から日本に送られた使節で、対馬は通信使のなか立ちをしていたことを記念して、毎年「対馬厳原港まつり」で朝鮮通信使を再現したパレードをおこなっています。③の黒島天主堂は、佐世保市の本土からはなれた黒島にあり、**世界遺産**や国の重要文化財になっています。④・⑤は栃木県に古くから伝わるものです。

❷ (1)①表は、日本でおもにおこなわれている**年中行事**をあらわしています。このほかに、長崎くんちのような地いきごとの年中行事もあります。長崎くんちは、家族や地いきの人々の幸せをいのるためにはじめられたという説もあります。②**節分**は2月、**七夕**は7月、**月見**は9月の年中行事です。

1月	正月	7月	七夕
2月	節分	8月	盆
3月	ももの節句 (ひな祭り)	9月	月見
4月		10月	
5月	たんごの節句	11月	七五三
6月	虫送り	12月	おおみそか

(2)踊町の人たちは当番の年に、6月から9月まで、ほぼ毎日だしもののけいこをします。

56ページ きほんのワーク

❶ ①インタビュー　②協力
③時間　④道具

❷ ⑤シンボル　⑥手作業
⑦長崎ししゅう　⑧衣装
⑨つながり

57ページ 練習のワーク

❶ ①○　②○　③×　④×
⑤×

❷ (1)㋐先頭　㋑手作業　㋒いない
(2)①ししゅう　②船　③協力

[てびき] ❶ ③けいこの期間は、「6月から9月まで」と答えているので、4か月間です。④かさぼこや衣装、小道具、楽器といった祭りに使う物や、だしものに出る人たちへのお祝いの品などを見せることを「庭見せ」といいます。けいこのせいかを人にひろうすることではありません。⑤シャギリは、「だしもので、ふえやたいこを使っておこなうえんそうのこと」だと答えています。

❷ (1)かさぼこは、長崎くんちの各踊町のシンボルで、昔と変わらないものが手作業によって作り続けられています。

(2)①長崎ししゅうは、長崎くんちのかさぼこのたれや、船頭衣装に使われる長崎の美術工芸です。③かさぼこを作る人や踊町の人たちが協力し、助け合ってくんちを成功させようとしています。

58ページ きほんのワーク

❶ ①へって　②ふえて　③伝統
④わかい
⑤諏訪っ子くんちフェスティバル

❷ ⑥中国　⑦国宝　⑧軍艦島
⑨人口密度　⑩世界遺産

59ページ 練習のワーク

❶ (1)㋐・㋒
(2)①伝統　②地いきの人
③ふえて

❷ (1)㋒・㋓
(2)①㋐　②㋒　③㋑

[てびき] ❶ (1)踊町は、お金がかかることや町の人口がへったことなどから、参加をとりやめる町が出てきて、43の町にへりました。長崎伝統芸能振興会では、長崎くんちという**伝統芸能**をわかい人たちに受けついでもらうために、わかい人たちにくんちについて知ってもらうための活動をしています。

(2)踊町のだしものには、鯨の潮吹き、川船、龍踊、南蛮船、宝船・七福神、鯱太鼓などがあります。「諏訪っ子くんちフェスティバル」では、地いきの人の指導を受けた小学生が、保護者や地いきの人たちに、練習してきただしものをひろうしています。

❷ (1)㋐大浦天主堂は、キリスト教が禁止されていたときにとらえられ、1597年に長崎でなくなった信徒26人が、1862年に聖人とされたことを受けて建てられた教会です。㋑今見ることができる大浦天主堂は、1945年に原子ばくだんのひ害を受けて、その後しゅうりされたものです。

60・61ページ まとめのテスト

[1] ①㋒　②㋑　③㋓　④㋐

[2] (1)①[い]　②[え]　③[あ]　④[う]

(2)㋑・㋒

[3] (1)①㋒　②㋐　③㋑

(2)〈例〉わかい人にくんちの伝統を受けついでほしいと思っているから。

(3)㋑・㋓

[4] (1)㋐

(2)①石炭　②無人　③中国

[てびき] [1] ①朝鮮通信使は、今から400年ほど前から200年ほど前の期間に、朝鮮から日本に向けて送られた外交使節団です。対馬では、毎年「対馬厳原港まつり」で朝鮮通信使を再現したパレードがおこなわれています。②黒島天主堂は、佐世保市本土から西へ10kmほどはなれたところにある黒島に建てられている教会で、世界遺産や国の重要文化財になっています。③ペーロン大会は、今から360年ほど前にはじめられた船をこぐ競争で、航海の安全をいのってはじめられました。④五島神楽は、五島列島にある五島市で原型が500年ほど前にでき、舞いの種類は全部で30あります。国の重要無形民俗文化財に指定されています。

[2] (2)㋐長崎くんちのだしものは、7年に一度の当番に当たった踊町の人たちがおこないます。㋓何月にけいこをおこなうかは、このメモからはわかりません。

[3] (1)(2)長崎くんちに参加する人は年々へっています。そのため、長崎くんちに関わる人たちは、長崎くんちの伝統を守りたいという思いで、さまざまな活動をしています。

(3)㋑諏訪っ子くんちフェスティバルによって、参加した地いきの小学生たちがくんちに親しむようになりました。㋒子どもたちの指導は、先生ではなく地いきの人たちがおこなっています。

[4] (1)㋐㋑大浦天主堂は、長崎市の中心部に建てられているため、第二次世界大戦のときに原子ばくだんのひ害を受け、その後しゅうりされて今のすがたになっています。㋒日本で最も古い教会ではありません。㋓キリスト教の教会で、航海の安全とは関係ありません。

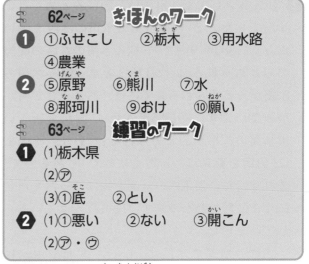

なぞり道場 何回も書いてかくにんしよう！

こく	ほう		せ	かい	い	さん
国	宝		世	界	遺	産
ねん	じゅう	ぎょう	じ		でん	とう
年	中	行	事		伝	統

2　原野に水を引く

62ページ きほんのワーク

❶ ①ふせこし　②栃木　③用水路　④農業

❷ ⑤原野　⑥熊川　⑦水　⑧那珂川　⑨おけ　⑩願い

63ページ 練習のワーク

❶ (1)栃木県

(2)㋐

(3)①底　②とい

❷ (1)①悪い　②ない　③開こん

(2)㋐・㋒

[てびき] ❶ (1)那須塩原市は、栃木県の北部にあり、北側はとなりの県である福島県とせっしているところもあります。

(3)那須疏水は、蛇尾川などの下に用水路を通すために、一度川の底より深くほりこんで、そこにといをうめたふせこしがつくられました。

❷ (1)①水もちが悪い土地とは、水をまいた後に水が土の中に残らずに、すぐにかわく土地のことです。②ふだんは水が流れていないのに、大雨などのときに水が流れる川を水無川とよびます。③林やあれた土地を田や畑にすることを開こんといいます。

(2)那須野原の中央を流れる熊川と蛇尾川には水がなかったので、開こんをしていた人たちは、遠くはなれた箒川や那珂川まで水をくみに行っていました。

64ページ　きほんのワーク

❶ ①高さ　②低い　③たて
④第一分水　⑤山　⑥はんらん

❷ ⑦開こん　⑧大運河
⑨しゅうり　⑩疏水

65ページ　練習のワーク

❶ (1)㋐　(2)①北西　②低い

❷ (1)①○　②×　③○　④×
(2)㋑・㋒

てびき ❶ (1)疏水の水を流れやすくするために、取水口はいちばん高い㋐につくられました。

(2)①地形図を見ると、左上が高くなっていることが読み取れます。左上は、8方位でいうと北西です。また、右下が低くなっているので、8方位でいうと南東です。

❷ (1)①大運河を引く計画は、国にみとめられませんでした。②「飲み水用の水路の建設を願い出る」は1880年9月で、「飲み水用の水路の建設がみとめられる」は12月18日です。飲み水用の水路がみとめられるまでには、およそ3か月かかっています。④1885年4月に「国から新しい用水路の工事がみとめられる」とあり、その上に「何回も東京にうったえに行く」とあるので、これは新しい用水路の計画を国にうったえたということだとわかります。国の役人はていあんしていません。

(2)飲み水用の水路は、がけくずれや洪水によってこわれることがありました。こわれた水路のしゅうりのために、多くの費用がかかっていました。

66ページ　きほんのワーク

❶ ①ずい道　②くずれやすい
③920　④石組み

❷ ⑤260　⑥水路　⑦川底　⑧木
⑨道具　⑩5か月

67ページ　練習のワーク

❶ (1)①ずい道　②水路
③9　④1886
(2)㋓

❷ (1)①○　②×　③○　④×
(2)㋑(→)㋒(→)㋐

てびき ❶ (1)①ずい道は、トンネルのことです。ずい道の石組みのやり方は、ずい道の内部のようすに合わせて、くふうされました。亀山ずい道には、横あなをほることで、風の通りをよくして、石を運びやすくしたことで、工事期間を短くすることができました。

(2)疏水の測量が1883年12月、分水路延長工事の完成が1888年9月で、およそ4年と9か月かかっています。

❷ (1)①絵を見ると、今の工事現場で見ることができるような工事の機械がないことから、人の手でおこなわれたとわかります。②工事がどのくらいの期間だったのかは、絵からは読み取れません。③絵を見ると、人の身長よりも深いみぞがほられていることが読み取れます。④用水路の長さは、絵から読み取れません。なお、本線の用水路の長さは約16kmでしたが、工事にたずさわる人たちの努力によって5か月という短い期間で完成させることができました。

(2)まず、㋑のように川底をほり、次に、㋒のように切り石の石組みを積み上げ、さいごに、㋐のように川原の石をもとにうめもどします。

68ページ　きほんのワーク

❶ ①牧場　②5分の1　③ふえた
④開こん　⑤動力ポンプ

❷ ⑥北側　⑦深山ダム　⑧調整池
⑨重要文化財　⑩日本遺産

69ページ　練習のワーク

❶ (1)①×　②○　③○　④×
(2)㋐遠い　㋑地下水

❷ (1)①おくれて　②深山ダム
③水門
(2)㋑(→)㋓(→)㋒(→)㋐

てびき ❶ (1)①1894年に田の面積が2000ha以上あり、1947年は約5000haなので、この間に、田の面積は3000haくらいふえたとわかります。②1950年の田の面積が約5000haであり、1970年が約15000haであることから、田の面積が約10000haふえたといえます。③1965年には田の面積は約10000haでしたが、1970年には15000haをこえていることがグラフから読み取れます。④1970年と1980年のぼうグラフをくらべてみる

と、1980年のほうが少し長いので、面積はふえているとわかります。

(2)地下水の流れがわかるようになり、動力ポンプで水をくみ上げて田を開きました。

[2] (1)①②**那須疏水**の北側は、疏水よりも高い場所なので疏水の水を利用することができず、開発が進められていませんでした。疏水の北側で水がえられるようにするなどのために、深山ダムがつくられました。③**日本遺産**は、地いきの歴史的なみりょくや特色を通じて、日本の文化や伝統を語るストーリーとして、文化庁が認定するものです。

(2)㋑は印南丈作と矢板武が国の役所に疏水をつくるようにうったえるようすです。㋓は疏水の工事が決まって測量をしているようすです。㋒は疏水の工事のようす、㋐は疏水の通水式です。

70・71ページ まとめのテスト

[1] (1)①栃木　②用水路　③悪い
④遠く
(2)①㋑　②㋒　③㋐

[2] (1)地形図
(2)①×　②×　③○　④×

[3] (1)那珂川　(2)㋒・㋓
(3)石工

[4] (1)①[い]　②×　③[あ]
(2)①〈例〉那須疏水の北側の地いきで、開発がおくれていたから。
②発電

てびき [1] (1)那須塩原市は、栃木県の北部にあり、北側はとなりの福島県とせっしています。那須野原では水がえられなかったため、明治時代以前には**開こん**が進められていませんでした。

(2)㋓の石づかは、那須野原を開こんするときに**原野**から取りのぞいた石を集めてできた、小さな石の山です。石ぐらともよばれました。

[2] (1)**地形図**で、同じ高さを表す線を等高線といいます。等高線の間がせまいところは土地のかたむきが急になっており、等高線の間が広いところは、土地のかたむきがゆるやかになっています。

(2)①問題の文に「飲み水用の水路を通す計画に変えて国に願い出た」とあるので、国と県からていあんされたものではないとわかります。②「疏水の建設を国や県に何回もうったえ」とあるので、1度でみとめられてはいません。③問題の文の印南丈作と矢板武の2人は、那須野原で開こんを進めていました。④「1885年」は疏水の建設がみとめられた年で、飲み水用の水路が完成した年ではありません。

[3] (2)㋐地図には、一番横あなと二番横あながあるので、横あなが3つではなく2つあることがわかります。㋑ずい道が何でつくられているかは、地図に示されていないので、読み取ることができません。

[4] (1)②地いきに住む人の数は、[あ]・[い]の2つのグラフに示されていません。

(2)②ダムは、大雨のときなどに川に水があふれないようにする治水や、水をためて用水などに利用する利水、タービンを回す力をえるための発電などの目的でつくられます。一つのダムで、いくつかの目的をもっているダムを、多目的ダムといいます。

なぞり道場　何回も書いてかくにんしよう！

な	す	そ	すい		げん	や	
那	須	疏	水		原	野	
かい				ち	けい	ず	
開	こ	ん		地	形	図	
に	ほん	い	さん				
日	本	遺	産				

★村の立て直しにつくす／★自然を守る運動

72ページ きほんのワーク

① ①農地　②整備　③改修
④貧困者　⑤表彰

② ⑥和歌山市　⑦研究　⑧木
⑨自然　⑩反対運動

73ページ 練習のワーク

[1] (1)関東地方
(2)①人口　②面積　③収入
④資金

[2] (1)①×　②○　③×　(2)㋒

[てびき] ❶ (1)二宮金次郎(尊徳)は、げんざいの栃木県、茨城県、神奈川県にあたる、おもに関東地方の村々の立て直しをおこないました。また、静岡県の村でも立て直しをおこなっています。

(2)金次郎は、洪水で失った田畑をけんめいに働いて買いもどし、自分の家を立て直し、その考え方を農村の立て直しに生かしました。金次郎の立て直しには、戸数や人口、田畑の面積や取れ高を調べる、収入に見合った生活と、農民の助け合いを求める、改革意欲が高い農民を表彰したり、ほうびとして農具や米をあたえたり、資金をかしつけたりすることなどがおこなわれました。

❷ (1)①カードに「19才でアメリカにわたり、世界の国々で研究をしました。」と書かれています。②南方熊楠が自分の家にあるかきの木でめずらしい変形菌を見つけたところ、新属・新種だとわかり、「ミナカテルラ＝ロンギフィラ」と南方の名前がつけられ、世界に発表されました。この菌を発見したかきの木は、南方熊楠顕彰館に今でも残されています。③熊楠が、村人と協力して部分的にほぞんした野中の一方杉は、今でも残されています。

(2)熊楠は、和歌山城の堀をうめ立てて住宅地にする計画に反対し、田辺市の沖にある神島の森林がばっさいされようとしたときにも、森林を守るために力をつくしました。熊楠のおかげで、日本の多くの神社には、ゆたかな自然が今でも残されています。

★村を育てる教育につくす／★医りょうにつくす

74ページ きほんのワーク

❶ ①わかい ②子ども ③書く ④学級通信

❷ ⑤人数 ⑥医者 ⑦男性 ⑧女性 ⑨小児科

75ページ 練習のワーク

❶ (1)①○ ②× ③○ ④×
(2)生活つづり方教育

❷ (1)①11 ②2010 ③6
(2)①入院 ②女性 ③国 ④北海道

[てびき] ❶ (1)②東井義雄は、1971年につくった詩のなかで、当時日本にはいなくなっていた野生のコウノトリがかならずよみがえって大空を飛ぶようになる、と書きました。自分でコウノトリのひなを育ててはいません。④年表中では、『村を育てる学力』と『培其根』の2冊の本を発行していることが読みとれます。学級通信の『土生が丘』を発行した本として数えないように注意しましょう。

❷ (1)①1970年の医者の総数が11万8990人だったのに対して、女性の医者は1万1319人でした。男性と女性の人口の比りつは1970年ごろもほぼ1対1であったのに対し、医者の場合は女性が約11人に1人だったということになります。③女性の医者の数は、1970年は1万1319人、2018年は7万1758人で、6万人以上ふえました。

(2)③荻野吟子が国にうったえるまで、日本では女性が医者になることができませんでした。吟子は、女性として日本で最初に医者の資格をもつことができました。(1)のグラフのように、日本では女性の医者の数、わりあいともにふえていますが、外国にくらべると女性のわりあいが少ないため、もっと女性の医者の数をふやしていくことが必要だとされています。

1 伝統的な工業がさかんな地いき

76ページ きほんのワーク

❶ ①岡山 ②備前 ③少ない ④土

❷ ⑤土ねり ⑥形づくり ⑦かまたき ⑧かま出し ⑨人間国宝 ⑩技術

77ページ 練習のワーク

❶ (1)①海 ②伝統産業
(2)㋐雨 ㋑多い ㋒日本遺産

❷ (1)㋑ (2)①× ②○ ③×
(3)人間国宝

[てびき] ❶ (1)①海に面していることや、大きな道がつくられていたことで、つくられた備前焼を運ぶために交通の便がよかったことが、備前焼がさかんになった理由の一つだといえます。

(2)㋐瀬戸内海に面した岡山県南部は、雨が少

ない地いきです。雨が少ないと、ねん土で形をつくったあと、早くかんそうさせることができるため、焼き物づくりにてきしているといえます。㋑備前焼は、他の多くの陶磁器でしているようなうわぐすりを使ったり、絵つけをしたりしない焼き物なので、焼き物の原料の土の選び方やあつかい方がとてもたいせつだといえます。

[2] (1)形づくりは、手やろくろを使って焼き物の形をつくる作業です。「ろくろ10年」といわれるくらい、経験がいる作業だといえます。㋐のかまたきは、かまにまきを入れて、少しずつ温度を上げ、およそ10日間焼き続ける作業です。㋒の土ねりは、土のかたさをそろえ、土の中の空気をぬく作業です。「土ねり３年」といわれ、身につけるまでは時間がかかる作業です。

(2)備前焼の作家になるためには、長い経験と技術が必要で、「土ねり３年、ろくろ10年」といわれています。

(3)焼き物のような工芸品の作家のほかにも、伝統的な楽器のえんそう家や能や歌舞伎といった伝統的なしばいの役者、落語家なども人間国宝に選ばれています。

78ページ きほんのワーク

[1] ①わかい　②伝統　③体験教室
④外国　⑤きまり　⑥まちづくり

[2] ⑦備前焼まつり　⑧作家
⑨観光客　⑩風鈴まつり

79ページ 練習のワーク

[1] (1)①㋐　②㋒　③㋑
(2)①芸術　②備前市

[2] ①感謝　②教育
③ミュージアム　④まちづくり

[てびき] [1] (1)①経験と技術をもつ作家が、わかい作家に技術や伝統をたいせつにする心を伝えています。②備前焼をつくる体験を通して、備前焼のすばらしさを広めるための取り組みです。③外国の人たちには、日本にさまざまな焼き物があり、それぞれにちがったよさがあることがあまり知られていません。備前焼のてんらん会を外国で開くことで、備前焼のすばらしさを世界の人に知ってもらうことができます。

(2)①備前焼は、芸術品や置き物のほかに、花びんやアクセサリーなど、生活で使える実用的なものも多くつくられています。

[2] ①②備前焼陶友会は、備前焼の作家や窯元（焼き物をつくっているところ）、販売している店などがつくっている団体です。③④備前焼ミュージアムは、備前焼の作品や資料をしょうかいするために備前市が運営しています。備前市は、備前焼を広めるためのさまざまな取り組みをしています。

80・81ページ まとめのテスト

[1] (1)①○　②×　③×　④×
(2)遺産

[2] (1)㋒(→)㋐(→)㋓(→)㋑
(2)①伝統的な　②少なく
③現代の

[3] (1)①わかい　②技術
③てんらん会　④知って
(2)㋑・㋓

[4] (1)①×　②○　③○　④×
(2)〈例〉備前市に来る観光客をふやすため。

[てびき] [1] (1)①備前焼伝統産業会館は、ＪＲ赤穂線のすぐ上なので、北側にあるとわかります。②備前焼をつくっているところは、山陽新幹線よりは南側に多く集まっています。③備前焼をつくっているところは、高さが50ｍよりも低い土地に多く見られます。④JR赤穂線にそうように大きな道路が通っています。また、地図の東側に「片上湾」が見られるため海にも面していることがわかります。これらのことから、交通の便はよいところだといえます。

(2)日本遺産に認定することは、文化財を地いきで守ったり、海外に広めていったりすることを目的にしています。認定は文化庁によって毎年おこなわれています。

[2] (1)㋐の形づくりは、手やろくろで作品の形をつくる作業、㋑のかま出しは、焼きあがったあと冷やした作品をかまから取り出す作業、㋒の土ねりは、土のかたさをそろえて土の中の空気をぬく作業、㋓のかまたきは、作品をかまに入れて焼く作業です。

(2)備前焼だけでなく、伝統的な産業の多くは、

こうけい者の不足が問題になっています。そのため、備前焼のわかい作家に技術を伝える取り組みがおこなわれています。

3 (1)③④外国でてんらん会を開くことで、備前焼のよさを外国の人たちに広める取り組みをしています。

(2)㋓備前市は、「みんなで使おう備前焼条例」という備前市だけのきまりを定めました。条例とは、それが定められた都道府県や市区町村にかぎって効力をもっているきまりのことです。

4 (1)①備前焼まつりは、備前焼陶友会がおこなっているイベントです。④備前陶芸センターは、備前焼の教育・けんしゅうのしせつです。

(2)たくさんの人が観光客としておとずれることで、地いきの産業が活発になります。

なぞり道場 何回も書いてかくにんしよう！

び	ぜん	し		び	ぜん	やき	
備	前	市		備	前	焼	
にん	げん	こく	ほう				
人	間	国	宝				

2　土地の特色を生かした地いき

82ページ　きほんのワーク

1 ①北部　②低い　③多い
④ジャージー牛　⑤イベント
⑥特産物

2 ⑦林業　⑧木材　⑨ペレット
⑩バイオマス

83ページ　練習のワーク

1 (1)㋑・㋓
(2)①牛乳　②乳製品
③高原野菜　④レジャー

2 (1)①4　②50〜60
(2)㋐○　㋑○　㋒×　㋓×

てびき **1** (1)㋐グラフの12月から2月の気温をくらべると、他の月と同じように、岡山市のほうが蒜山高原より高くなっていることがわかります。㋑蒜山高原を岡山市とくらべると、蒜山高原のほうが一年を通して気温が低いことがグラフから読み取れます。㋒㋓蒜山高原と岡山市の気温の差がいちばん大きい月でも、およそ5度のちがいで、10度以上気温の差がある月はありません。

2 (1)真庭市は森林の面積が広いため、林業がさかんです。柱や板にすることができる木に育つまで50～60年かかりますが、木を大きくするために森林の手入れをおこなっています。

(2)㋒木くずをもやした熱で水を熱して、水じょう気でタービンを回して発電するので、何年もかかることはありません。㋓バイオマス発電で、石炭をもやすことはありません。

84ページ　きほんのワーク

1 ①たいせつさ　②SDGs
③木材　④バイオマスツアー

2 ⑤鬼　⑥日本遺産　⑦せいそう
⑧ボランティア　⑨うらじゃ

85ページ　練習のワーク

1 (1)①㋑　②㋐　③㋒
(2)①気候　②特産物　③市役所
④まちづくり

2 ①桃太郎　②日本遺産　③地いき

てびき **1** (1)①森林や自然に対する関心を深め、緑のたいせつさを知ってもらうための取り組みとして、真庭森林組合がおこなっている「こども樹木博士認定試験」のようすです。②バイオマスツアーには岡山県内や県外の人たちが参加しています。バイオマスを利用しているようすを見学したり、木を育てる仕事を体験したりすることができます。③CLTは、木材のせんいがたがいちがいになるようにはり合わせてあるため、ふつうの板よりじょうぶな材料になります。

(2)②秋から冬の気温が低い季節に平地で多くとれるだいこんやキャベツ、レタスやはくさいは、高原のすずしい気候を利用することで、春から夏にしゅうかくすることができるため、高原野菜とよばれています。

2 ②2018年に「『桃太郎伝説』の生まれたまち岡山」として、日本遺産に認定されました。③岡山市では、観光ガイド養成講座を開いているため、この講座を受けた地いきの人が観光客の案内をしています。

86・87ページ まとめのテスト

1 (1)①低い　②高原野菜　③らく農

(2)①㋑　②㋓　③㋔

2 (1)①×　②○　③×

(2)〈例〉バイオマス発電は、木くずをもやして発電しているから。

3 (1)①吉備津彦　②日本

(2)①㋒　②㋑　③㋐

4 (1)①ガイド　②ももたろう

(2)㋑・㋓

てびき **1** (1)③乳牛を育てて牛乳をしぼり、乳製品をつくる農業をらく農といいます。蒜山高原のようなすずしい気候は、乳牛を育てるのにてきしています。

(2)観光客の数が、○の大きさと○の中の数字で表されています。①倉敷美観地区が328万人で最も多い数です。②蒜山高原は224万人で、2位の後楽園・岡山城周辺の次に多い数です。

2 (1)①森林組合がおこなっているこども樹木博士認定試験は、こどもたちに緑のたいせつさを知ってもらうための取り組みです。②材木を切ったあまりなどをはり合わせた、CLTという新しい木材をつくっています。③真庭市の森林の樹木は、林業をしている人たちが育てているものです。

3 (1)②「『桃太郎伝説』の生まれたまち岡山」として日本遺産に認定されています。

(2)②岡山市の吉備津神社は、大吉備津彦命をまつっている神社です。

4 (1)①「ガイド」とは、案内をする人のことです。「ボランティア」とは、自主的に人や社会のために力をつくすことです。②岡山ももたろう観光センターでは、岡山市の観光についての情報を観光客にとどけています。

なぞり道場 何回も書いてかくにんしよう！

高原野菜（こうげんやさい）　道の駅（みちのえき）

SDGs（エスディージーズ）

バイオマス

3 世界とつながる地いき

88ページ きほんのワーク

1 ①外国　②観光客　③ふえて　④少ない

2 ⑤工場　⑥大学　⑦中国　⑧文化　⑨働きたい　⑩学んだ　⑪ふえて

89ページ 練習のワーク

1 ㋐・㋑

2 (1)①ベトナム　②1万　③中国　④7千

(2)①㋒　②㋐　③㋓　④㋑

てびき **1** (1)㋒外国人観光客の数が最も多いのは、2018年です。㋓2019年の観光客数は、2018年よりもへっているので、「すべての時期でふえている」は正しくありません。

2 (1)表から、岡山県にはベトナムや中国、大韓民国などアジアの国の人たちが多く住んでいることがわかります。いちばん多いベトナムの人たちは、外国の人全体のおよそ3分の1です。

(2)①倉敷市には工場が多く、そこで働くの外国の人が多く住んでいます。

90ページ きほんのワーク

1 ①ルール　②防災訓練　③ボランティア　④多文化共生

2 ⑤姉妹友好都市　⑥輸入　⑦輸出　⑧国旗　⑨備前焼　⑩バイオマス

91ページ 練習のワーク

1 (1)①㋐　②㋒　③㋑

(2)いっしょ

2 (1)㋐○　㋑×　㋒×　㋓○

(2)①インド　②オーストリア　③アメリカ(合衆国)

てびき **1** (1)②倉敷市観光課では、倉敷市のよさを、SNSなどのインターネットのサービスを通じて留学生に発信してもらっています。

2 (1)㋑地図から、岡山県の姉妹友好都市が五つあることがわかります。㋒オーストラリアの南オーストラリア州と姉妹友好都市の関係を結ん

でいるのは岡山県です。

(2)②オーストリアの正式な国旗(こっき)は、中央にわしの紋章(もんしょう)が入ります。③アメリカ合衆国(がっしゅうこく)の国旗は「星条旗(せいじょうき)」とよばれ、赤と白の横しまがイギリスから独立(どくりつ)したときの13州を、左上の星がげんざいの50州を表しています。

92・93ページ まとめのテスト

1 (1)㋐× ㋑○ ㋒○ ㋓×
(2)①〈例〉工場 ②〈例〉大学

2 (1)①災害(さいがい) ②救命救急(きゅうめいきゅうきゅう)
③観光客(かんこうきゃく)
(2)多文化共生(たぶんかきょうせい)
(3)㋒

3 (1)㋐・㋓
(2)①市民(しみん) ②相談(そうだん) ③国際交流協会(こくさいこうりゅうきょうかい)
(3)〈例〉外国からものを買うこと。

4 ①お ②か ③や ④ま

てびき **1** (1)㋐㋓ぼうグラフが左から右に順(じゅん)に高くなっているので、すべての期間でふえているとわかります。

2 (1)③倉敷市(くらしきし)に住む日本人が気が付かないような倉敷市のよさを、外国の人たちが見つけることもあります。

(2)日本に住む外国の人がふえているため、日本のいろいろなところで**多文化共生**をめざす取り組みがおこなわれています。

(3)多文化共生のために、外国から来た人たちに日本のルールやマナーを知り、守ってもらうことが必要(ひつよう)だといえます。

3 (1)㋑インドの2つの地いきと**姉妹友好都市**(ゆうこう)の関係(かんけい)を結(むす)んでいるのは、倉敷市ではなく岡山県(おかやま)です。㋒オーストリアの地いきと姉妹友好都市の関係を結んでいるのは、倉敷市です。

(2)③国際交流協会は、世界に開かれた地いきづくりに取り組んでいます。

(3)外国からものを買う「**輸入**(ゆにゅう)」に対して、外国にものを売ることを「**輸出**(ゆしゅつ)」といいます。倉敷市は、自動車や鉄こうをつくっている工場があるので、外国から原料(げんりょう)を輸入し、つくった製品(せいひん)を輸出しています。

4 ①から④の正解(せいかい)を順(じゅん)に読むと、「おかやま」になります。

なぞり道場 何回も書いてかくにんしよう！

た	ぶん	か	きょう	せい			
多	文	化	共	生			
し	まい	ゆう	こう	と	し		
姉	妹	友	好	都	市		
ゆ	しゅつ		ゆ	にゅう		こっ	き
輸	出		輸	入		国	旗

★地図となかよしになろう

94ページ きほんのワーク

1 ①上 ②等高線 ③高さ ④横

2 ⑤土地 ⑥きょり
⑦しゅくしゃく ⑧20万
⑨２万5000

95ページ 練習のワーク

1 (1)等高線 (2)上
(3)40(m)
(4)㋐
(5)〈例〉㋐のほうが等高線の間かくが広いから。

2 (1)しゅくしゃく
(2)①地図２ ②地図１
③(約(やく))500(m)

てびき **1** (3)㋐の地点には、40mの高さを示(しめ)す等高線が通っています。

(4)(5)等高線の間かくがせまいと、土地の高さが短い間かくでかわるので、土地のかたむきは急になります。反対に等高線の間かくが広いところは、土地のかたむきはゆるやかです。

2 (1)２万5000分の１のしゅくしゃくの地図では、250mのきょりは1cmであらわします。

(2)①②しゅくしゃくが大きいということは、地図上で1cmとしているところの、じっさいのきょりが短いということになります。そのため、しゅくしゃくが大きいほうが駅前のようすなど、せまいはんいをくわしく調べることができます。しゅくしゃくが小さいほど、広いはんいをあらわします。③コンパスをしゅくしゃくの目もりに合わせ、㋐と㋑の間には目もりがいくつ分あるかできょりをはかります。

くらしをささえる水

2 次の資料を見て答えましょう。

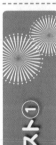

(1) 次の話にあてはまる場所を、資料中の㋐〜㋕から、それぞれ選びましょう。

㋐ 川の水量を調節したり、発電に利用されたりするよ。

㋑ 使った水をきれいにして、川に流したり再利用したりするよ。

(2) ㋑のしせつを何といいますか。（じょう水場）

(3) 安全・安心な水をとどけることについて、正しいものの一つに○を書きましょう。

㋐（　）毎日、川の水に同じ量の薬品を入れる。

㋑（○）水質などを毎日おこなわれている。

㋒（　）古い水道管を、そのまま使っている。

㋓（　）井戸の水に薬を入れて利用している。

(4) 次のグラフを見て、あとの（　）にあてはまる言葉を書きましょう。

▲1990年よりあとになると、人口がふえても、給水量は《例》（へらして）いる。

ごみのしょりと活用

1 次の資料を見て答えましょう。

㋐清掃工場のしくみ

(1) 次の話にあてはまる資料を、上の㋐〜㋒から、それぞれ選びましょう。

ごみは分別して、種類ごとに決められた日に出すんだね。

資源ごみの量は、もえないごみの量よりも多いね。

(2) 次のうち、資料からわかることに一つに○を書きましょう。

㋐（　）清掃工場で出た灰は、すべて工場の中でしょぶんされる。

㋑（　）清掃工場では、ごみをもやしたときに出る熱で、電気がつくられている。

㋒（　）もえないごみはもえるごみより多い。

(3) 次の文の□にあてはまる言葉を選び、あとの　からそれぞれ選びましょう。

①（リサイクル）②（　）へらす

▲「リフューズ」「リデュース」「リユース」「リサイクル」を4Rといい、ごみを②取り組みである。

リサイクル　ふやす　へらす

わたしたちの県

2 次の資料を見て答えましょう。

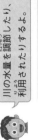
真庭市　井原市

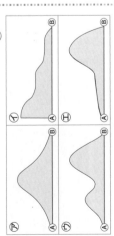㋐　㋑

(1) 次の絵にあてはまる交通を、資料中の㋐〜㋕から、それぞれ選びましょう。

(2) 資料からわかることに一つに○を書きましょう。

㋐（　）県の北部と南部をくらべると、北部のほうが交通や道路が発達している。

㋑（○）鉄道や道路が外国まで広がっている。

㋒（　）県内に、港や空港がある。

㋓（　）香川県とは、高速道路だけで結ばれている。

(3) 次の文の□にあてはまる言葉を、あとの　からそれぞれ選びましょう。

①（特産物）②（産業）

▲真庭市は乳製品、井原市はデニム製品が①だということがわかる。

▲岡山県ではデニム製品をつくる工業や、乳製品をつくる農業などの②がさかんだといえる。

漁業　産業　特産物　商業

わたしたちの県①

1 次の地図を見て答えましょう。

(1) 地図中の㋐−㋑の土地の高さのようすをしめした図として正しいものを、次から選びましょう。（　㋑　）

(2) 次の話は、それぞれ地図のどこにあてはまりますか。地図中の㋐〜㋒から選びましょう。

山が多くて、森林が広がっているよ。

県庁所在地があって、市街地が広がっているね。

海に面したところに、工場があるよ。

(3) 岡山県の土地利用について地図からわかることを、「地形」という言葉を使ってかんたんに書きましょう。

《例》地形に合わせた土地利用をしている。

実力判定テスト　冬休みのテスト①

自然災害から人々を守る活動

1 次の問いに答えましょう。1つ10（50点）

(1) 次の話にあてはまる資料を、あとの㋐～㋓からそれぞれ選びましょう。

- 大雨のときに川の水があふれないようにするしせつだね。　㋐
- 暴風雨の風や雨を体験できるしせつがあるんだね。　㋒
- 災害のときに必要になるものがほかにそなえられているよ。　㋓

㋐
㋒
㋐

(2) 災害のときに、自分の命は自分で守ることを何といいますか。次の□□から選びましょう。（　自助　）

□□　自助　公助　共助

(3) 次のうち、自然災害のそなえとして、あやまっているものの1つに○を書きましょう。
㋐（　）家族で、災害がおきたときのれんらく方法を話し合っておく。
㋑（　）ふだんからハザードマップをかくにんしておく。
㋒（○）非常持ち出し品は、重くならないように食料だけにしておく。

わたしたちのまちに伝わるもの

2 次の問いに答えましょう。1つ10（50点）

(1) 次の資料にあてはまる説明を、あとの文からそれぞれ選びましょう。（　㋑　）

右の写真は、長崎くんちという祭りで、かさぼこについてしょうかいしているようすです。

㋐ 歴史ある建物が、昔のまま残されている。
㋑ 地いきの伝統ある祭りが昔から伝えられている。
㋒ 伝統的なおしばいが昔から今も続いている。

(2) 次のことを調べるには、どのような方法がよいか、あとの㋐～㋓からそれぞれ選びましょう。

- 昔からあるものは、どのように伝えられているのかな。　㋑
- 昔から残っている建物は、いつごろからあったのかな。　㋓
- 祭りについて、地いきの人にはどんな思いがあるのかな。　㋒

㋐ 年表を調べる。
㋑ 練習を見学する。
㋒ 駅前の地図を調べる。
㋓ 祭りを行う人に聞く。

(3) 次の文の（　）にあてはまる言葉を、考えて書きましょう。
▲ 地いきに古くから残るものを、これから先も《（例）守り伝える》ことがたいせつである。

実力判定テスト

原野に水を引く

1 次の資料を見て答えましょう。1つ10（50点）

㋐

年	できごと
1950	地下水の利用が広がる
1967	国が大きぼな開発を進める
1969	水路をコンクリートにする工事がはじまる
1976	取水口が新しくなる
2002	取水口近く那須疏水公園が完成する
2006	那須疏水の旧取水口などが、国の重要文化財になる
2018	那須疏水の旧取水口が日本遺産になる

㋑ 那須地方の田の面積の変化

20000　15000　10000　5000　0 ha
1894　1947　50　55　65　70　80年
（明治27年）（昭和22年）

(1) 次のことがわかる資料を、上の㋐～㋒からそれぞれ選びましょう。

- 水路がコンクリートになったのはいつごろなんだろう。　㋐
- 田の面積は、どのように変わっていったのかな。　㋑

(2) 次の文の□にあてはまる言葉を、あとの□からそれぞれ選びましょう。　①（手作業）②（ふえ）
▲ 那須疏水をつくる工事は、①（　手作業　）でおこなわれた。
▲ くずれにくい用水路をつくるために、さまざまな②（　ふう　）がおこなわれた。

□□　機械　手作業　ふう

(3) 次のうち、資料からわかることとして正しいものの1つに○を書きましょう。
㋐（　）用水路の工事は、四人一組のやり方でおこなわれた。
㋑（○）1965年から1970年にかけて、田の面積は2倍以上にふえた。
㋒（　）取水口の近くには公園がつくられた。

冬休みのテスト②

伝統的な工業がさかんな地いき

2 次の問いに答えましょう。1つ10（50点）

(1) 伝統的な焼き物をつくる人に話をしています。あとの言葉を、あとの□□からそれぞれ選びましょう。①（　）②（　）

- 伝統的な焼き物をつくるには、長い経験と①（　）が必要です。
- 伝統的な焼き物をつくることのできる人は、昔よりも②（　）います。

□□　機械　技術　ふえて　へって

(2) 次のうち、伝統的な工業について、正しいものの1つに○を書きましょう。
㋐（　）伝統的な工芸品は、だれでもすぐに身につくようになる。
㋑（○）地いきで手に入る原料や材料を生かしておこなうことが多い。
㋒（　）伝統的な技術はひみつにし、わかい人には伝えないほうがよい。
㋓（　）伝統を守ることをたいせつにし、新しい取り組みはおこなわない。

(3) 次の絵は、それぞれの伝統的な工業を守る取り組みの目的にあてはまるものを、あとの㋐～㋒から選びましょう。

陶器市

㋐ 地いきにたくさんの観光客を集める。
㋑ 外国の人に伝統的な焼き物を知ってもらう。
㋒ 伝統的な焼き物をつくる楽しさをじっさいに感じてもらう。

22

実力判定テスト　学年末のテスト①

土地の特色を生かした地いき

1 次の資料を見て答えましょう。
1つ10〔50点〕

[あ] 蒜山高原と岡山市の気温
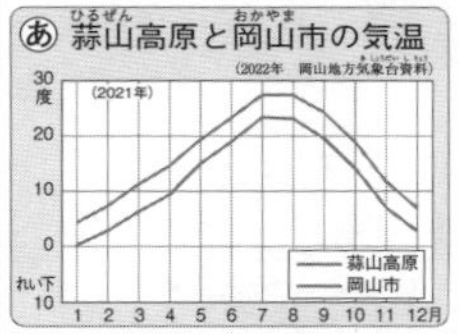

[い]
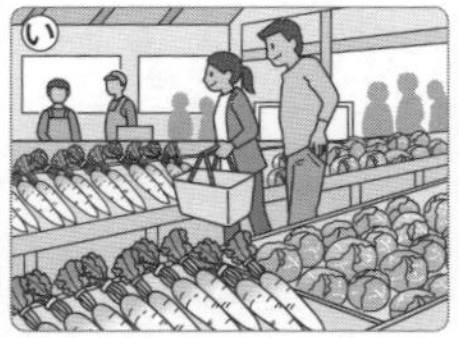

[う]
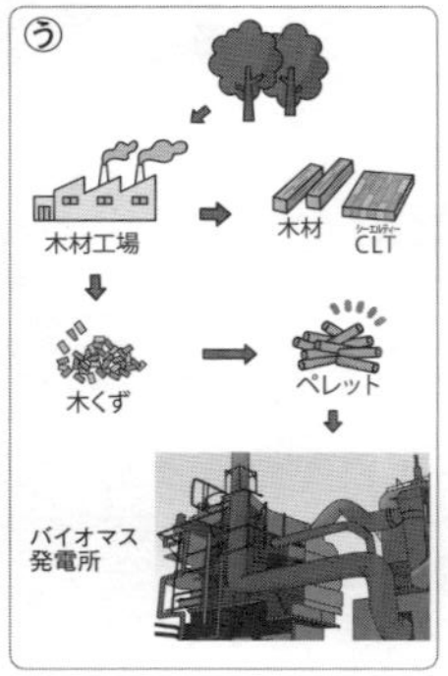

(1) 次のことがわかる資料を、上の[あ]～[う]からそれぞれ選びましょう。

蒜山高原の夏は岡山市にくらべてすずしいんだね。　[あ]

「道の駅」でキャベツなどの高原野菜を売っているんだね。　[い]

(2) 次のうち、資料からわかること１つに○を書きましょう。

㋐(　　)岡山市の冬は蒜山高原よりも寒い。
㋑(　　)「道の駅」には、高原野菜の料理を出すレストランがある。
㋒(○)木材工場から出た木くずを利用して、発電することができる。

(3) 次の文の□にあてはまる言葉を、あとの□からそれぞれ選びましょう。

①(バイオマス)　②(生かす)

▶動植物をもとにつくる資源を[①]という。
▶自然を守ることは、自然を[②]ことにもつながる。

バイオマス　かくす　生かす

世界とつながる地いき

2 次の地図を見て答えましょう。
1つ10〔50点〕

岡山県と倉敷市が姉妹友好都市の関係を結んでいる都市

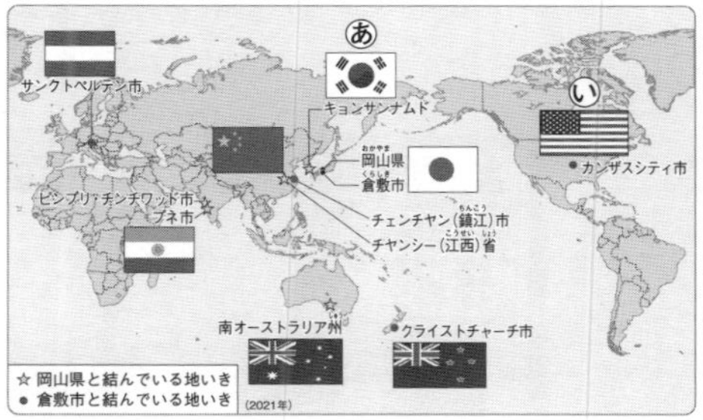

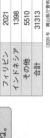

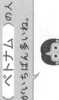

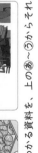

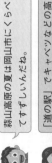

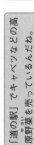

(1) 地図中の[あ]・[い]にあてはまる国の名前を、次からそれぞれ選びましょう。 [あ](㋑)　[い](㋐)

㋐ アメリカ　㋑ 大韓民国（韓国）
㋒ 中国　㋓ オーストラリア

(2) 次の文の□にあてはまる言葉を、あとの□からそれぞれ選びましょう。

①(交流)　②(国旗)

▶姉妹友好都市は[①]を通して、おたがいに理解を深めながら助け合っている。
▶国と国との関係において、国をあらわすしるしである[②]を、おたがいにそんちょうすることがたいせつである。

国旗　産業　交流

(3) 右の表を見て、次の話の(　)にあてはまる国名を、表の中から選びましょう。

岡山県にはいろいろな国の人が住んでいて、(ベトナム)の人がいちばん多いね。

岡山県に住む外国人の数

国名	人数（人）
ベトナム	10368
中国	7406
大韓民国	4610
フィリピン	2021
インドネシア	1398
その他	5510
合計	31313

(2020年　岡山県庁資料)

実力判定テスト　学年末のテスト②

1学期のまとめ

1 次のぎもんを調べるときに使う資料を、あとから２つずつ選びましょう。
1つ10〔20点〕

①(㋐ と ㋒)　②(㋑ と ㋓)

ぎもん１
人口の多さは、その地いきの鉄道や道路の発達と関係があるのではないだろうか。

ぎもん２
田や畑、かじゅ園などは、どのような地形のところに多いのだろうか。

㋐ 交通のようすの図　㋑ 土地利用図
㋒ 人口の分布図　㋓ 地形図

2 次の問いに答えましょう。
1つ10〔30点〕

(1) 次の話にあてはまるしせつを、あとの㋐・㋑からそれぞれ選びましょう。

収集車が集めてきたもえるごみをもやしているよ。　[㋑]

川の水を取り入れて、飲める水にしているよ。　[㋐]

㋐
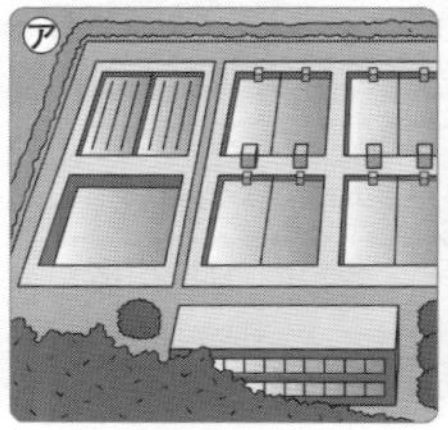

㋑
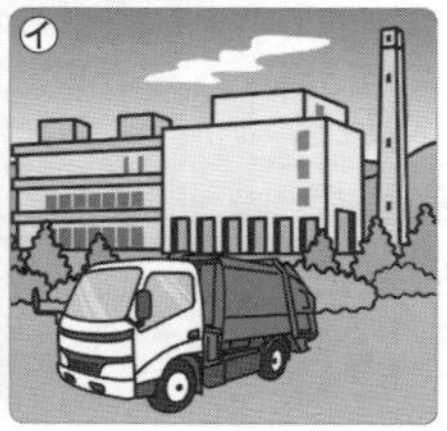

(2) 次の文の□にあてはまる言葉を、あとの□から選びましょう。　(安心)

▶(1)のしせつでは、わたしたちが□して健康なくらしを送ることができるように、たくさんの人々が働いている。

安心　ふたん　心配

2学期のまとめ

3 次の問いに答えましょう。
1つ10〔30点〕

(1) 次の話は、防災に関係している人たちのものです。それぞれの説明にあてはまるものを、あとから選びましょう。

食料、毛布の確保などができるか確かめます。　[㋒]

大きい台風がきたときに、自衛隊の出動をお願いします。　[㋐]

㋐ 市区町村の役所は、災害のときに都道府県を通じて自衛隊に救助活動をたのんでいる。
㋑ 消防しょは、市区町村の役所やけいさつとれんらくをとり、ひ害者を救助している。
㋒ 地いきの防災たいさく組織は、ひなん所の運営訓練をおこなっている。

(2) 次のうち、県を発てんさせる取り組みとしてあやまっているもの１つに○を書きましょう。

㋐(○)古い建物はこわして、高そうの建物をたくさんつくる。
㋑(　　)伝統的な工業や行事を守る。
㋒(　　)交通を整えて、産業をさかんにする。
㋓(　　)外国の姉妹友好都市との交流を深める。

4 右の地図を見て、答えましょう。
1つ10〔20点〕

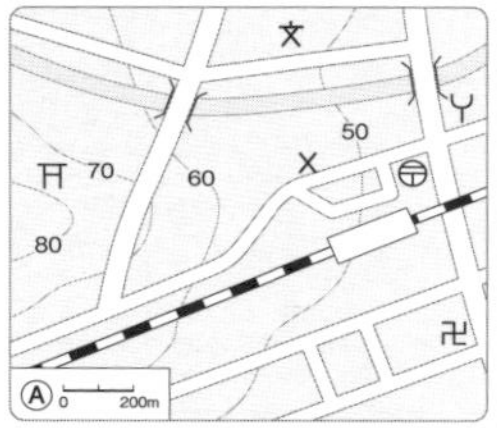

(1) 地図中のⒶがしめしているものを、次から選びましょう。　(㋐)

㋐ きょり
㋑ 方位
㋒ 土地の高さ

(2) 地図中の学校と神社をくらべると、どちらのほうが高い場所にありますか。　(神社)

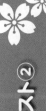

実力判定テスト かくにん！都道府県

次の地図中の①～㊼にあてはまる都道府県名を、それぞれ漢字で書きましょう。

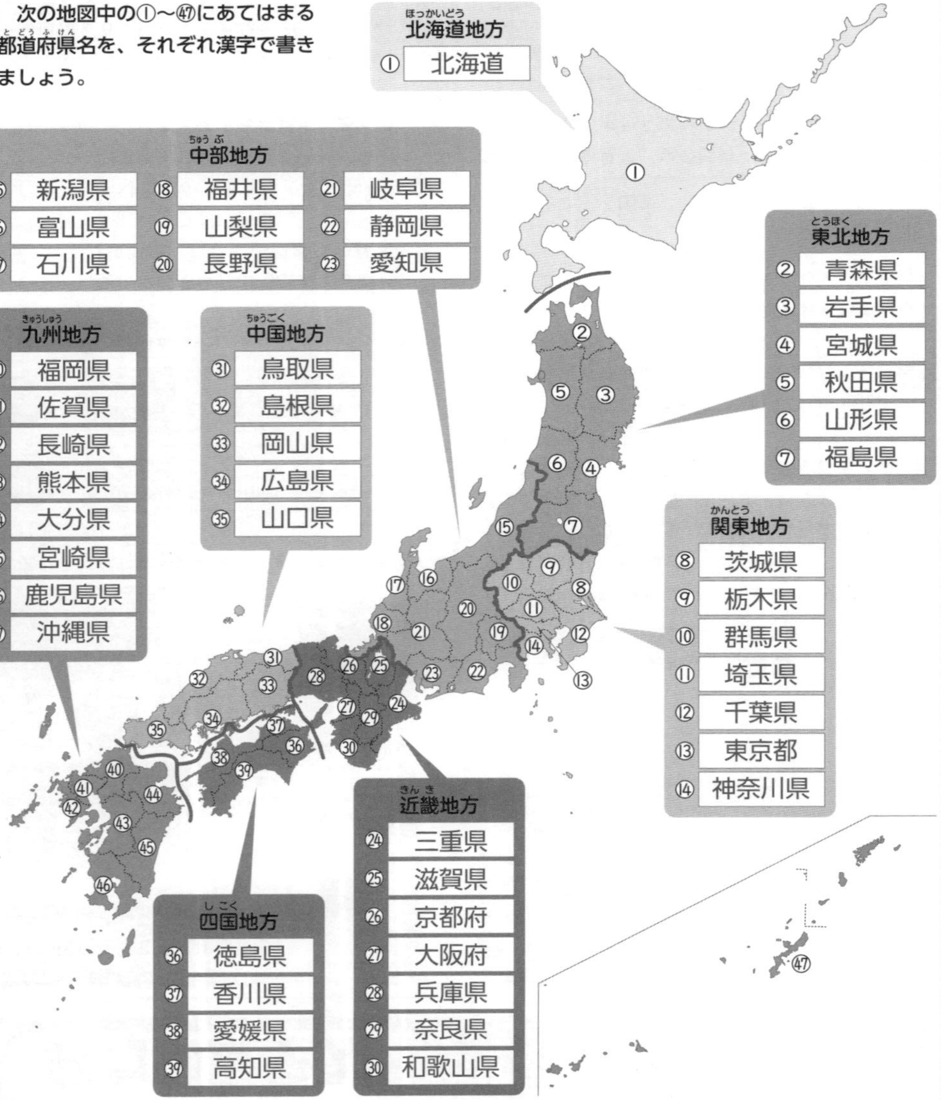

北海道地方
① 北海道

東北地方
② 青森県
③ 岩手県
④ 宮城県
⑤ 秋田県
⑥ 山形県
⑦ 福島県

関東地方
⑧ 茨城県
⑨ 栃木県
⑩ 群馬県
⑪ 埼玉県
⑫ 千葉県
⑬ 東京都
⑭ 神奈川県

中部地方
⑮ 新潟県
⑯ 富山県
⑰ 石川県
⑱ 福井県
⑲ 山梨県
⑳ 長野県
㉑ 岐阜県
㉒ 静岡県
㉓ 愛知県

近畿地方
㉔ 三重県
㉕ 滋賀県
㉖ 京都府
㉗ 大阪府
㉘ 兵庫県
㉙ 奈良県
㉚ 和歌山県

中国地方
㉛ 鳥取県
㉜ 島根県
㉝ 岡山県
㉞ 広島県
㉟ 山口県

四国地方
㊱ 徳島県
㊲ 香川県
㊳ 愛媛県
㊴ 高知県

九州地方
㊵ 福岡県
㊶ 佐賀県
㊷ 長崎県
㊸ 熊本県
㊹ 大分県
㊺ 宮崎県
㊻ 鹿児島県
㊼ 沖縄県

実力判定テスト かくにん！都道府県庁所在地

次の地図中の①～㊼にあてはまる都道府県庁所在地名を、それぞれ漢字で書きましょう。

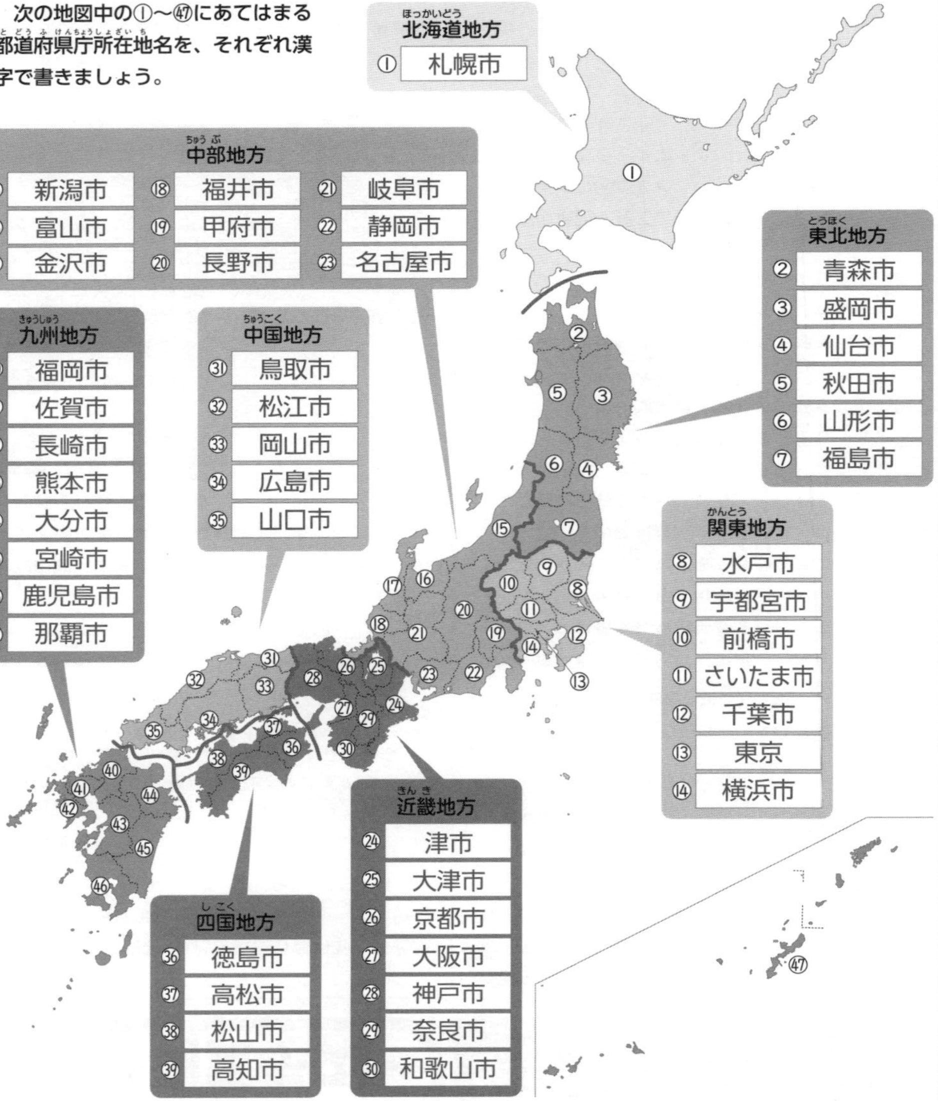

北海道地方
① 札幌市

東北地方
② 青森市
③ 盛岡市
④ 仙台市
⑤ 秋田市
⑥ 山形市
⑦ 福島市

関東地方
⑧ 水戸市
⑨ 宇都宮市
⑩ 前橋市
⑪ さいたま市
⑫ 千葉市
⑬ 東京
⑭ 横浜市

中部地方
⑮ 新潟市
⑯ 富山市
⑰ 金沢市
⑱ 福井市
⑲ 甲府市
⑳ 長野市
㉑ 岐阜市
㉒ 静岡市
㉓ 名古屋市

近畿地方
㉔ 津市
㉕ 大津市
㉖ 京都市
㉗ 大阪市
㉘ 神戸市
㉙ 奈良市
㉚ 和歌山市

中国地方
㉛ 鳥取市
㉜ 松江市
㉝ 岡山市
㉞ 広島市
㉟ 山口市

四国地方
㊱ 徳島市
㊲ 高松市
㊳ 松山市
㊴ 高知市

九州地方
㊵ 福岡市
㊶ 佐賀市
㊷ 長崎市
㊸ 熊本市
㊹ 大分市
㊺ 宮崎市
㊻ 鹿児島市
㊼ 那覇市

3 2 1 0 9 8 7 6 5 4
* * D C B A

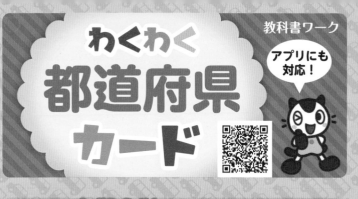

教科書ワーク

わくわく 都道府県カード

アプリにも対応！

この都道府県はどこかな？

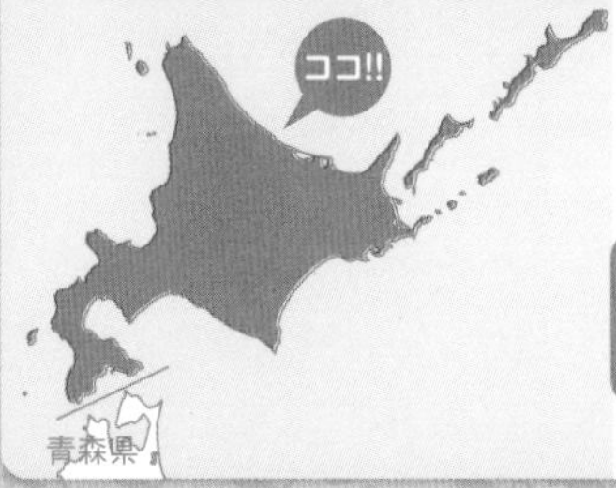

北海道地方

面積…1位　人口…8位

面積が広くて農業がさかん！

❶

この都道府県はどこかな？

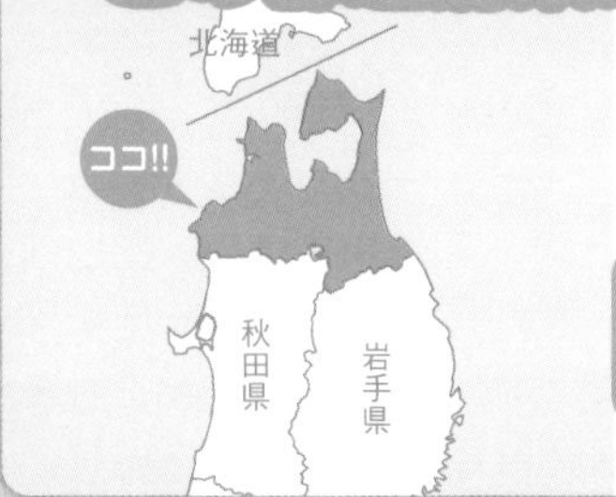

東北地方

面積…8位　人口…31位

りんごの生産がさかんだよ！

❷

この都道府県はどこかな？

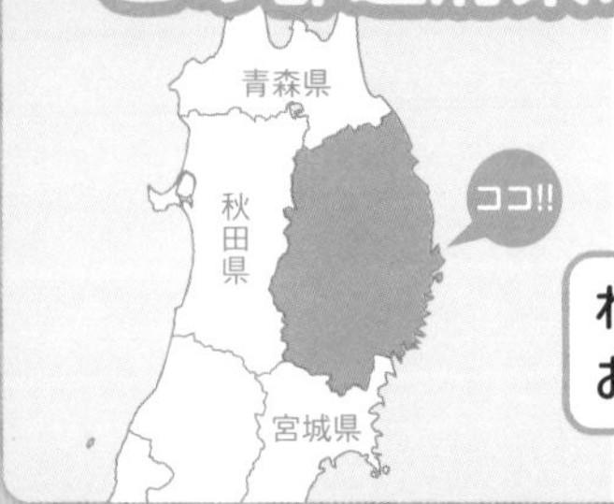

東北地方

面積…2位　人口…32位

わんこそばでおなかいっぱい！

❸

この都道府県はどこかな？

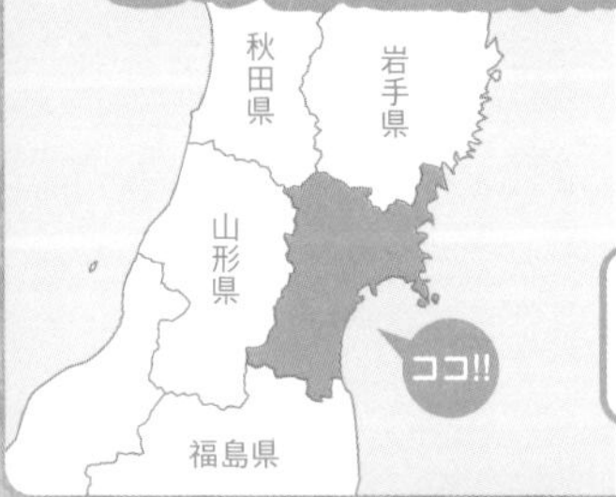

東北地方

面積…16位　人口…14位

ささかまぼこが有名だよ！

❹

この都道府県はどこかな？

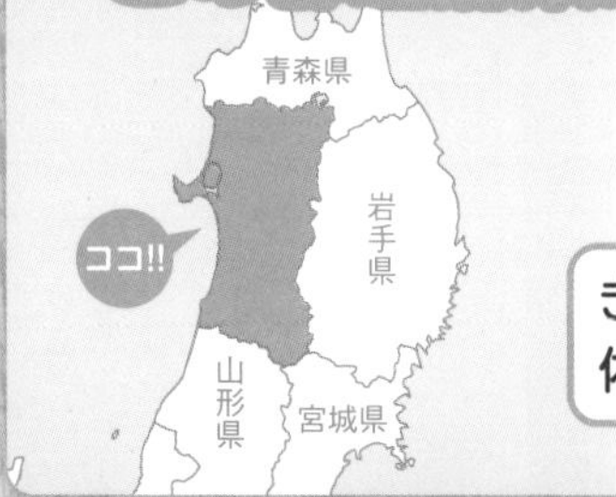

東北地方

面積…6位　人口…38位

きりたんぽなべで体ぽかぽか！

❺

この都道府県はどこかな？

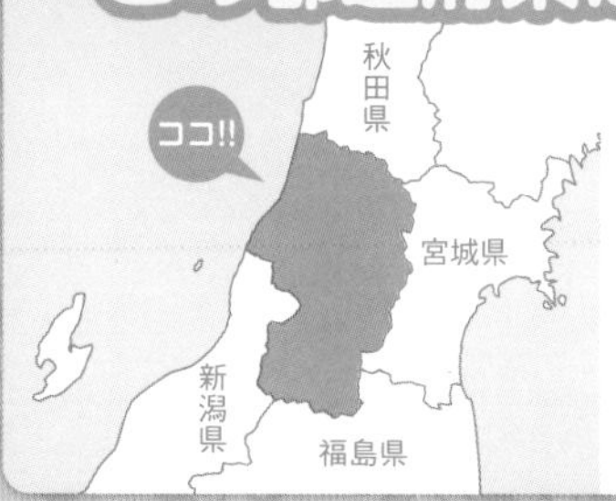

東北地方

面積…9位　人口…36位

さくらんぼがたくさんとれるよ！

❻

この都道府県はどこかな？

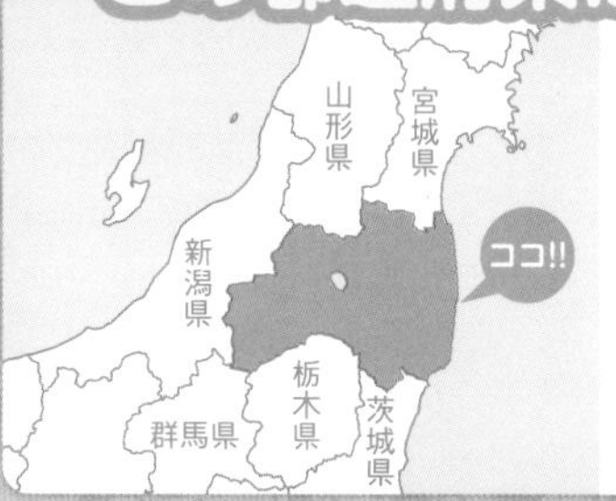

東北地方

面積…3位　人口…21位

赤べこは赤い牛って意味なんだ！

❼

この都道府県はどこかな？

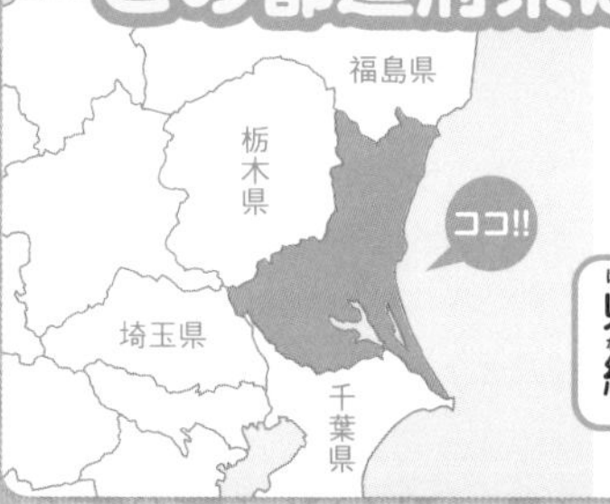

関東地方

面積…24位　人口…11位

県庁所在地では納豆が有名！

❽

この都道府県はどこかな？

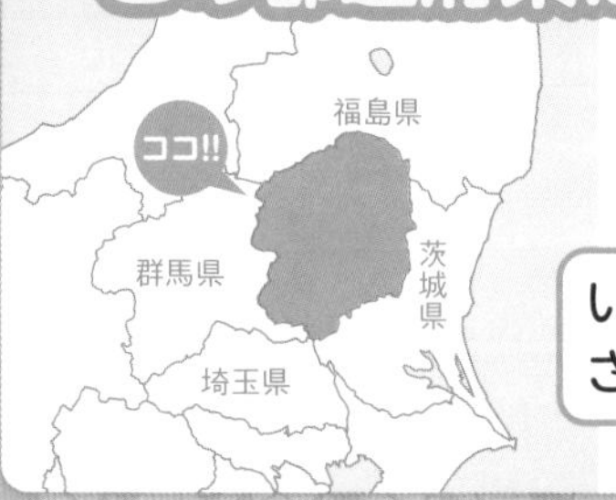

関東地方

面積…20位　人口…19位

いちごの生産がさかんだよ！

❾

この都道府県はどこかな？

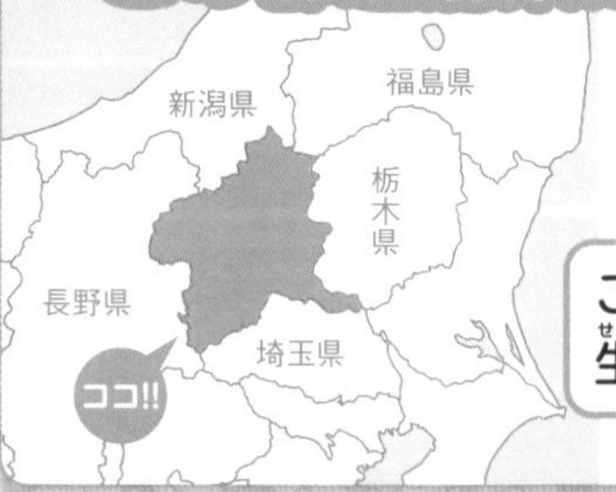

関東地方

面積…21位　人口…18位

こんにゃくの生産量日本一！

❿

この都道府県はどこかな？

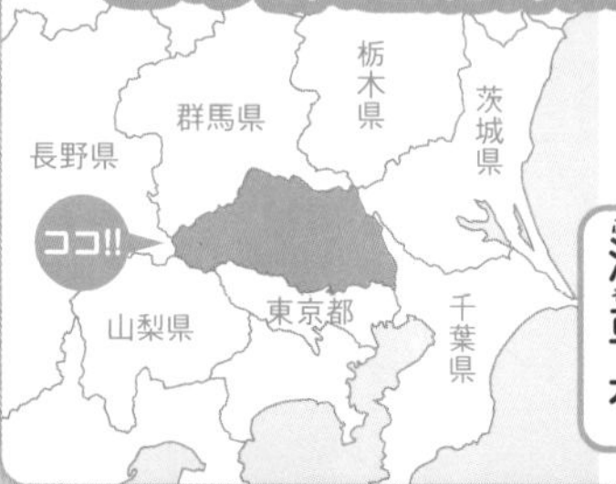

関東地方

面積…39位　人口…5位

深谷ねぎや草加せんべいが有名だよ！

⓫

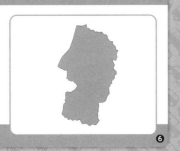

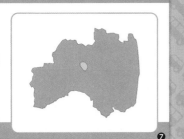

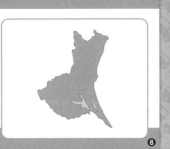

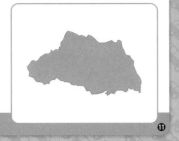

使い方

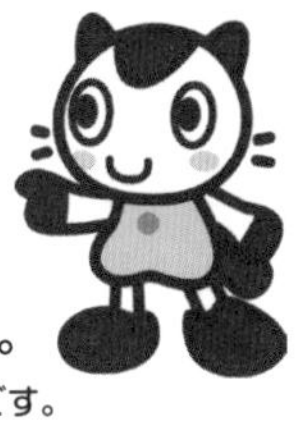

●きりとり線にそって切りはなしましょう。
●表面を見て都道府県名を、うら面を見てその都道府県がある地方を答えてみましょう。
●面積や人口をくらべたり、食べ物など興味のあることを覚えたりして楽しく学習しましょう。
※地図の縮尺は同じではありません。データは 2021 年のものです。

北海道

県庁所在地…札幌市

名物・特産品メモ

- 牛乳
- じゃがいも
- 雪まつり

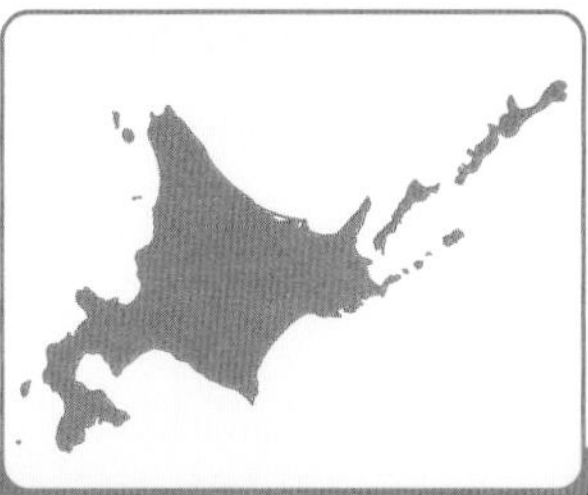

どの地方にあるかな？

1

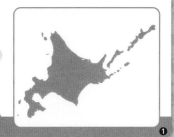

青森県

県庁所在地…青森市

名物・特産品メモ

- にんにく
- りんご
- ねぶた祭

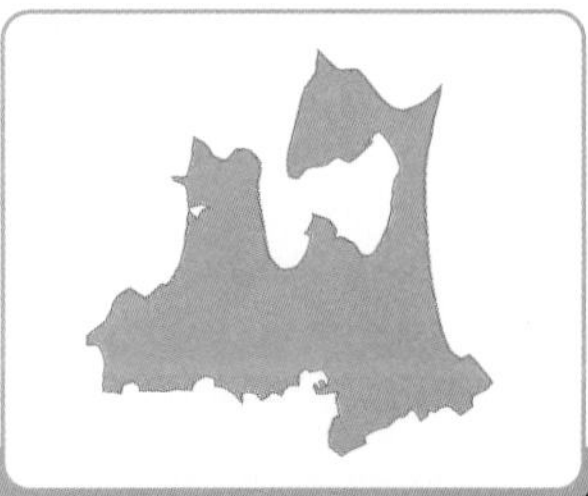

どの地方にあるかな？

2

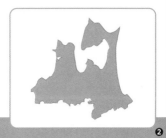

岩手県

県庁所在地…盛岡市

名物・特産品メモ

- わんこそば
- 木炭
- 南部鉄器

どの地方にあるかな？

3

宮城県

県庁所在地…仙台市

名物・特産品メモ

- ささかまぼこ
- ふかひれ
- 七夕まつり

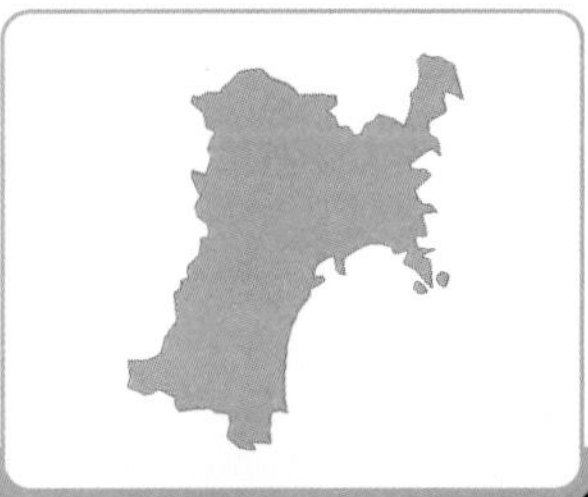

どの地方にあるかな？

4

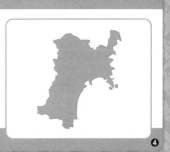

秋田県

県庁所在地…秋田市

名物・特産品メモ

- なまはげ
- きりたんぽ
- 竿燈まつり

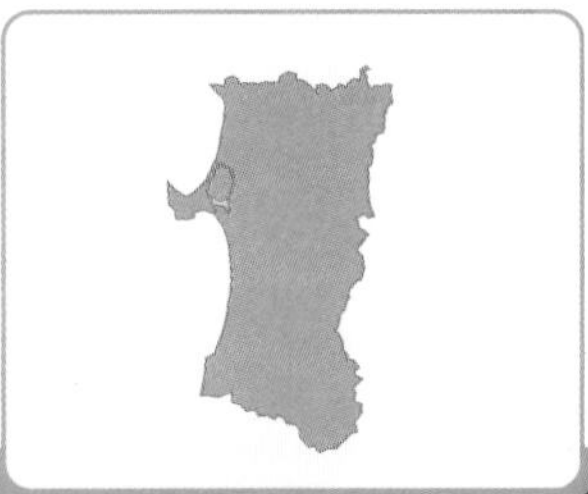

どの地方にあるかな？

5

山形県

県庁所在地…山形市

名物・特産品メモ

- さくらんぼ
- 西洋なし
- 米

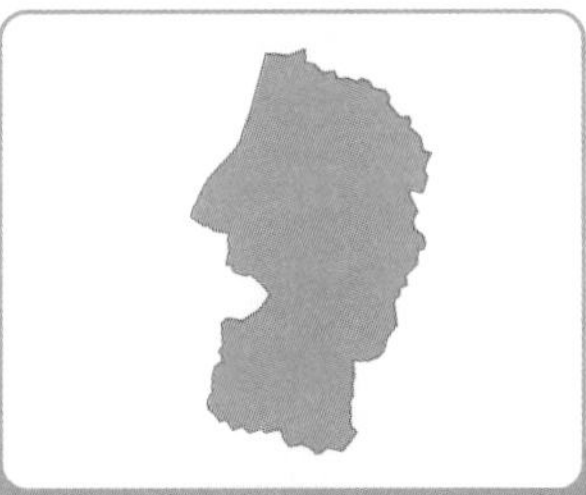

どの地方にあるかな？

6

福島県

県庁所在地…福島市

名物・特産品メモ

- もも
- 赤べこ
- 会津塗

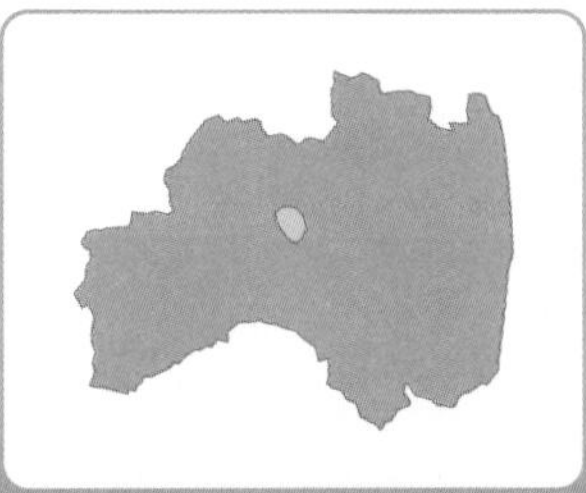

どの地方にあるかな？

7

茨城県

県庁所在地…水戸市

名物・特産品メモ

- 納豆
- 白菜
- れんこん

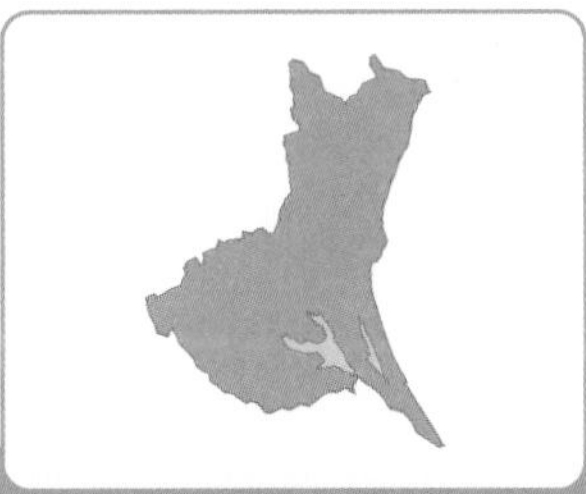

どの地方にあるかな？

8

栃木県

県庁所在地…宇都宮市

名物・特産品メモ

- いちご
- かんぴょう
- ぎょうざ

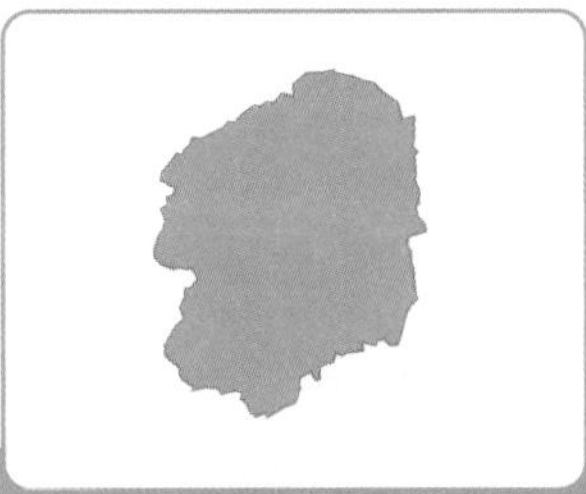

どの地方にあるかな？

9

群馬県

県庁所在地…前橋市

名物・特産品メモ

- こんにゃくいも
- キャベツ
- 釜めし

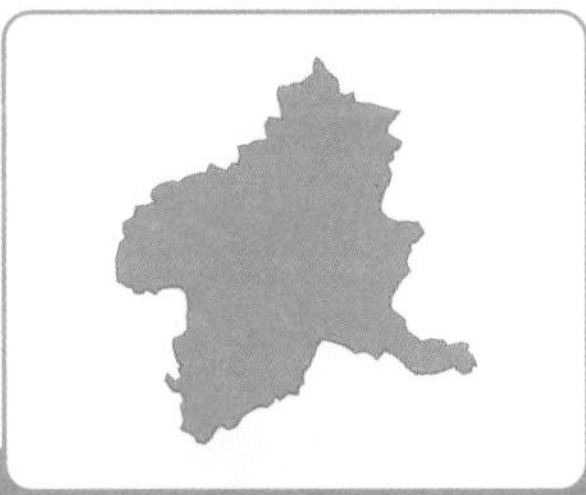

どの地方にあるかな？

10

埼玉県

県庁所在地…さいたま市

名物・特産品メモ

- こまつな
- ひな人形
- ねぎ

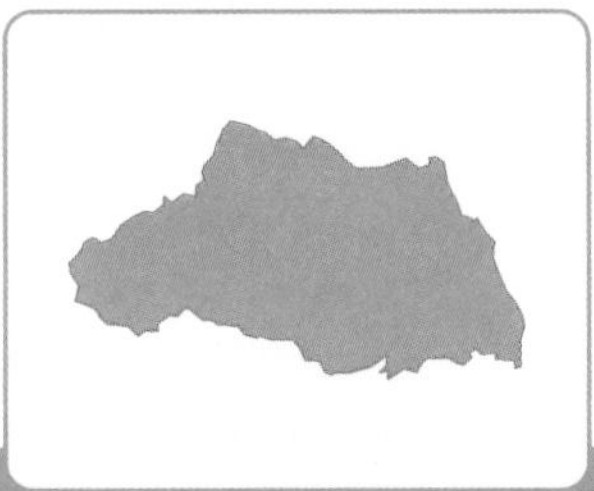

どの地方にあるかな？

11

この都道府県はどこかな？
関東地方
面積…28位　人口…6位

日本の落花生のほとんどを生産しているよ！

⑫

この都道府県はどこかな？
中部地方
面積…34位　人口…43位

鯖江市のめがねわくが有名だよ！

⑱

この都道府県はどこかな？
関東地方
面積…45位　人口…1位

日本の首都で、人口がとっても多いよ！

⑬

この都道府県はどこかな？
中部地方
面積…32位　人口…42位

ぶどうとももの生産量日本一！

⑲

この都道府県はどこかな？
関東地方
面積…43位　人口…2位

横浜港でのぼうえきがさかんだよ！

⑭

この都道府県はどこかな？
中部地方
面積…4位　人口…16位

すずしい高地でのレタスの生産がさかん！

⑳

この都道府県はどこかな？
中部地方
面積…5位　人口…15位

お米の生産がさかんだよ！

⑮

この都道府県はどこかな？
中部地方
面積…7位　人口…17位

和紙できれいなちょうちんを作るよ！

㉑

この都道府県はどこかな？
中部地方
面積…33位　人口…37位

切り分けて食べるますずしが有名だよ！

⑯

この都道府県はどこかな？
中部地方
面積…13位　人口…10位

ピアノをたくさん作っているよ！

㉒

この都道府県はどこかな？
中部地方
面積…35位　人口…33位

輪島塗や九谷焼など、伝統工芸がさかん！

⑰

この都道府県はどこかな？
中部地方
面積…27位　人口…4位

自動車の生産がさかんだよ！

㉓

福井県

県庁所在地…福井市

名物・特産品メモ
- めがねわく
- 越前がに
- 越前漆器

どの地方にあるかな？

18

千葉県

県庁所在地…千葉市

名物・特産品メモ
- 落花生
- かぶ
- 成田国際空港

どの地方にあるかな？

12

山梨県

県庁所在地…甲府市

名物・特産品メモ
- もも
- ぶどう
- ほうとう

どの地方にあるかな？

19

東京都

県庁所在地…東京

名物・特産品メモ
- スカイツリー
- 深川めし
- 国会議事堂

どの地方にあるかな？

13

長野県

県庁所在地…長野市

名物・特産品メモ
- まつたけ
- みそ
- レタス

どの地方にあるかな？

20

神奈川県

県庁所在地…横浜市

名物・特産品メモ
- しゅうまい
- 鎌倉大仏
- 箱根寄せ木細工

どの地方にあるかな？

14

岐阜県

県庁所在地…岐阜市

名物・特産品メモ
- あゆ
- 包丁
- ちょうちん

どの地方にあるかな？

21

新潟県

県庁所在地…新潟市

名物・特産品メモ
- ささ団子
- まいたけ
- 米

どの地方にあるかな？

15

静岡県

県庁所在地…静岡市

名物・特産品メモ
- ピアノ
- 茶
- うなぎ

どの地方にあるかな？

22

富山県

県庁所在地…富山市

名物・特産品メモ
- ホタルイカ
- アルミサッシ
- ますずし

どの地方にあるかな？

16

愛知県

県庁所在地…名古屋市

名物・特産品メモ
- 自動車
- 名古屋コーチン
- 電照菊

どの地方にあるかな？

23

石川県

県庁所在地…金沢市

名物・特産品メモ
- 金ぞくはく
- 輪島塗
- 九谷焼

どの地方にあるかな？

17

この都道府県はどこかな？

近畿地方 面積…25位　人口…22位

伊勢えびの伊勢は昔の地名だよ！

㉔

この都道府県はどこかな？

近畿地方 面積…38位　人口…26位

日本一大きな湖があるよ！

㉕

この都道府県はどこかな？

近畿地方 面積…31位　人口…13位

歴史ある建物がたくさんあるよ！

㉖

この都道府県はどこかな？

近畿地方 面積…46位　人口…3位

お好み焼きやたこ焼きがおいしい！

㉗

この都道府県はどこかな？

近畿地方 面積…12位　人口…7位

姫路城は世界遺産になっているよ！

㉘

この都道府県はどこかな？

近畿地方 面積…40位　人口…29位

東大寺の大仏を見て、鹿とふれ合おう！

㉙

この都道府県はどこかな？

近畿地方 面積…30位　人口…40位

うめの生産量日本一！

㉚

この都道府県はどこかな？

中国・四国地方 面積…41位　人口…47位

大きな砂丘があるよ！

㉛

この都道府県はどこかな？

中国・四国地方 面積…19位　人口…46位

しじみがたくさんとれるよ！

㉜

この都道府県はどこかな？

中国・四国地方 面積…17位　人口…20位

学生服の生産がさかんだよ！

㉝

この都道府県はどこかな？

中国・四国地方 面積…11位　人口…12位

かきの養しょくがさかんだよ！

㉞

この都道府県はどこかな？

中国・四国地方 面積…23位　人口…27位

本州で一番西にある県だね！

㉟

和歌山県（わかやま）

県庁所在地…和歌山市

名物・特産品メモ
- うめ
- みかん
- ラーメン

どの地方にあるかな？

30

三重県（みえ）

県庁所在地…津市

名物・特産品メモ
- 伊勢えび（いせ）
- 松阪牛（まつさかうし）
- 伊勢神宮（いせじんぐう）

どの地方にあるかな？

24

鳥取県（とっとり）

県庁所在地…鳥取市

名物・特産品メモ
- 鳥取砂丘（とっとりさきゅう）
- らっきょう
- 二十世紀なし（にじっせいき）

どの地方にあるかな？

31

滋賀県（しが）

県庁所在地…大津市（おおつ）

名物・特産品メモ
- 信楽焼（しがらきやき）
- 近江牛（おうみぎゅう）
- 琵琶湖（びわこ）

どの地方にあるかな？

25

島根県（しまね）

県庁所在地…松江市（まつえ）

名物・特産品メモ
- しじみ
- 松葉ガニ（まつば）
- 出雲大社（いずもたいしゃ）

どの地方にあるかな？
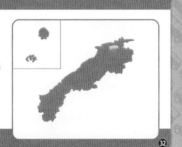
32

京都府（きょうと）

県庁所在地…京都市

名物・特産品メモ
- ちりめん
- 西陣織（にしじんおり）
- 八ツ橋（やつはし）

どの地方にあるかな？

26

岡山県（おかやま）

県庁所在地…岡山市

名物・特産品メモ
- マスカット
- 学生服
- きびだんご

どの地方にあるかな？

33

大阪府（おおさか）

県庁所在地…大阪市

名物・特産品メモ
- 毛布（もうふ）
- たこ焼き（や）
- 大阪城（おおさかじょう）

どの地方にあるかな？

27

広島県（ひろしま）

県庁所在地…広島市

名物・特産品メモ
- レモン
- 養しょくかき（よう）
- もみじまんじゅう

どの地方にあるかな？

34

兵庫県（ひょうご）

県庁所在地…神戸市（こうべ）

名物・特産品メモ
- 線香（せんこう）
- 姫路城（ひめじじょう）
- たこ

どの地方にあるかな？

28

山口県（やまぐち）

県庁所在地…山口市

名物・特産品メモ
- ふぐ
- すだいだい
- 夏みかん

どの地方にあるかな？

35

奈良県（なら）

県庁所在地…奈良市

名物・特産品メモ
- かき
- 大仏（だいぶつ）
- 奈良漬け（づ）

どの地方にあるかな？

29

この都道府県はどこかな？

中国・四国地方
面積…36位　人口…44位

すだちがとってもおいしい！

36

この都道府県はどこかな？

九州地方
面積…37位　人口…30位

カステラが有名だよ！

42

この都道府県はどこかな？

中国・四国地方
面積…47位　人口…39位

うどんが有名な「うどん県」！

37

この都道府県はどこかな？

九州地方
面積…15位　人口…23位

たたみになるい草の生産がさかんだよ！

43

この都道府県はどこかな？

中国・四国地方
面積…26位　人口…28位

みかんいよかんかんきつ王国！

38

この都道府県はどこかな？

九州地方
面積…22位　人口…34位

日本一たくさんの温泉があるよ！

44

この都道府県はどこかな？

中国・四国地方
面積…18位　人口…45位

かつおの一本づりが有名だよ！

39

この都道府県はどこかな？

九州地方
面積…14位　人口…35位

マンゴーや、ヤシの木みたいな木があるよ！

45

この都道府県はどこかな？

九州地方
面積…29位　人口…9位

博多の明太子が有名だよ！

40

この都道府県はどこかな？

九州地方
面積…10位　人口…24位

さつまいもの生産量日本一！

46

この都道府県はどこかな？

九州地方
面積…42位　人口…41位

有明海でのりがたくさんとれるよ！

41

この都道府県はどこかな？

九州地方
面積…44位　人口…25位

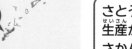

さとうきびの生産がさかんだよ！

47

長崎県

県庁所在地…長崎市

名物・特産品メモ
- びわ
- あじ
- カステラ

どの地方にあるかな？

42

徳島県

県庁所在地…徳島市

名物・特産品メモ
- すだち
- 生しいたけ
- 阿波おどり

どの地方にあるかな？

36

熊本県

県庁所在地…熊本市

名物・特産品メモ
- い草
- トマト
- スイカ

どの地方にあるかな？

43

香川県

県庁所在地…高松市

名物・特産品メモ
- うどん
- オリーブ
- 丸亀うちわ

どの地方にあるかな？

37

大分県

県庁所在地…大分市

名物・特産品メモ
- 温泉
- ほししいたけ
- かぼす

どの地方にあるかな？

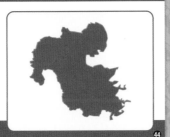

44

愛媛県

県庁所在地…松山市

名物・特産品メモ
- いよかん
- タオル
- 養しょくだい

どの地方にあるかな？

38

宮崎県

県庁所在地…宮崎市

名物・特産品メモ
- マンゴー
- きゅうり
- ピーマン

どの地方にあるかな？

45

高知県

県庁所在地…高知市

名物・特産品メモ
- なす
- しょうが
- かつお

どの地方にあるかな？

39

鹿児島県

県庁所在地…鹿児島市

名物・特産品メモ
- さつまいも
- ぶた肉
- 屋久島

どの地方にあるかな？

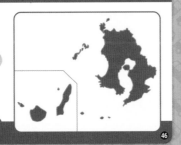

46

福岡県

県庁所在地…福岡市

名物・特産品メモ
- たんす
- 明太子
- 博多人形

どの地方にあるかな？

40

沖縄県

県庁所在地…那覇市

名物・特産品メモ
- パイナップル
- さとうきび
- シーサー

どの地方にあるかな？

47

佐賀県

県庁所在地…佐賀市

名物・特産品メモ
- 養しょくのり
- たまねぎ
- 有田焼

どの地方にあるかな？

41

教科書ワーク **もくじ**

日本文教版 **社会4**年

▶動画 コードを読みとって、下の番号の動画を見てみよう。

この本のページ

◆は選択学習です。いずれかを選んで学習をしましょう。●は発展的な内容をあつかっています。

写真提供：アフロ、気象庁、東京都下水道局、長崎県観光連盟、練馬区、PIXTA（敬称略・五十音順）

勉強した日　　月　　日

日本の 47 都道府県を旅してみよう①

もくひょう
都道府県の名前や特色をたしかめよう。

おわったら シールを はろう

きほんのワーク

教科書 8～13ページ　答え 1ページ

1 都道府県の名前や位置

（　　）にあてはまる言葉や数字を［　］から書きましょう。

● 日本には、全部で47の
①（　　　　　）がある。
◆ 都…②（　　　　　）都、
道…③（　　　　　）道、
府…④（　　　　　）府、
⑤（　　　　　）府。
県は全部で⑥（　　　　　）県ある。

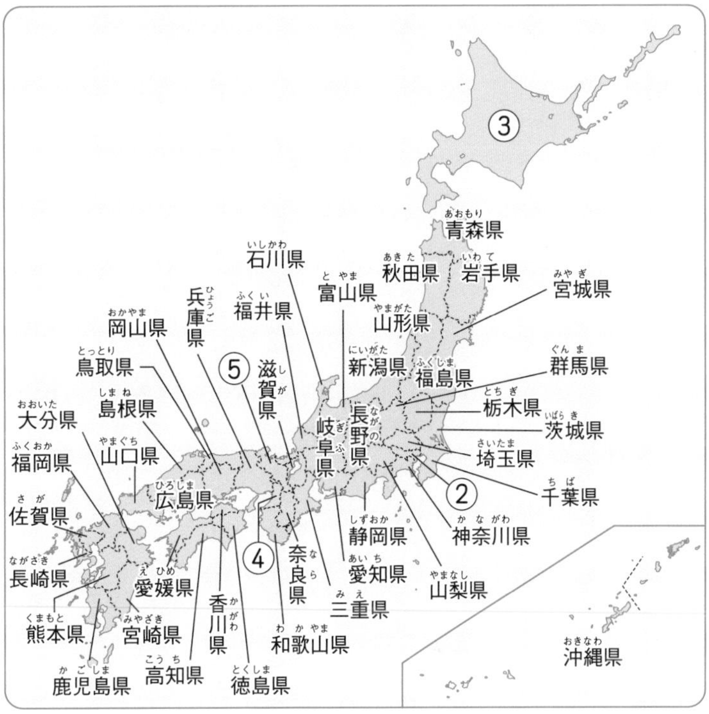

③
青森県
石川県
秋田県
岩手県
宮城県
富山県
兵庫県
福井県
山形県
岡山県
新潟県
群馬県
鳥取県
⑤
滋賀県
福島県
栃木県
大分県
島根県
長野県
茨城県
岐阜県
福岡県
山口県
埼玉県
②
千葉県
広島県
佐賀県
静岡県
神奈川県
④
奈良県
長崎県
愛媛県
愛知県
山梨県
香川県
三重県
熊本県
宮崎県
和歌山県
沖縄県
鹿児島県
高知県
徳島県

43	都道府県
東京	大阪
北海	京都

2 都道府県の特色

（　　）にあてはまる言葉を［　］から書きましょう。

よみトク！ 地図

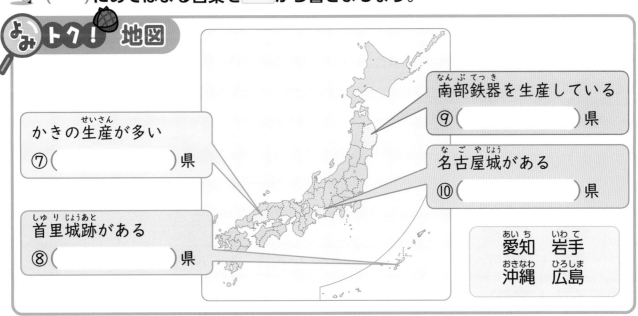

かきの生産が多い
⑦（　　　　　）県

首里城跡がある
⑧（　　　　　）県

南部鉄器を生産している
⑨（　　　　　）県

名古屋城がある
⑩（　　　　　）県

愛知	岩手
沖縄	広島

しゃかいか工場 都道府県は、北海道、東北、関東、中部、近畿、中国・四国、九州の７つの地方に分けられる。中国地方と四国地方を分けて、８つに分けることもあるよ。

練習のワーク

教科書 8～13ページ　答え 1ページ

できた数　／12問中　おわったらシールをはろう

1 右の地図を見て、次の問いに答えましょう。

(1) 東京都を示している記号を、地図中の㋐～㋓から選びましょう。（　　）

(2) 徳島県ととなり合う都道府県を、次から2つ選びましょう。

（　　）（　　）

㋐ 青森県　㋑ 秋田県
㋒ 長野県　㋓ 香川県
㋔ 群馬県　㋕ 高知県

(3) 海に面していない都道府県を、次から選びましょう。（　　）

㋐ 奈良県　㋑ 沖縄県　㋒ 長崎県　㋓ 福井県

(4) 1都1道2府43県のうち、2府とはどこを示していますか。2つの名前を書きましょう。（　　　　）府（　　　　）府

2 次の地図にあてはまる都道府県名を、あとの□からそれぞれ選びましょう。

①（　　　　）

②（　　　　）

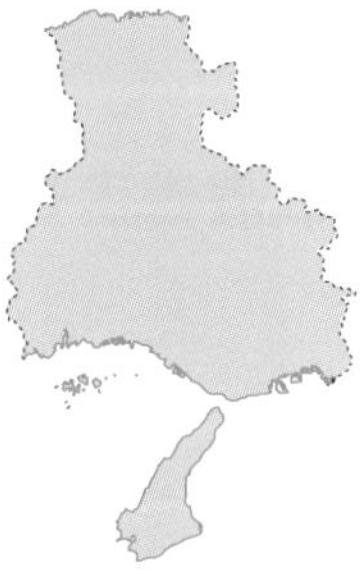

③（　　　　）

④（　　　　）

⑤（　　　　）

⑥（　　　　）

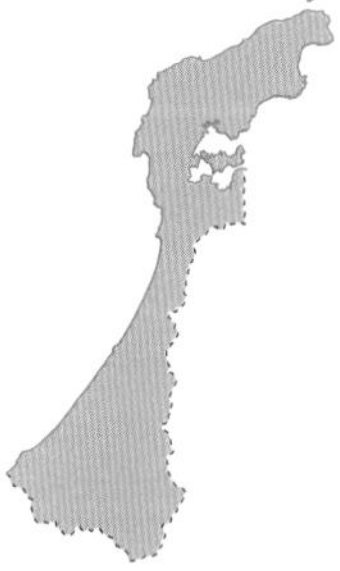

滋賀県　山口県　石川県　千葉県　兵庫県　新潟県

ポイント　わたしたちの住む日本には、全部で47の都道府県がある。

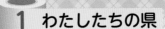

勉強した日 ▶ 　月　日

日本の 47 都道府県を旅してみよう②

きほんのワーク

もくひょう
都道府県の地方区分と特産品をたしかめよう。

おわったらシールをはろう

教科書 8〜13ページ　答え 1ページ

1 日本の地方区分

（　）にあてはまる言葉を □ から書きましょう。

よみトク！ 地図

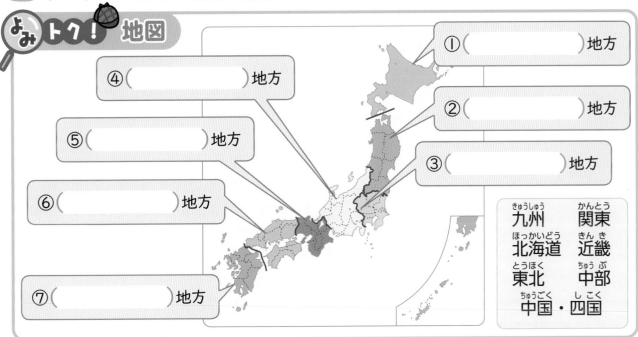

④（　　　　　　　）地方

⑤（　　　　　　　）地方

⑥（　　　　　　　）地方

⑦（　　　　　　　）地方

①（　　　　　　　）地方

②（　　　　　　　）地方

③（　　　　　　　）地方

きゅうしゅう 九州	かんとう 関東
ほっかいどう 北海道	きんき 近畿
とうほく 東北	ちゅうぶ 中部
ちゅうごく 中国・四国	しこく

2 都道府県の特色

（　）にあてはまる言葉を □ から書きましょう。

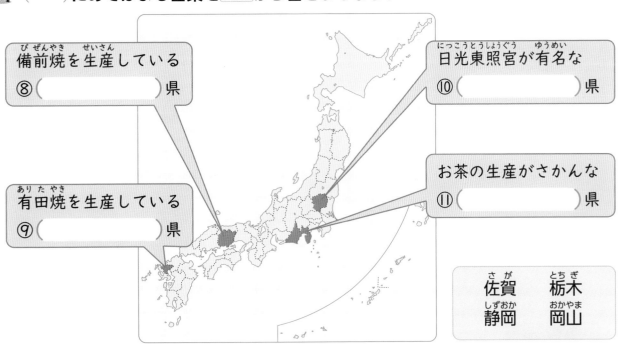

びぜんやき せいさん
備前焼を生産している
⑧（　　　　　　　）県

ありたやき
有田焼を生産している
⑨（　　　　　　　）県

にっこうとうしょうぐう ゆうめい
日光東照宮が有名な
⑩（　　　　　　　）県

お茶の生産がさかんな
⑪（　　　　　　　）県

さが 佐賀	とちぎ 栃木
しずおか 静岡	おかやま 岡山

しゃかいか工場 🚚 はじめて府や県ができた1871年には、東京・大阪・京都の3府と72の県が置かれたんだ。その後いくつかの県を合わせたりして、今の1都1道2府43県になったんだよ。

練習のワーク

教科書　8～13ページ　答え　1ページ

できた数　／12問中

おわったら シールを はろう

1 右の地図を見て、次の問いに答えましょう。

⑴　次の文の「**この地方**」にあてはまるものを、**地図**中の㋐～㋖からそれぞれ選びましょう。

①（　　）②（　　）③（　　）

①　**この地方**は、九州地方とせまい海をはさんでむき合っている。

②　**この地方**は、近畿地方と関東地方にはさまれている。

③　**この地方**は、北海道地方とせまい海をはさんでむき合っている。

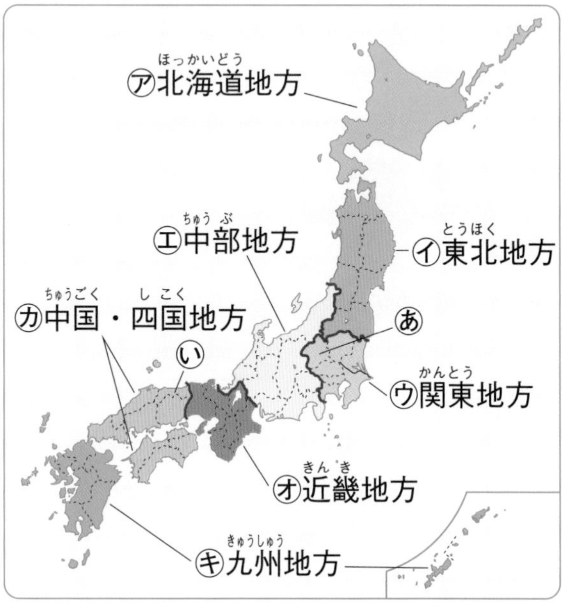

⑵　日本の都道府県は、全部でいくつありますか。（　　）

⑶　次の文は、**地図**中の[あ]・[い]の都道府県について説明しています。それぞれにあてはまる都道府県の名前を書きましょう。

[あ]　都道府県の名前に動物（馬）が入っている。（　　）

[い]　都道府県の名前に動物（鳥）が入っている。（　　）

2 次のものが有名な都道府県を、あとの□からそれぞれ選びましょう。

①（　　）

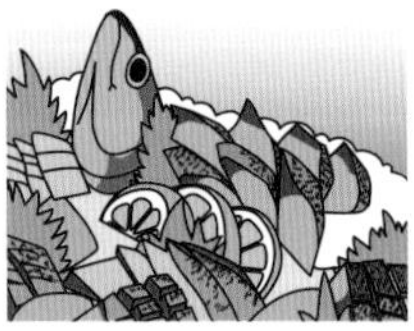

②（　　）

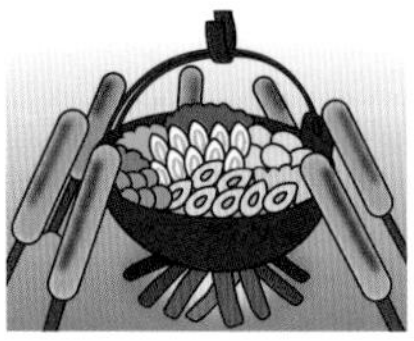

③（　　）

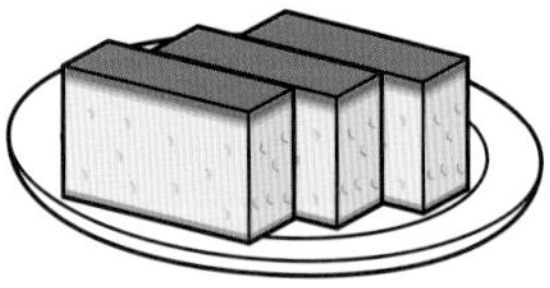

④（　　）

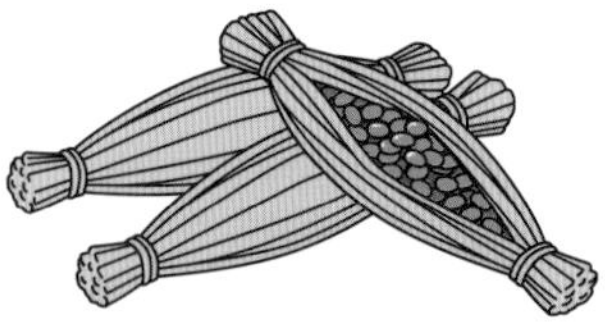

⑤（　　）

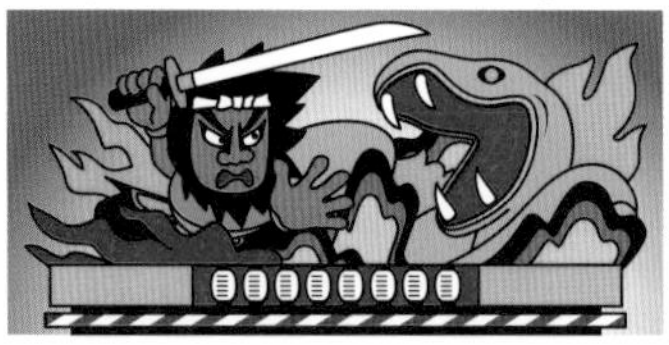

⑥（　　）

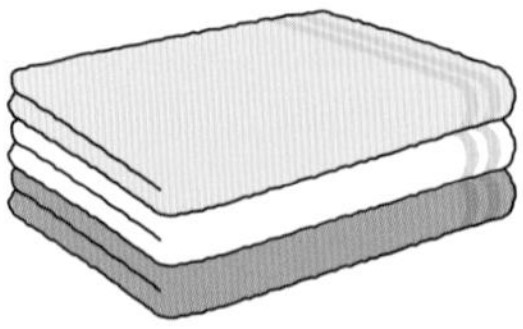

青森県　長崎県　茨城県　大分県　秋田県　愛媛県

ポイント　日本は7地方に分けられ、それぞれに特色がある。

勉強した日　　月　日

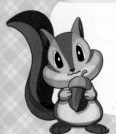

1　わたしたちの県のようす①

もくひょう
岡山県のようすはどのようなものか、たしかめよう。

おわったらシールをはろう

きほんのワーク

教科書 14〜21ページ　答え 2ページ

1 わたしたちが住んでいる県はどこ？／岡山県について調べる／岡山県の土地のようす

（　）にあてはまる言葉を□から書きましょう。

よみトク！ 地図

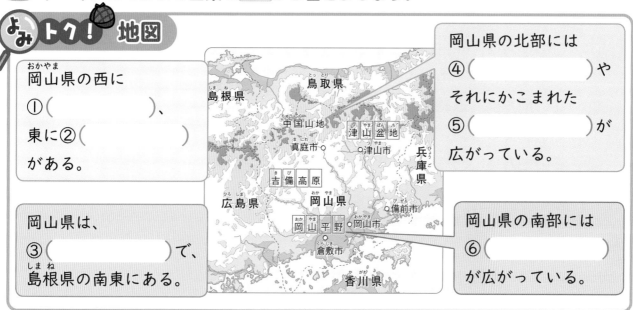

岡山県の西に①（　　　　）、東に②（　　　　）がある。

岡山県は、③（　　　　）で、島根県の南東にある。

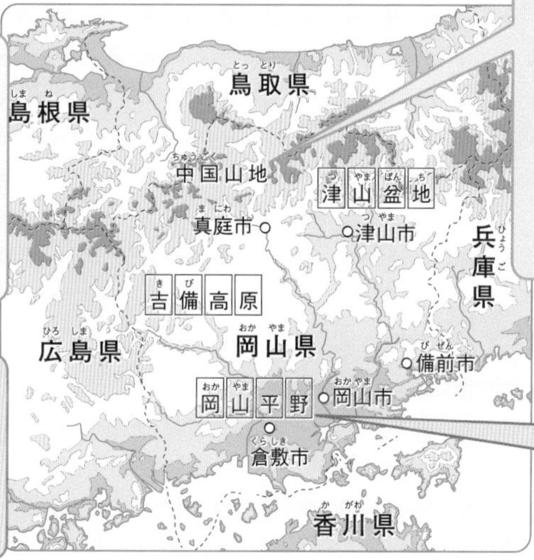

岡山県の北部には④（　　　　）やそれにかこまれた⑤（　　　　）が広がっている。

岡山県の南部には⑥（　　　　）が広がっている。

8方位　盆地　山地　平野　広島県　兵庫県

2 岡山県の土地の使われ方

（　）にあてはまる言葉を□から書きましょう。

- 右の地図は、岡山県の⑦（　　　　）のようすをあらわしている。
- 岡山県では北部に⑧（　　　　）などが広がっており、市街地は⑨（　　　　）に多い。
  - ◆市街地のまわりには、⑩（　　　　）やかじゅ園も見られる。
- ⑪（　　　　）は、瀬戸内海に面したところに多い。

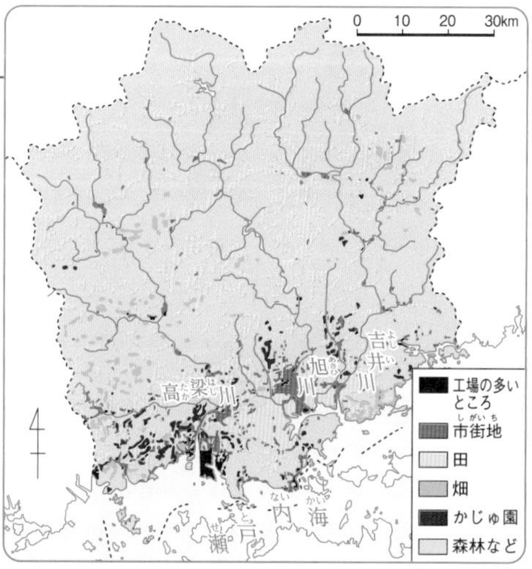

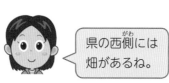

県の西側には畑があるね。

南部　森林　土地利用　田　工場

しゃかいか工場　地図帳を使うと地形や気候、人口や産業のようすを調べることができるよ。外国の地図や資料、統計表がのっている地図帳もあるんだ。

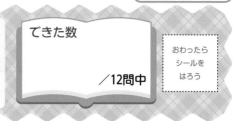

練習のワーク

教科書 14〜21ページ　答え 2ページ

できた数　／12問中

おわったらシールをはろう

1 右の地図を見て、次の問いに答えましょう。

(1) 次の説明にあう都市を、**地図**中の㋐〜㋓からそれぞれ選びましょう。

① 人口が約72万人の都市。（　　）

② 人口が約47万人の都市。（　　）

③ 人口が約９万人の都市。（　　）

④ 人口が約６万人の都市。（　　）

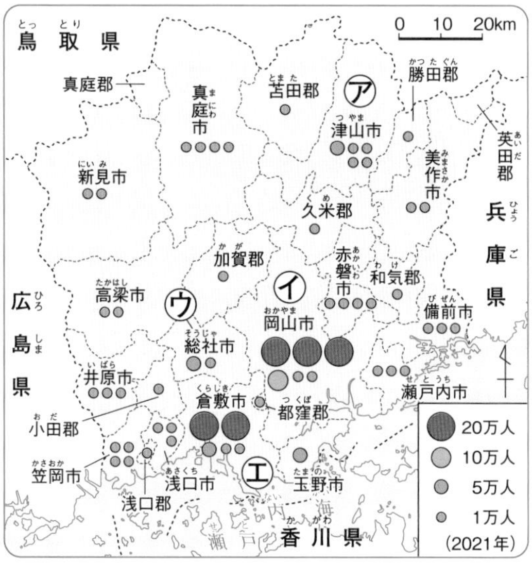

(2) 次の都市から都市を見たときの方位を、８方位で書きましょう。

① 備前市から新見市。（　　）

② 津山市から井原市。（　　）

(3) 次の文の□にあてはまる方位に○を書きましょう。【 東　西　南　北 】

● 岡山県で人口の多い都市は、県の□部に多い。

2 右の地図を見て、次の問いに答えましょう。

(1) 岡山県と香川県の間にある海を、何といいますか。（　　）

(2) 岡山県と鳥取県のさかいになっている山地を何といいますか。（　　）

(3) 次の文のうち、**地図**からわかることとして正しいもの２つに○を書きましょう。

㋐（　　）吉備高原は県の東部にある。

㋑（　　）真庭市は県の南部にある。

㋒（　　）大きな川が３つある。

㋓（　　）県の北側は土地が高い。

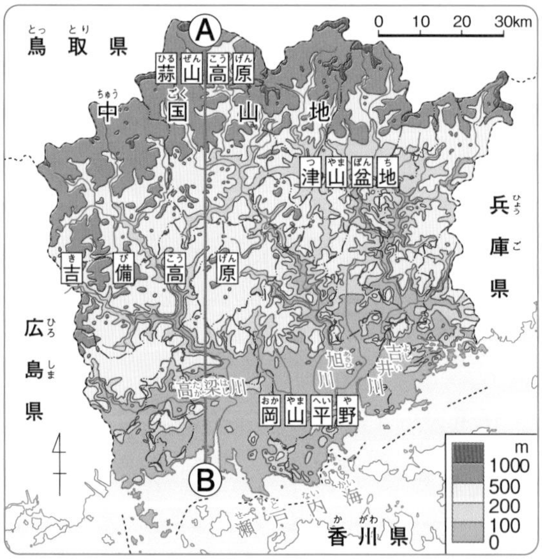

(4) 右の**断面図**は、**地図**中のⒶ−Ⓑをあらわしています。いちばん高い場所を、**断面図**中の㋐〜㋓から選びましょう。

（　　）

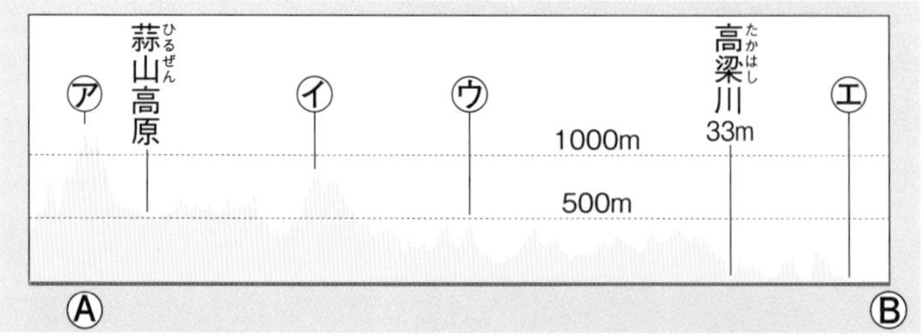

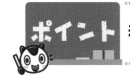

ポイント 都道府県の地形や土地の使われ方には、特色がある。

1　わたしたちの県のようす②

もくひょう・
岡山県の交通の広がりや産業などの特色をたしかめよう。

おわったらシールをはろう

きほんのワーク

教科書　22〜27ページ　　答え　2ページ

1　岡山県の交通の広がり

✎　（　）にあてはまる言葉を□□から書きましょう。

よみトク！　地図

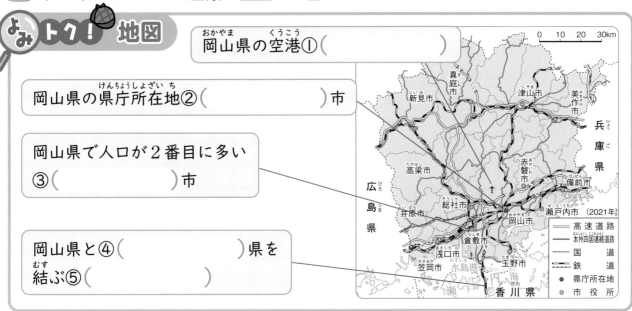

岡山県の空港①（　　　　　　　　）

岡山県の県庁所在地②（　　　　　　　）市

岡山県で人口が2番目に多い
③（　　　　　　　）市

岡山県と④（　　　　　　　）県を
結ぶ⑤（　　　　　　　）

0　10　20　30km

＝＝＝	高速道路	
━━━	本州四国連絡道路	
───	国道	
━━━	鉄道	
●	県庁所在地	
◎	市役所	

瀬戸内市　（2021年）

香川（かがわ）　　倉敷（くらしき）　　岡山　　岡山桃太郎空港（ももたろう）　　瀬戸大橋（せとおおはし）

2　岡山県の特産物や産業／白地図にまとめる

✎　（　）にあてはまる言葉を□□から書きましょう。

●農業や漁業（ぎょぎょう）、工業や商業など、社会をささえているさまざまな仕事を⑥（　　　　　　）という。

●地形や気候（きこう）などの地いきの特色（とくしょく）を生かしてつくられるものを、⑦（　　　　　　）という。

●岡山県は、⑧（　　　　　　）やぶどうの産地（さんち）として有名。伝統的工芸品（でんとうてきこうげいひん）の⑨（　　　　　　）がつくられている。

●おもな地形の名前や土地利用（とちりよう）、鉄道や道路、産業などを⑩（　　　　　　）にまとめる。

白地図（はくちず）　　もも　　特産物（とくさんぶつ）　　産業（さんぎょう）　　備前焼（びぜんやき）

しゃかいか工場　四国地方（しこく）と本州（ほんしゅう）をつなぐ本州四国連絡道路（れんらく）は、兵庫県（ひょうご）と徳島県（とくしま）を結ぶルート、岡山県と香川県（かがわ）を結ぶルート、広島県（ひろしま）と愛媛県（えひめ）を結ぶルートがあるよ。

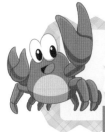

練習のワーク

教科書　22〜27ページ　　答え　2ページ

できた数　／10問中

おわったら シールを はろう

1 右の地図を見て、次の問いに答えましょう。

(1) 次の文の□にあてはまる言葉を、あとからそれぞれ選びましょう。

①（　　） ②（　　） ③（　　）

● 岡山県から外国へ行くには[①]を利用します。香川県に鉄道で行くときは、[②]を通ります。鉄道や高速道路が多いのは、県の[③]です。

㋐ 北部　　㋑ 岡山桃太郎空港

㋒ 南部　　㋓ 瀬戸大橋

(2) 倉敷市にある港の名を書きましょう。

（　　　　）

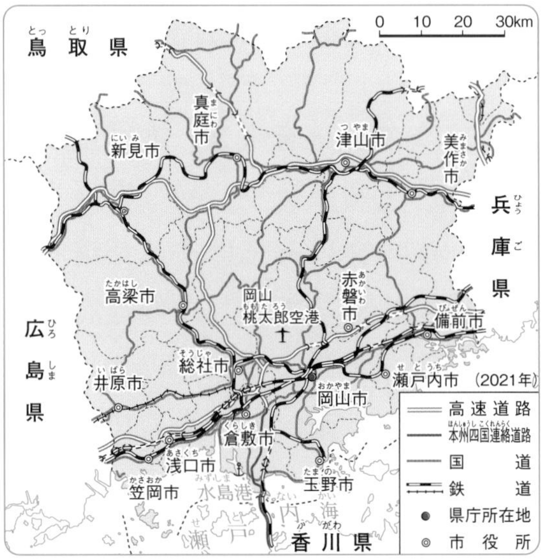

2 右の地図を見て、次の問いに答えましょう。

(1) 右の**地図**を見て、次の特産物がつくられているところを、あとからそれぞれ選びましょう。

① デニム製品　（　　）

② もも・ぶどう　（　　）

③ 乳製品　（　　）

④ 備前焼　（　　）

㋐ 真庭市　　㋑ 井原市

㋒ 岡山市　　㋓ 備前市

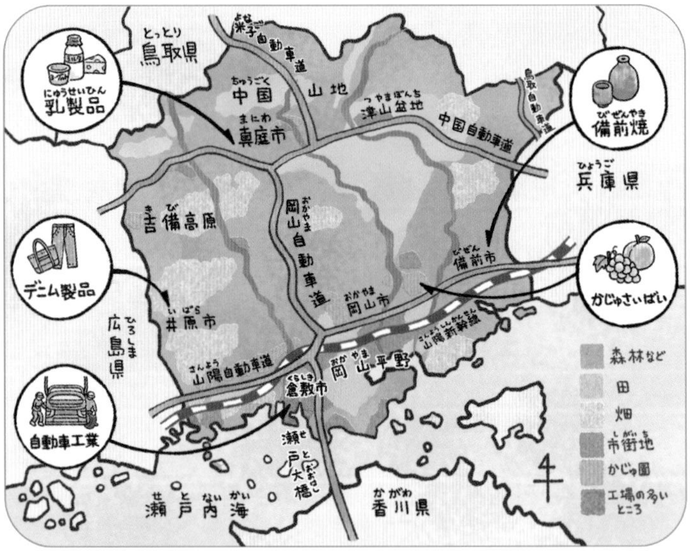

(2) 次の文のうち、右の**地図**から読み取れることとして正しいもの2つに○を書きましょう。

㋐（　　）高原には畑がみられない。

㋑（　　）津山盆地では米をつくっている。

㋒（　　）県を南北に走る高速道路はない。

㋓（　　）倉敷市に工場が多くある。

㋔（　　）米子自動車道は広島県にのびている。

ポイント　特産物は地いきの特色を生かしてつくられている。

まとめのテスト

日本の47都道府県を旅してみよう
1　わたしたちの県のようす

とく点

/100点

おわったら
シールを
はろう

時間
20
分

教科書 8〜27ページ　　答え 2ページ

---

1 日本の47都道府県を旅してみよう **右の地図を見て、次の問いに答えましょう。**

1つ4〔32点〕

(1)　次の都道府県を、**地図**中のあ〜うからそれぞれ選びましょう。

①　愛媛県（　　　　）　②　東京都（　　　　）　③　京都府（　　　　）

(2)　次の文にあてはまる都道府県を、右の**地図**中に◻◻◻で示した都道府県から、それぞれ選びましょう。

①　北と南が海に面している。

（　　　　　　　　）

②　たくさんの島からなる。

（　　　　　　　　）

③　8県とせっしている。　（　　　　　　　）

(3)　右の**地図**中の、次の県をふくむ地方名を書きましょう。

①　秋田県（　　　　　　　　）　②　愛知県（　　　　　　　　）

長野県
島根県
秋田県
熊本県
い
あ
愛知県
う
兵庫県
宮崎県
沖縄県

---

2 岡山県の土地のようす **右の地図を見て、次の問いに答えましょう。** 1つ4〔24点〕

(1)　岡山県と陸でとなり合っている都道府県はいくつありますか。数字で書きましょう。

（　　　　　つ）

(2)　岡山県と香川県の間にある海を何といいますか。　（　　　　　　　）

(3)　次の文にあてはまる地形を**地図**中のア〜ウからそれぞれ選びましょう。

①（　　　）②（　　　）③（　　　）

①　海に面し、低く平らな土地が広がる。

②　山に囲まれて平らな土地が広がる。

③　鳥取県とのさかいに高い土地が広がる。

(4)　この**地図**のように、山や川、平野などの土地のようすをあらわした地図を何といいますか。

（　　　　　　　　）

地図:
鳥取県
0 10 20 30km
ア
イ
兵庫県
広島県
ウ
香川県
m
1000
500
200
100
0

3 岡山県の土地の使われ方 右の地図を見て、次の問いに答えましょう。

(2)(完答)1つ5〔20点〕

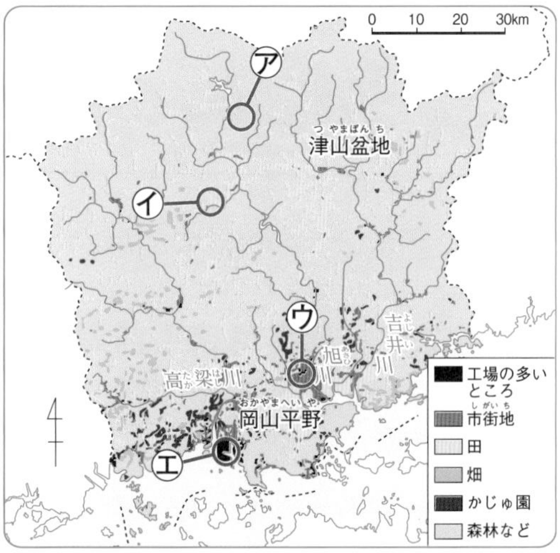

(1) 次の文のうち、岡山県について正しいものには○を、あやまっているものには×を書きましょう。

①(　　　)市街地は、おもに県の北部に集まっている。

②(　　　)田は、おもに平野や盆地などの平地に集まっている。

③(　　　)畑は、おもに県の東部に集まっている。

思考 記述

(2) 右の**写真**の風景が見られる場所を、**地図**中の㋐～㋓から選びましょう。また、その場所を選んだ理由を書きましょう。

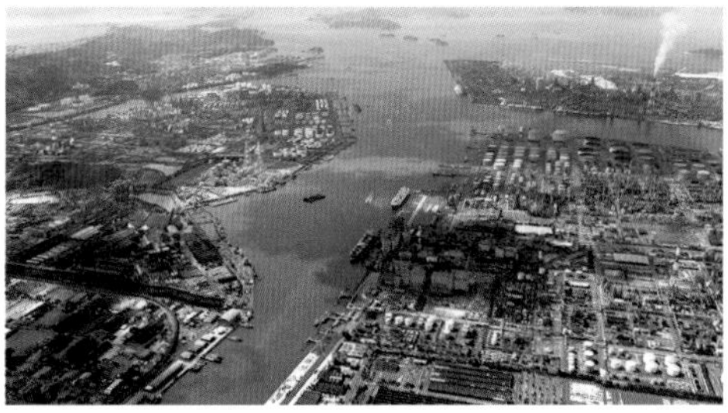

記号(　　　)

理由(　　　　　　　　　　　　　　　　　　　　)

4 岡山県の交通と産業 次の問いに答えましょう。

1つ4〔24点〕

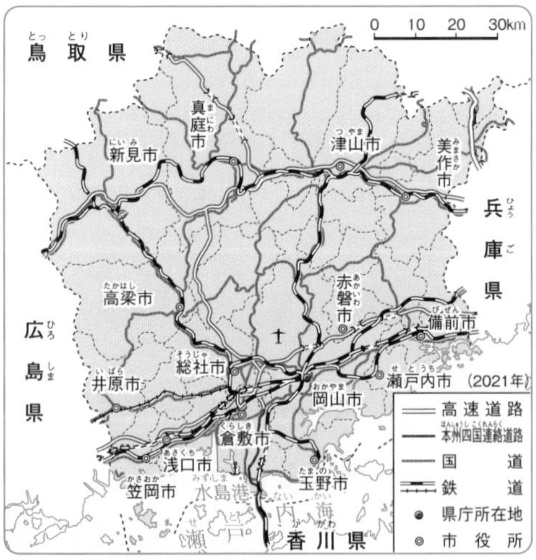

(1) 次の文のうち、右の**地図**について正しいもの3つに○を書きましょう。

㋐(　　　)瀬戸内市には空港がある。

㋑(　　　)本州四国連絡道路は岡山県と香川県を結んでいる。

㋒(　　　)県庁所在地のまわりでは、交通は発達していない。

㋓(　　　)鉄道は**地図**中に名前が示されたすべての市を通っている。

㋔(　　　)本州四国連絡道路は高速道路とつながっている。

(2) 岡山県でさかんにつくられているくだものを次から選びましょう。(　　　)

㋐ りんご　㋑ もも　㋒ みかん　㋓ すいか

チャレンジ!

(3) 次の文の□にあてはまる言葉を漢字2字で書きましょう。(　　　　)

● 特産物とは、地いきの□を生かしてつくられたものである。

(4) **地図**中の井原市の特産物を次から選びましょう。(　　　)

㋐ 乳製品　㋑ 備前焼　㋒ デニム製品　㋓ うちわ

2 健康なくらしを守る仕事

1　ごみのしょりと活用①

きほんのワーク

もくひょう・
ごみの出し方や、どのように収集されるのかをたしかめよう。

おわったら
シールを
はろう

教科書　30〜37ページ　答え　3ページ

1　自分たちの出すごみ／大分市のごみ

🖉 （　　）にあてはまる言葉を　　から書きましょう。

よみトク！　資料

● どんな①（　　　　　　　　）
が家から出ているのかを調
べるために、表をつくって
まとめた。

● 大分市（おおいた）の家庭から出される
ごみの量（りょう）は、②（　　　　　　）ごみ、
③（　　　　　　）ごみの順（じゅん）に多い。

● 資源（しげん）ごみのなかでも、ごみとして出される量が
最（もっと）も多いのは④（　　　　　　）・ぬので、次
にペットボトル・⑤（　　　　　　）、
⑥（　　　　　　）・びんの順に多い。

ごみの種類（しゅるい）	月	火	水
生ごみ	○	○	○
ペットボトル	○		○
ざっし・新聞	○	○	○
家具など			○

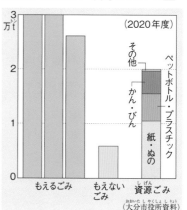

家庭から出た1年間のごみの量

（2020年度）

その他
かん・びん
紙・ぬの
ペットボトル・プラスチック

もえるごみ　　もえない
ごみ　　資源（しげん）ごみ

（大分市役所（おおいたしやくしょ）資料）

資源ごみ
再生（さいせい）して利用（りよう）できるごみ
のこと。

かん	ごみ	プラスチック	紙	資源	もえる

2　ごみステーションのようす

🖉 （　　）にあてはまる言葉を　　から書きましょう。

● ごみステーションは、地いきの住民（じゅうみん）がつくって
いる⑦（　　　　　　）で管理（かんり）されている。

● ごみは、⑧（　　　　　　）で収集（しゅうしゅう）される。ご
みの収集は、⑨（　　　　　　）やせんもんの
会社がおこなっている。

● ごみの種類（しゅるい）によって運ばれる場所がちがうため、
⑩（　　　　　　）のきまりを守る必要（ひつよう）がある。

市役所	分別（ぶんべつ）	自治会（じちかい）	ごみ収集車

しゃかいか工場

ごみを集める日や回数、分別方法（ほうほう）は住んでいる地いきによってちがうよ。市（区）町村の
ホームページなどを見てかくにんしてみよう。

練習のワーク

できた数

／12問中

おわったら
シールを
はろう

教科書　30〜37ページ　　答え　3ページ

1 次の絵を見て、あとの問いに答えましょう。

①

②

③

④

分のマークあり

(1) ①〜④にあてはまる大分市でのごみの種類（しゅるい）を、次からそれぞれ選び（えら）ましょう。
記号は2回まで使えます。　①（　　　）②（　　　）③（　　　）④（　　　）
⑦　資源（しげん）ごみ　　⑦　もえないごみ　　⑦　もえるごみ

(2) かんやびん、ペットボトル、新聞紙などの、再利用（さいりよう）できるごみのことを何とい
いますか。（　　　　　　　）

2 次の問いに答えましょう。

(1) 次の文のうち、ごみの出し方として正しいものには〇を、あやまっているもの
には×を書きましょう。
①（　　　）ごみは種類ごとに分別（ぶんべつ）して、決められた日に出す。
②（　　　）ごみは、住んでいない地いきのごみステーションに出してもよい。
③（　　　）ごみは家でもやしてから出す。
④（　　　）生ごみは、水切りをしてから出す。

(2) 次の文の◻にあてはまる言葉を、あとの⬚からそれぞれ選びましょう。
　　　　　　①（　　　　　　）②（　　　　　　）③（　　　　　　）
● 分別されたごみは、ごみ収集車（しゅうしゅう）によって集められ、もえるごみは　①　、ペッ
トボトルやかん、びんなどはリサイクルプラザに運ばれる。
● ごみの出し方がまちがっていたときは、収集する人がふくろに　②　をはっ
て注意することがある。
● 大分市（おおいた）は、市内に住む　③　のために、ごみの出し方について4か国の言葉
で書いた資料（しりよう）を出している。

シール　　　清掃（せいそう）工場　　　外国人　　　うめ立て場

ポイント　ごみを出すときは、地いきのきまりを守って分別する。

勉強した日　月　日

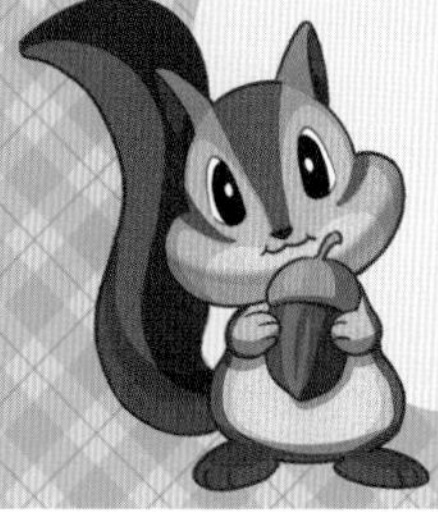

1 ごみのしょりと活用②

きほんのワーク

もくひょう

ごみのゆくえや、もえるごみのしょりについてたしかめよう。

おわったら シールを はろう

教科書 38～41ページ　答え 3ページ

1 ごみのゆくえ

（　）にあてはまる言葉を□から書きましょう。

- 大分市のごみは分別され、①（　　　　）によってちがう②（　　　　）に運ばれる。大分市の家庭ごみは、2018年から2020年までは③（　　　　）いる。
- ごみのしょりには④（　　　　）が使われている。
- 大分市では、令和２年７月豪雨がおこったときに、県内で出た⑤（　　　　）ごみを受け入れた。

災害　地いき　清掃工場　税金　ふえて

大分市の家庭ごみの量のうつり変わり

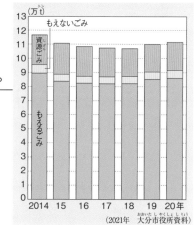

（2021年　大分市役所資料）

2 清掃工場の見学

（　）にあてはまる言葉を□から書きましょう。

よみトク！資料　清掃工場のしくみ

もえるごみ

コンピューターで⑥（　　　　）する。

⑧（　　　　）でごみをもやして灰にする。

⑩（　　　　）で体によくないけむりを取りのぞく。

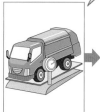

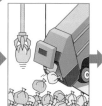

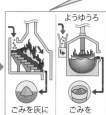

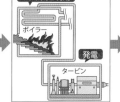

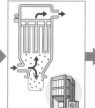

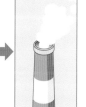

⑦（　　　　）にためたごみを、クレーンで運ぶ。

SDGs ボイラーでごみをもやしたときに出る熱のエネルギーを利用してじょう気をつくり、タービンで⑨（　　　　）する。

ごみピット　計量　集じん機　しょうきゃくろ　発電

しゃかいか工場　ごみをもやしたときの熱を利用してつくられた電気は、清掃工場や温水プールに使うだけでなく、あまった電気を電力会社に売ることもあるんだよ。

勉強した日　月　日

練習のワーク

教科書 38〜41ページ　答え 3ページ

できた数　／11問中

おわったらシールをはろう

1 大分市のごみのしょりについて、右の地図を見て、次の問いに答えましょう。

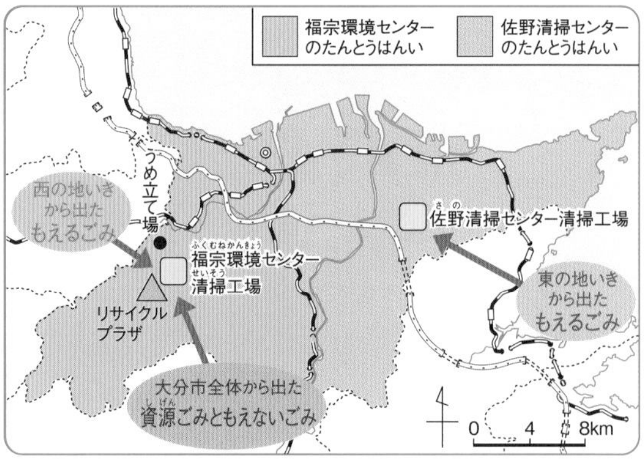

(1) 次のうち、福宗環境センターに集められているもの２つに○を書きましょう。

㋐(　　　)大分県全体のもえないごみ

㋑(　　　)市内の西の地いきのもえるごみ

㋒(　　　)大分市全体のもえないごみ

㋓(　　　)市内の東の地いきのもえるごみ

(2) ごみのしょりにかかるお金には、わたしたちや、わたしたちの家の人がおさめている何というお金が使われていますか。

(　　　　　)

2 清掃工場について、次の問いに答えましょう。

(1) 次の文にあてはまる作業を、あとからそれぞれ選びましょう。

① ごみをもやして灰にしたり、とかしたりする。(　　)

② 体によくないけむりを取りのぞく。(　　)

③ ごみをためておいて、しょうきゃくろやようゆうろに運ぶ。(　　)

④ コンピューターでごみの重さをはかる。(　　)

㋐
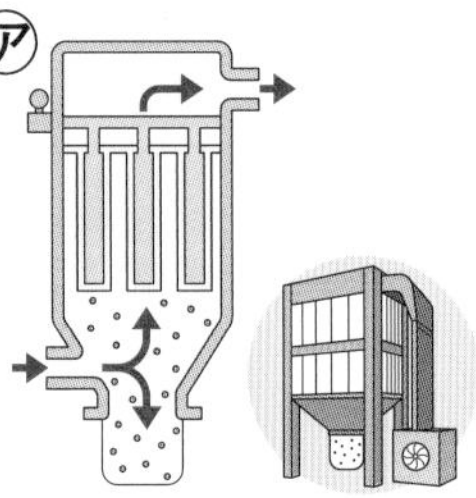

㋑
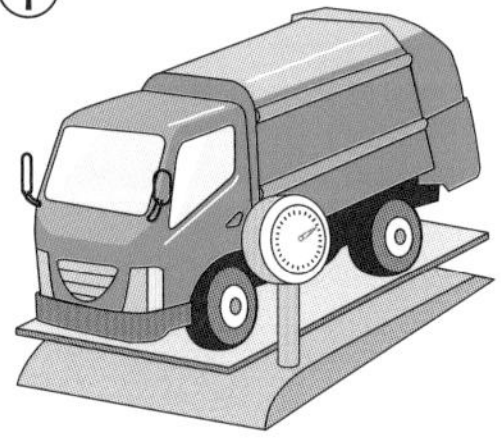

㋒
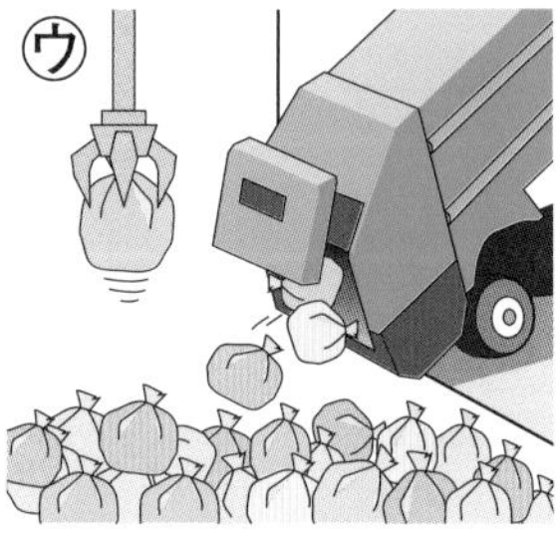

㋓
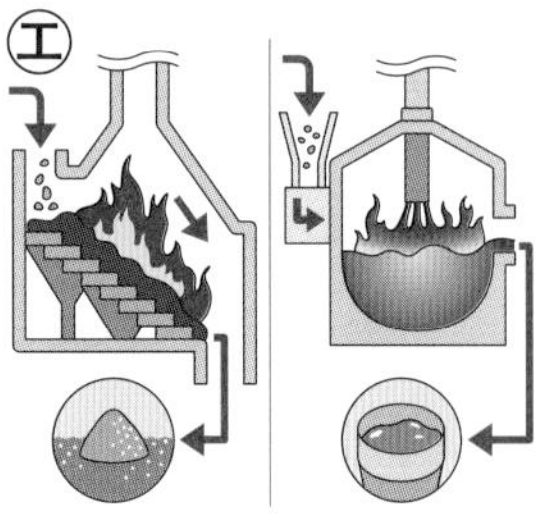

(2) 次の文の{　　}にあてはまる言葉に○を書きましょう。

● 清掃工場の作業は、すべて①{　中央せいぎょ室　温室　}でかんしされて、工場が安全にたもたれている。

● ようゆうろでとかしてしょりしたごみは磁石を使って分けられ、②{　資源　製品　}としてリサイクルされる。

● 清掃工場にあるボイラーでは、ごみをもやしたときに出た熱の③{　はい気ガス　エネルギー　}でじょう気をつくり、④{　タービン　えんとつ　}で発電している。

ポイント もえるごみは清掃工場でしょりされている。

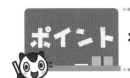

勉強した日 月 日

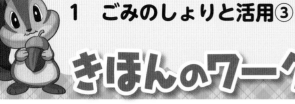

1 ごみのしょりと活用③

きほんのワーク

もくひょう：もえないごみのしょりや、灰のゆくえをたしかめよう。

おわったらシールをはろう

教科書 42～45ページ　答え 3ページ

1 もえないごみのゆくえ

（　）にあてはまる言葉を［　］から書きましょう。

よみトク！ SDGs

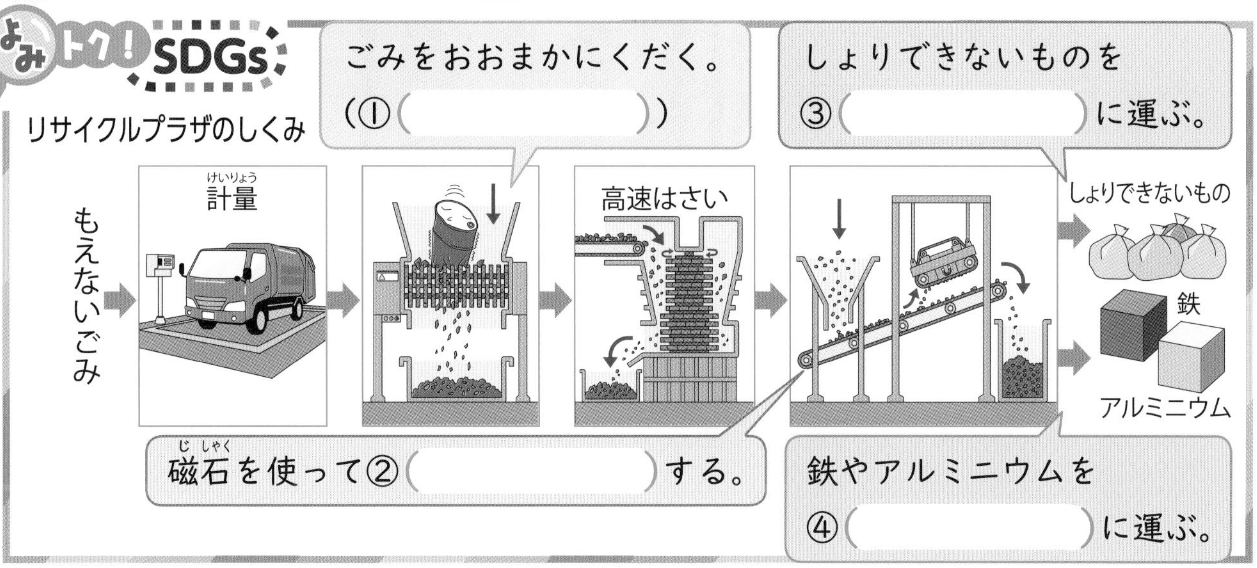

リサイクルプラザのしくみ
ごみをおおまかにくだく。（①（　　　　））
しょりできないものを③（　　　　）に運ぶ。
もえないごみ
計量(けいりょう)
高速はさい
しょりできないもの
鉄
アルミニウム
磁石(じしゃく)を使って②（　　　　）する。
鉄やアルミニウムを④（　　　　）に運ぶ。

●ごみを⑤（　　　　）として再利用(さいりよう)することを、**リサイクル**という。

●家庭から出るごみのうち、資源(しげん)として回収(かいしゅう)されるものには⑥（　　　　）マークがつけられている。

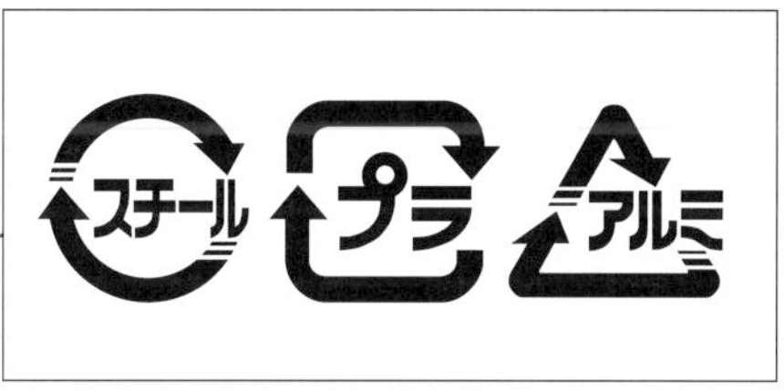

スチール
プラ
アルミ

うめ立て場	リサイクル工場	選別(せんべつ)	あらはさい	識別(しきべつ)	資源

2 もやしたごみのゆくえ

（　）にあてはまる言葉を［　］から書きましょう。

●清掃(せいそう)工場でもやしたあとの⑦（　　　　）や、しょりできなかったごみは、**うめ立て場**に運ばれる。

SDGs ◆灰(はい)の一部は、セメント工場に運ばれて、セメントの原料(げんりょう)として⑧（　　　　）される。

●新しく**うめ立て場**をつくるには、どこに建設(けんせつ)するか、つくるために必要(ひつよう)な⑨（　　　　）はどうするか、⑩（　　　　）の同意をえられるかなど、むずかしい問題がある。

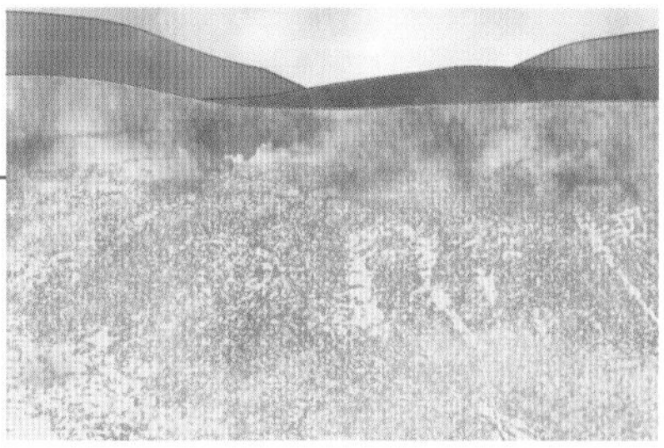

費用(ひよう)	住民(じゅうみん)
灰	リサイクル

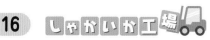

しゃかいか工場　うめ立て場は、地いきのかんきょうを悪化させることがあるので、住民の同意がえられるようなたいさくがつねに求(もと)められているよ。

練習のワーク

教科書 42〜45ページ　答え 3ページ

できた数　／10問中

おわったらシールをはろう

1 次の問いに答えましょう。

(1) 次の文にあてはまる作業を、あとからそれぞれ選(えら)びましょう。

① 磁石(じしゃく)を使って、鉄やアルミニウムに分ける。（　　）

② ごみをしょりしやすいように、おおまかにくだく。（　　）

③ くだかれたごみを、さらに細かくくだく。（　　）

㋐
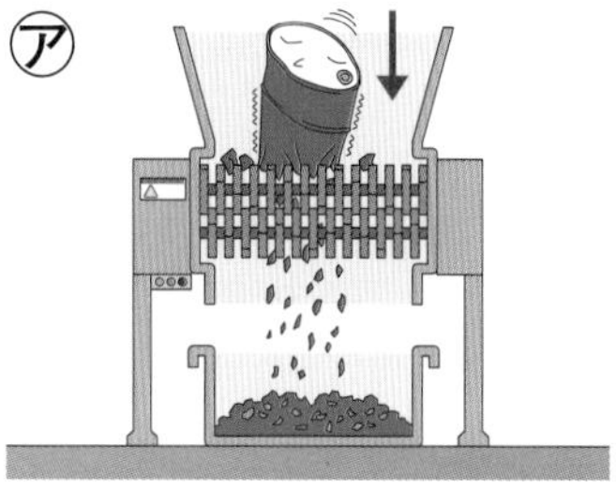

㋑
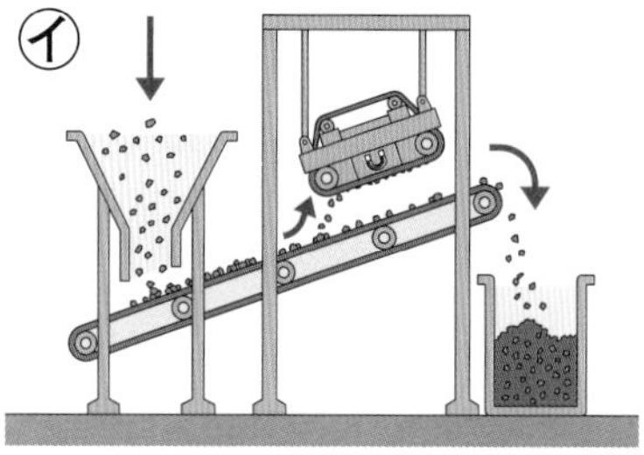

㋒
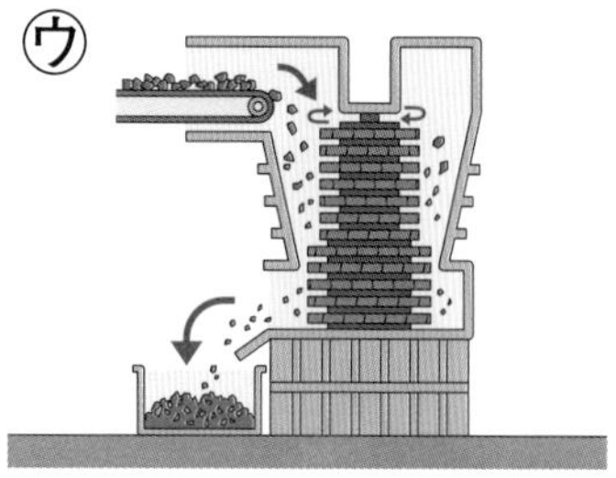

(2) 次の文のうち、リサイクルプラザについて正しいもの２つに○を書きましょう。

㋐（　　）もえないごみは、細かくする前に鉄やアルミニウムに分ける。

㋑（　　）かん・びん・ペットボトルやプラスチックごみは、人が選別(せんべつ)する。

㋒（　　）ごみの計量(けいりょう)は人の手でおこなっている。

㋓（　　）ガラスや鉄、スプレーかんなどに注意して選別している。

(3) 次の文の□にあてはまる言葉を書きましょう。

①（　　　　）　②（　　　　）

● 右のような［①］は、［②］ごみを分別(ぶんべつ)したり回収(かいしゅう)したりするときに便利(べんり)である。

スチール
プラ
アルミ

2 次の問いに答えましょう。

(1) リサイクルできないもえないごみはどこに運ばれますか。次から選びましょう。（　　）

㋐ うめ立て場　㋑ 清掃(せいそう)工場　㋒ リサイクルプラザ

(2) 次の文の□にあてはまる数を書きましょう。

①（　　　　）　②（　　　　）

● 右の**図**を見ると、うめ立て場には、げんざい約(やく)［①］万㎥のごみがうめ立てられており、残(のこ)り約［②］万㎥のごみをうめ立てられる。このままだと30年ほどでまんぱいになってしまう。

大分(おおいた)市のうめ立て場の今後 ▶

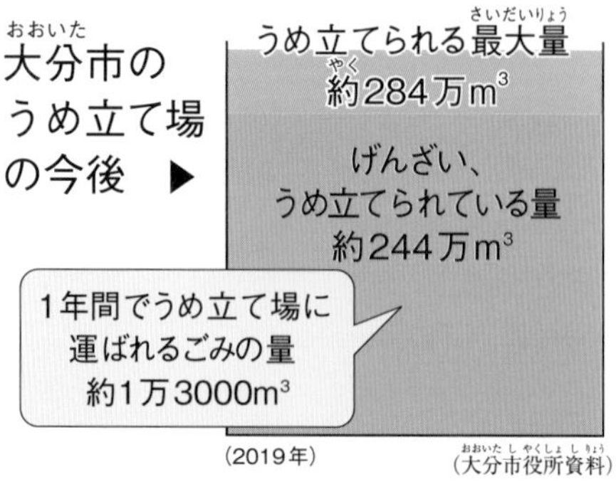
うめ立てられる最大量(さいだいりょう)
約(やく)284万m³
げんざい、
うめ立てられている量
約244万m³
1年間でうめ立て場に
運ばれるごみの量
約1万3000m³

（2019年）　（大分市役所資料(おおいたしやくしょしりょう)）

ポイント **うめ立て場を使える期間はかぎられている。**

勉強した日　月　日

1　ごみのしょりと活用④

きほんのワーク

もくひょう
ごみをへらすための取り組みをたしかめよう。

おわったらシールをはろう

教科書 46〜49ページ　答え 4ページ

1 ごみ問題に取り組む

（　）にあてはまる言葉を［　］から書きましょう。

[SDGs] ●大分県では、セメント会社などと協力して、灰を①（　　　　　）の原料の一部としてリサイクルする取り組みをしている。

●うめ立てるごみの量をへらすことで、より長く②（　　　　　）を利用できるようになる。

[SDGs] ●大分県は、海洋ごみの多くをしめる③（　　　　　）ごみのリサイクルに力を入れている。

◆プラマークのついている④「（　　　　　）」を分別してリサイクルすることで⑤（　　　　　）ごみを少なくしている。

●大分県の「おおいたうつくし作戦」では、⑥（　　　　　）を通じた地いきの交流や、かんきょう問題に関心をもつ人材の育成などがおこなわれている。

つながるSDGs
日本では、海洋のプラスチックごみをへらすため、2020年にレジぶくろを有料化している。
14 海の豊かさを守ろう

資源プラごみ　プラスチック　うめ立て場　セメント　ごみ拾い　もえる

2 ごみをへらすために

（　）にあてはまる言葉を［　］から書きましょう。

よみトク！資料　[SDGs] ⑦（　　　　　）の取り組み

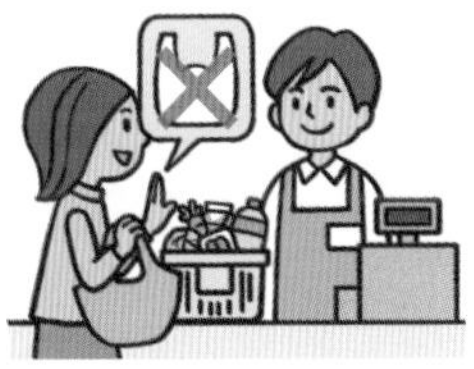

⑧（　　　　　）
いらないものはことわる。（Refuse）

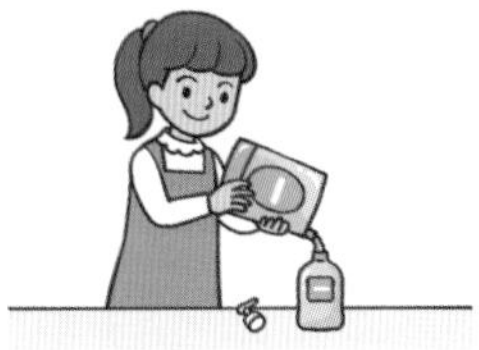

⑨（　　　　　）
ごみが出るのをおさえる。（Reduce）

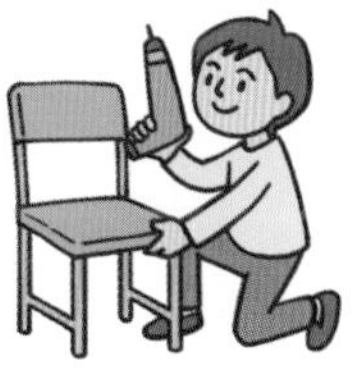

⑩（　　　　　）
ものをくり返し使う。（Reuse）

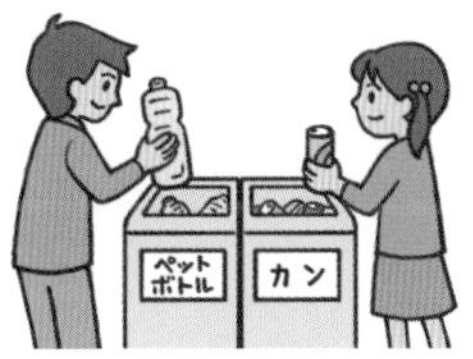

⑪（　　　　　）
ちがうものにつくり変える。（Recycle）

リサイクル　リデュース　リフューズ　リユース　4R

しゃかいか工場
「おおいたうつくし作戦」の「うつくし」は「うみ」「つち」「くうき」「しんりん」の頭文字をつなぎ合わせたものだよ。（大分県ホームページより）

練習のワーク

できた数

／10問中

おわったら
シールを
はろう

教科書 46〜49ページ 　答え 4ページ

1 次の問いに答えましょう。

(1) 次の**カード**の説明とセメントをつくるしせつを、正しく線で結びましょう。

① 灰を、石灰石やねん土とまぜる。

② まぜたものを、高温で焼く。

③ 焼いた原料を細かくしてセメントにする。

・ ・ ・

・ ・ ・

 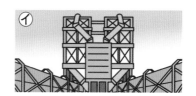 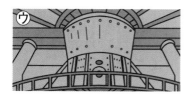

㋐ ㋑ ㋒

(2) 次の文のうち、大分県の取り組みについて正しいもの2つに〇を書きましょう。

㋐（　　）ごみをもやしたときに出た灰を、セメントの原料にしている。

㋑（　　）県や市、地いきの工場は、ごみをへらす別々の取り組みをしている。

㋒（　　）「資源プラごみ」を分別してリサイクルしている。

㋓（　　）プラスチックごみのためのうめ立て場を新しくつくった。

(3) 次の文の □ にあてはまる言葉をあとの □ からそれぞれ選びましょう。

①（　　　　　）②（　　　　　）③（　　　　　）

● ＳＤＧｓの目標のひとつに、「 ① のゆたかさを守ろう」がある。

● 海洋の ② ごみをへらすことなどを目的に、 ③ が有料化された。

プラスチック　海　レジぶくろ

2 次の文のうち、正しいもの2つに〇を書きましょう。

㋐（　　）大分県のセメント工場では「3きり運動」に取り組んでいる。

㋑（　　）大分市の「3きり運動」は市民のだれもが取り組むことができる。

㋒（　　）「4R」の取り組みで、うめ立て場を新しくつくることができる。

㋓（　　）「4R」に取り組むことで、ごみをへらすことができる。

ポイント 一人一人がごみをへらす意識をもつことがたいせつ。

まとめのテスト

1 ごみのしょりと活用

とく点 /100点

おわったら
シールを
はろう

教科書 30〜49ページ　答え 4ページ

時間 20分

1 ごみの出し方　**右の図を見て、次の問いに答えましょう。**

1つ5〔35点〕

(1) 次の話の（　）にあてはまる言葉を、**図**中からそれぞれ書きましょう。

毎週金曜日は①（　　　　　）ごみを出すことができるよ。

第3②（　　　　　）曜日は、もえないごみを出す日なんだね。

大分市のごみ収集カレンダー

2021年4月

日	月	火	水	木	金	土
				1 古紙・布類	2 もえるごみ	3
4	5	6 もえるごみ	7	8 資源プラ	9 もえるごみ	10 缶・びん
11 ペットボトル	12 もえるごみ	13 資源プラ	14	15 古紙・布類	16 もえるごみ	17
18	19 スプレー缶 蛍光管など	20 もえるごみ	21 もえないごみ	22 資源プラ	23 もえるごみ	24 缶・びん
25	26 ペットボトル	27 もえるごみ	28 資源プラ	29 古紙・布類	30 もえるごみ	

(大分市役所資料)

(2) 次のうち、大分市で火曜日に出せるごみには○を、火曜日に出せないごみには×を書きましょう。

①（　　）落ち葉　　②（　　）かけた陶器のお皿

③（　　）生ごみ　　④（　　）新聞紙

記述 (3) きまりを守らずに出されたごみは事故につながることがあります。たとえばガスボンベは、どのような事故につながりますか。かんたんに書きましょう。

（　　　　　　　　　　　　　　　　　　　　　　　　　　　　　　　　）

2 ごみのゆくえ　**次の問いに答えましょう。**

1つ5〔15点〕

(1) ごみを種類ごとに分けて出すことを、漢字2字で何といいますか。　（　　　　　　　）

作図 (2) 次の話を読んで、右の**グラフ**のうち、2019年の資源ごみの部分をぬりつぶしましょう。

資源ごみはもえるごみの次に多いね。いちばん少ないのはもえないごみだよ。

大分市の家庭ごみの量のうつり変わり

(万t)

2014 15 16 17 18 19 20年

(2021年 大分市役所資料)

(3) **グラフ**のごみのなかには、ほかの県から運ばれてしょりしたものもあります。その理由を説明した次の文の□□□にあてはまる言葉を書きましょう。（　　　　　　　　　　　）

● 2016年に熊本県・大分県でおきた大地震によって出た□□□ごみのしょりに協力したから。

3 ごみしょりのしくみ　次の問いに答えましょう。
1つ5〔25点〕

(1) 清掃工場で、次の作業をするところを、あとからそれぞれ選びましょう。

① ごみを灰にしているところ。 (　　)

② 体によくないけむりを取りのぞくところ。 (　　)

㋐ ごみピット　㋑ しょうきゃくろ　㋒ ボイラー　㋓ 集じん機

[記述] (2) 清掃工場ではどのようにして発電していますか。「熱」という言葉を使ってかんたんに書きましょう。

(　　　　　　　　　　　　　　　　　　　　　　)

(3) 右の**図**を見て、次の文のうち、もえないごみのしょりについて正しいもの１つに○を書きましょう。

㋐(　　)最初にすべてリサイクルプラザに運ぶ。

㋑(　　)ごみの種類ごとにうめ立て場は変わる。

㋒(　　)回収された鉄やアルミニウムは、リサイクルプラザに運ばれる。

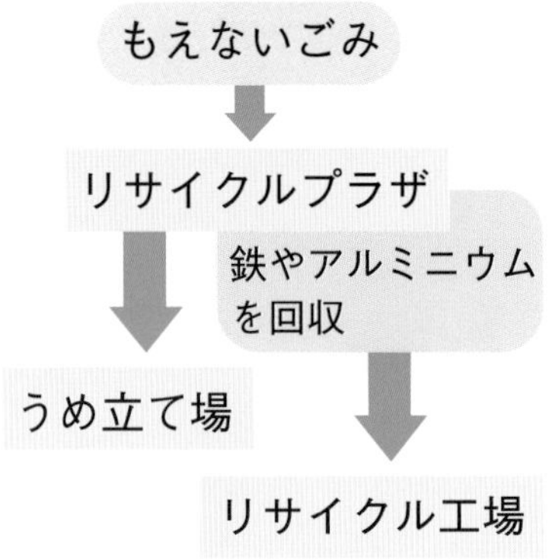
もえないごみ
リサイクルプラザ
鉄やアルミニウムを回収
うめ立て場
リサイクル工場

(4) 識別マークにしたがって分けられたごみは、何ごみとして回収されますか。 (　　　　)ごみ

4 ごみしょりの問題とくふう　次の問いに答えましょう。
1つ5〔25点〕

[思考] (1) 次のことがわかる**資料**を、あとからそれぞれ選びましょう。

① 大分市で取り組まれている「３きり運動」とはどのようなものか。 (　　)

② 大分市のうめ立て場に、あとどのくらいうめ立てられるか。 (　　)

③ ４Ｒの内容についての説明。 (　　)

[あ]

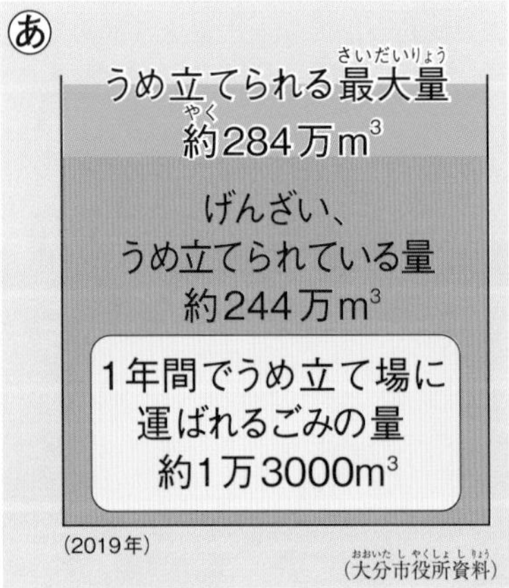
うめ立てられる最大量
約284万m³
げんざい、
うめ立てられている量
約244万m³
1年間でうめ立て場に
運ばれるごみの量
約1万3000m³
(2019年)
(大分市役所資料)

[い]

使いきり！
食材は必要な分だけ買って、使いきるようにしよう。

食べきり！
残さず食べて、あまったものはほぞんしよう。

水きり！
生ごみをすてるときは、水をきろう。

[う]

●リフューズ（Refuse）
いらないものはことわる。

●リデュース（Reduce）
ごみが出るのをおさえる。

●リユース（Reuse）
すてずにくり返し使う。

●リサイクル（Recycle）
つくり変えてふたたび使う。

(2) ごみをもやして出る灰を、セメントの原料にすることは、どんなことにつながりますか。次から２つ選びましょう。 (　　)(　　)

㋐ ごみの分別がかんたんになる。　㋑ 資源を節約することができる。

㋒ うめ立て場を長く使うことができる。

㋓ 灰の中の鉄くずを取りのぞくことができる。

勉強した日　月　日

下水のしょりと再利用

もくひょう
使われた水のしょりや再利用についてたしかめよう。

おわったらシールをはろう

きほんのワーク

教科書 50〜53ページ　答え 5ページ

1 使われた水のしょり

（　）にあてはまる言葉を［　］から書きましょう。

よみトク！ 図

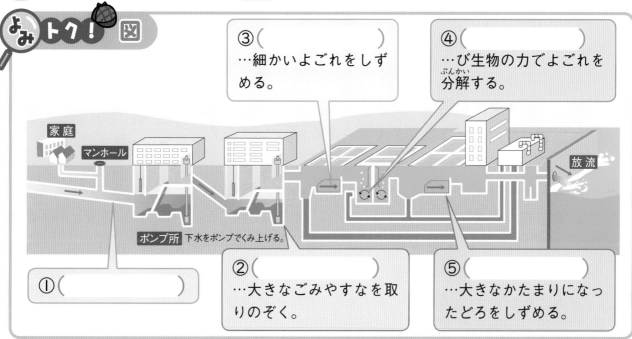

③（　　　）…細かいよごれをしずめる。

④（　　　）…び生物の力でよごれを分解（ぶんかい）する。

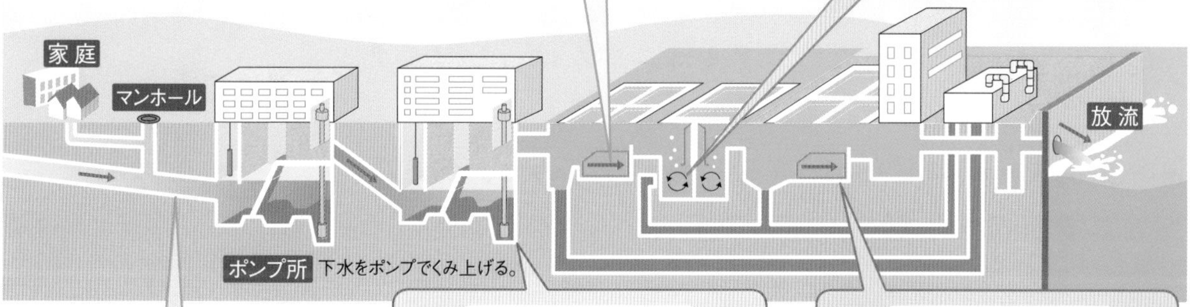
家庭
マンホール
ポンプ所 下水をポンプでくみ上げる。
放流

①（　　　）

②（　　　）…大きなごみやすなを取りのぞく。

⑤（　　　）…大きなかたまりになったどろをしずめる。

ちんさ池（ち）　下水道管（かん）　反のうそう　第一ちんでん池　第二ちんでん池

2 しょりされた下水の再利用

（　）にあてはまる言葉を［　］から書きましょう。

●下水道は、家庭などのよごれた水をしょりしてまちを⑥（　　　）にたもつ。
◆大雨などのときに、⑦（　　　）からまちを守っている。
◆川や海の⑧（　　　）を守ることを通して、地球のかんきょうを守っている。
●有明（ありあけ）水再生（さいせい）センターでは下水しょりをした水をさらに高度にしょりして⑨（　　　）として使えるようにしている。

しん水　再生水　せいけつ　水質（すいしつ）

しゃかいか工場
マンホールのふたが丸いのは、中に落ちないようにするためだよ。ふたの形が四角いと、ななめになったときに落ちてしまうよ。

練習のワーク

勉強した日 ▶ 月 日

できた数

／10問中

おわったら
シールを
はろう

教科書 50〜53ページ 答え 5ページ

1 次の問いに答えましょう。

(1) 地図中の◯は、水再生センターをあらわしています。ここでしょりされる汚水（おすい）と雨水を合わせて何といいますか。

（　　　　　　　）

(2) しょりされた(1)は、飲み水として利用することができるか、できないか、書きましょう。（　　　　　　）

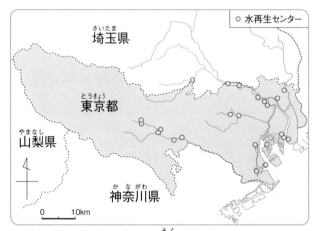

◯ 水再生センター

埼玉県（さいたま）

東京都（とうきょう）

山梨県（やまなし）

神奈川県（かながわ）

0　　10km

(3) 次の図中の□にあてはまるカードを、あとからそれぞれ選びましょう。

①（　　）②（　　）③（　　）④（　　）

よごれた水をしょりするしくみ

下水道管（かん） ➡ ① ➡ ② ➡ 第一ちんでん池（ち） ➡

➡ ③ ➡ 第二ちんでん池 ➡ ④ ➡ 放流

| ㋐ 反のうそうび生物をふくむどろをまぜて、よごれを分解（ぶんかい）する。 | ㋑ 高度しょり川に放流する前に、さらに水をきれいにする。 | ㋒ ちんさ池大きなごみや、すなを取りのぞく。 | ㋓ ポンプ所集められたよごれた水を、ポンプでくみ上げる。 |

2 次の絵のうち、下水に流してもよいものには◯を、流してはいけないものには×を書きましょう。

①（　　）　　②（　　）　　③（　　）　　④（　　）

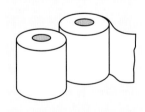

ポイント 下水をきれいにしょりすると、海や川がきれいになる。

23

勉強した日　月　日

2　くらしをささえる水①

きほんのワーク

もくひょう：くらしの中で使われている水の量などをたしかめよう。

おわったらシールをはろう

教科書　54～57ページ　答え　5ページ

1 くらしにかかせない水

（　）にあてはまる言葉や数字を□から書きましょう。

●人は、一人で1日約①（　　　　）の水を使っている。

◆いちばん多いのは②（　　　　）の約86L、次に③（　　　　）で約45Lを使っている。

●水道を使うのには④（　　　　）がかかっていて、使った⑤（　　　　）をもとに計算されている。

1日に一人が使う水

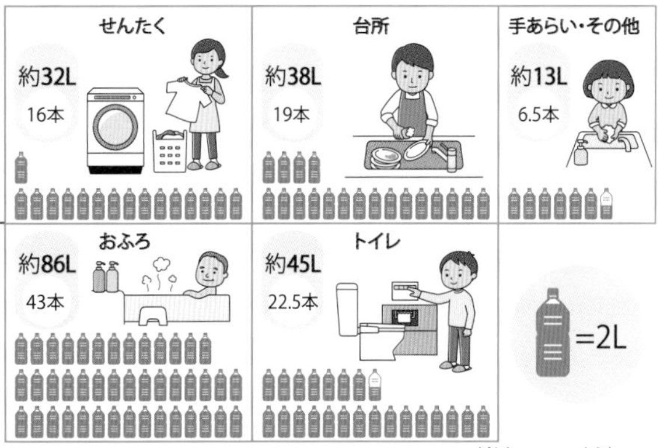
せんたく
約32L
16本
台所
約38L
19本
手あらい・その他
約13L
6.5本
おふろ
約86L
43本
トイレ
約45L
22.5本
=2L

（東京都水道局資料ほか）

お金　トイレ　214L　水量　おふろ

2 大阪府の人々をささえる水

（　）にあてはまる言葉や数字を□から書きましょう。

よみトク！図

1年間の大阪府での水の使い道

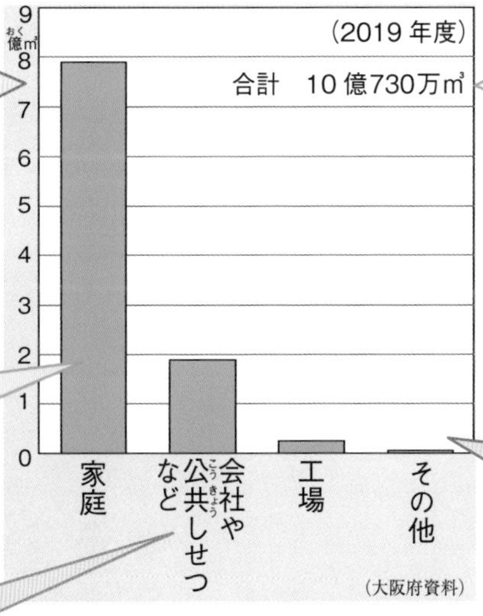
億m³
9
8
7
6
5
4
3
2
1
0
（2019年度）
合計　10億730万m³
家庭
会社や公共しせつなど
工場
その他
（大阪府資料）

グラフは、1年間の⑥（　　　　）の使い道をあらわす。

家庭がいちばん多く、約⑦（　　　　）億m³の水を使う。

家庭の次に、会社や⑧（　　　　）などが多い。

1年間に、約⑨（　　　　）億m³の水を使う。

家庭以外は、合計約⑩（　　　　）億m³を使う。

公共しせつ　2　8　10　水

しゃかいか工場　学校の25mプールには、約422m³もの水が必要だといわれていて、プールをいっぱいにすると約27万円ものお金がかかっているよ。

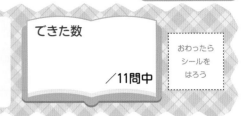

練習のワーク

教科書 54〜57ページ　答え 5ページ

できた数　／11問中

おわったらシールをはろう

1 右の図を見て、次の問いに答えましょう。

(1)　2Lのペットボトルであらわした、一人が1日に使う水の量を次から選びましょう。（　　）

㋐　54本　㋑　107本　㋒　214本

(2)　右の図について、正しいものには○を、あやまっているものには×を書きましょう。

㋐（　　）おふろで使う量がいちばん多い。

㋑（　　）台所で使う量は2番目に多い。

㋒（　　）トイレで使う量は3番目に多い。

㋓（　　）せんたくよりも台所で使う量の方が多い。

1日に一人が使う水

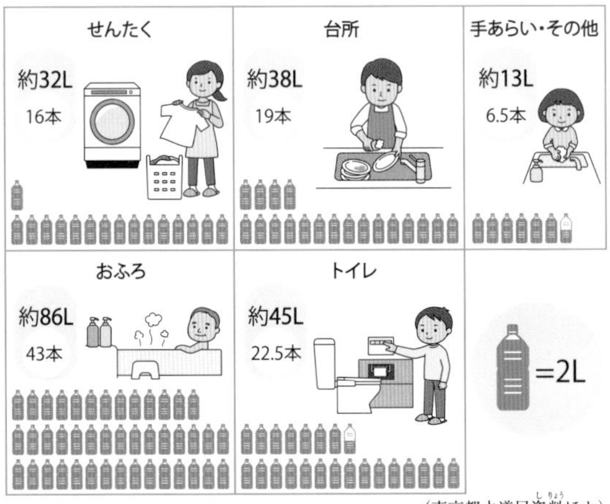
せんたく
約32L
16本
台所
約38L
19本
手あらい・その他
約13L
6.5本
おふろ
約86L
43本
トイレ
約45L
22.5本
=2L

（東京都水道局資料ほか）

(3)　たて・横・深さがそれぞれ1mのうつわに入る量をあらわしているものを、次から選びましょう。（　　）

㋐　1 cm^3　㋑　1 L　㋒　1 m^3

2 右の資料を見て、次の文の（　　）にあてはまる数字や言葉を書きましょう。

- 61日間で①（　　　　）m^3を、資料の家庭で使っている。
- 上水道と下水道の料金のうち、高いのは②（　　　　）の料金である。
- 昨年同期ご使用水量は、③（　　　　）日間で31 m^3であった。

ご使用水量のお知らせ

ご使用期間　令和3.10.7〜令和3.12.6（61日間）

今回指示数	891 ㎥
前回指示数（−）	857 ㎥
ご使用水量	34 ㎥

ご参考：昨年同期ご使用水量 31 ㎥（59日間）

請求予定金額のお知らせ

請求年月	令和4年1月		
	水量	金額	内消費税等相当額
上水道	34 ㎥	4,122 円	（374 円）
下水道	34 ㎥	4,719 円	（429 円）
請求予定金額		8,841 円	（803 円）
お支払い予定日	令和4年1月11日		

3 右のグラフを見て、次の文の｛　　｝にあてはまる数字や言葉に○を書きましょう。

- 大阪府では、合計約①｛ 10　5 ｝億 m^3の水を使っている。
- いちばん多い②｛ 工場　家庭 ｝が、約8億 m^3の水を使い、会社や公共しせつなどで約2億 m^3の水を使っている。

1年間の大阪府での水の使い道

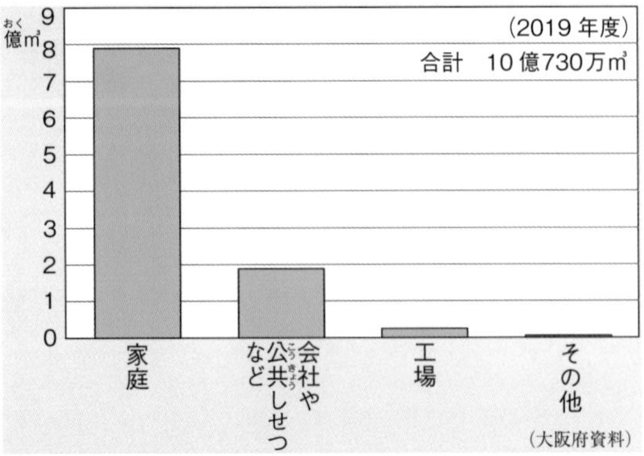
億㎥
9
8
7
6
5
4
3
2
1
0
（2019年度）
合計　10億730万㎥
家庭
会社や公共しせつなど
工場
その他

（大阪府資料）

ポイント　大阪府では、家庭の水の使用量が最も多い。

もくひょう
わたしたちが使う水は
どこから送られるの
か、たしかめよう。

おわったら
シールを
はろう

2　くらしをささえる水②

きほんのワーク

教科書 | 58〜61ページ
答え | 5ページ

1　使う水はどこから

✎ （　　）にあてはまる言葉を□□から書きましょう。

● 大阪府(おおさかふ)の水は、滋賀県(しが)にある①（　　　　　　　）から
送られてくる。

● ②（　　　　　　　　　）は、1年を通して水を利用(りよう)できる
ように、水をたくわえておくことができる。

● 飲み水をつくるところを、③（　　　　　　　　）とよぶ。

● 川などから、水をじょう水場に取りこむところを、
④（　　　　　　　　）とよぶ。

琵琶湖(びわこ)　　取水口　　ダム　　じょう水場

きれいになった
水のことをじょ
う水というよ。

2　水道水をつくるじょう水場

✎ （　　）にあてはまる言葉を□□から書きましょう。

よみトク！資料

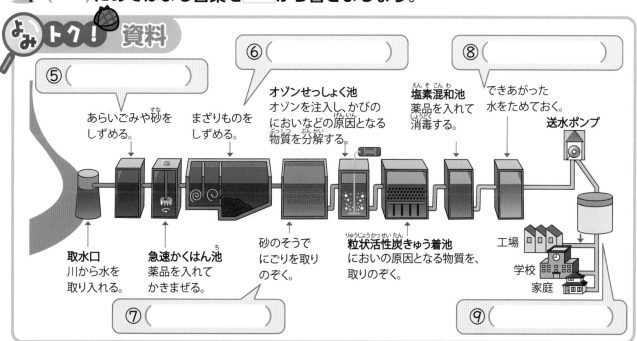

⑤（　　　　　　　　　）
あらいごみや砂(すな)を
しずめる。

⑥（　　　　　　　　　）
まざりものを
しずめる。

オゾンせっしょく池
オゾンを注入し、かびの
においなどの原因(げんいん)となる
物質(ぶっしつ)を分解(ぶんかい)する。

塩素混和池(えんそこんわち)
薬品(しょうひん)を入れて
消毒(しょうどく)する。

⑧（　　　　　　　　　）
できあがった
水をためておく。

送水ポンプ

取水口
川から水を
取り入れる。

急速かくはん池(ち)
薬品を入れて
かきまぜる。

砂のそうで
にごりを取り
のぞく。

粒状活性炭きゅう着池(りゅうじょうかっせいたん)
においの原因となる物質を、
取りのぞく。

工場
学校
家庭

⑦（　　　　　　　　　）

⑨（　　　　　　　　　）

ちんでん池　　ろか池　　ちんさ池　　配水池　　浄水池(じょうすいち)

しゃかいか工場
じょう水場では、まず大きいごみをちんさ池で、次に小さいごみをちんでん池やろか池で
取りのぞき、最後(さいご)に薬品を入れて消毒するよ。

勉強した日 ▶ 　　　月　　　日

できた数

／12問中

おわったら
シールを
はろう

練習のワーク

教科書 58〜61ページ　　答え 5ページ

1 水が送られてくるようすをあらわした次の図を見て、①〜⑤のしせつにあてはまるものを、右の㋐〜㋔からそれぞれ選びましょう。

①（　　　） ②（　　　） ③（　　　）
④（　　　） ⑤（　　　）

㋐　ダム
㋑　じょう水場
㋒　配水池（塔）
㋓　取水口
㋔　取水場

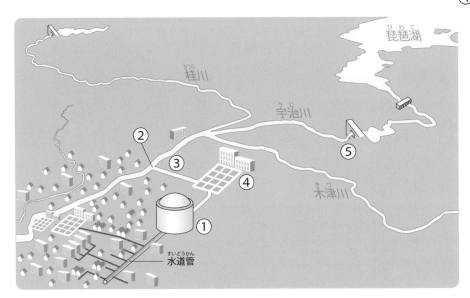

2 次の問いに答えましょう。

(1) じょう水場のしくみについて、次の①〜③のしくみと、㋐〜㋒の役わりを、正しく線で結びましょう。

① ろか池　・　　　・㋐ 薬品を入れて消毒する。

② ちんさ池　・　　　・㋑ 水の中のあらいごみや砂をしずめる。

③ 塩素混和池　・　　　・㋒ 砂のそうでにごりを取りのぞく。

(2) 次の文のうち、じょう水場について正しいものには○を、あやまっているものには×を書きましょう。

①（　　　）交代しながら24時間水をつくり続けている。
②（　　　）飲むことができる安全な水をつくっている。
③（　　　）トイレなどに使う、飲むことができない水もつくっている。
④（　　　）工場などから出された水をきれいにしている。

ポイント じょう水場は、安全な水をいつでもとどけられるようにしている。

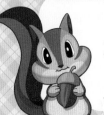

勉強した日　月　日

2　くらしをささえる水③

きほんのワーク

もくひょう
安全・安心な水をつくる人の仕事や、水を守る取り組みをたしかめよう。

おわったらシールをはろう

教科書 62〜65ページ　答え 6ページ

1 安全・安心な水をつくって送る

（　　）にあてはまる言葉を［　　］から書きましょう。

よみトク！資料

じょう水場で働く人

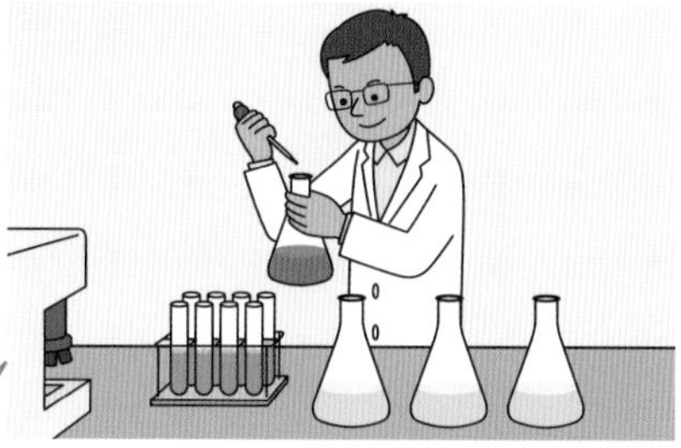

毎日①（　　　　　　）をして、水に入れる②（　　　　　　）の量を調節している。

じょう水場や水道管ができる前

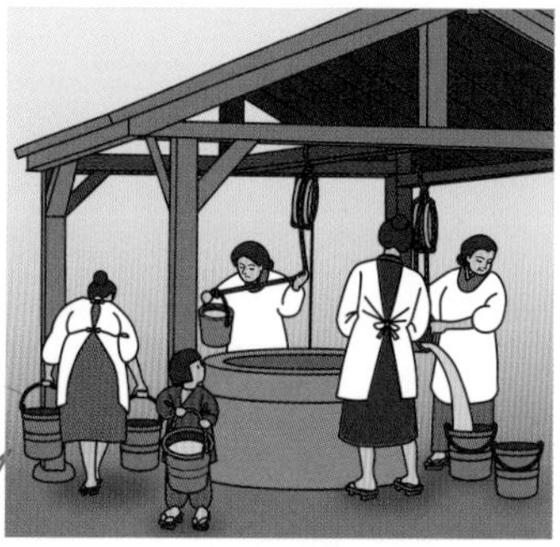

昔は③（　　　　　　）や川の水などを使い、④（　　　　　　）がはやることもあった。

井戸　　水質けんさ　　薬品　　病気

2 学習問題について考えをまとめよう

（　　）にあてはまる言葉を［　　］から書きましょう。

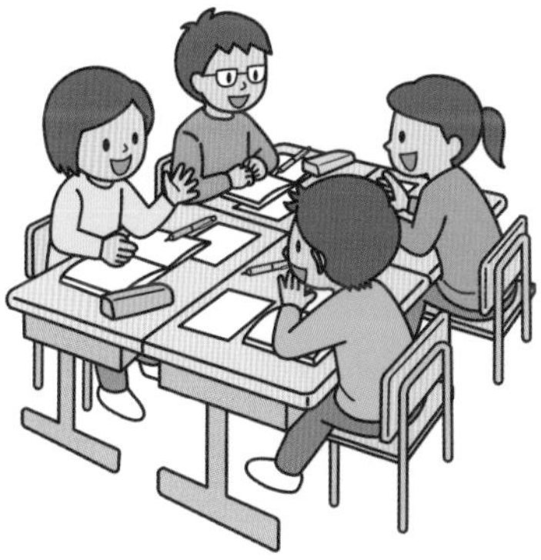

- 学習のふり返りとして、⑤（　　　　　　）について考えたことを⑥（　　　　　　）にまとめる。
- 自分の考えをもとに、グループで⑦（　　　　　　）を決めて、⑧（　　　　　　）をおこなう。
  - ◆司会から指名されて話すときは、前の人の意見を受けて話すのか、ちがうことをを話すのか、⑨（　　　　　　）のはじめに言う。
- 話し合いの中で⑩（　　　　　　）が出てきたら、それについても発表する。

話し合い　　ノート　　ぎもん　　学習問題　　発言　　司会

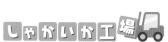

しゃかいか工場
栃木県宇都宮市や福島県福島市の水道局などは、水道の水をペットボトルにつめて売っていて、どちらも国際的な品質評価の賞を受賞しているよ。

練習のワーク

できた数

／10問中

おわったら
シールを
はろう

教科書 **62～65ページ**　答え **6ページ**

1 次の資料を見て、あとの問いに答えましょう。

資料1

資料2

資料3

(1) **資料**にあてはまる文を、次からそれぞれ選びましょう。

資料1（　　　）　資料2（　　　）　資料3（　　　）

㋐　コンピューターで水のじょうたいを管理している。

㋑　水もれがないか、せんようの器具を使って調査をしている。

㋒　じょう水場でつくられた水を通す水道管の取りかえ工事をしている。

(2) 水質けんさについて、次の話の □ にあてはまる言葉を、右の □ からそれぞれ選びましょう。

①（　　　　　）　②（　　　　　）　③（　　　　　）

水質けんさ
をする人

> 川の水は成分などが日によって変わるので、
> ① 調べ、水に入れる ② の量を調節します。
> また、病気のもとになる ③ などがないか調べます。

薬品
ばいきん
毎日

2 次の問いに答えましょう。

(1) 次のノートの書き方についての文を、おこなう順にならべかえましょう。

㋐　学習したことについて、ふり返る。

㋑　「学習問題」について、自分の考えたことを書く。

㋒　何についての考えなのかわかるように、「学習問題」を書く。

（　　→　　→　　）

(2) 次の文のうち、話し合いについて正しいものには○を、あやまっているものには×を書きましょう。

①（　　　）自分の考えではなく、調べてわかったことだけを話す。

②（　　　）話し合いの前に、司会を決める。

③（　　　）話し合いの中で出たぎもんは、その場では発表しない。

ポイント　**安全・安心な水は、多くの人の仕事でつくられている。**

勉強した日 ▶ 　月　　日

2　くらしをささえる水④

きほんのワーク

もくひょう
安全な水を使えることや、水をたいせつにすることについて考えよう。

おわったらシールをはろう

教科書 66〜71ページ　｜　答え 6ページ

1　毎日水が使えること

✏ （　　）にあてはまる言葉を□□から書きましょう。

●大阪北部地震のとき、①（　　　　　　　　　）がこわれ、多くの人が水を使えなくなった。

●大阪府の水のみなもとの②（　　　　　　　）や、川の水がよごれてしまうと取水することができなくなる。

●琵琶湖のまわりに住んでいる人たちは、③（　　　　　　　）を守る取り組みをおこなっている。

| 琵琶湖　　森林　　水道管 |

つながる SDGs

世界全体の4人に1人は安全な飲み水を利用できていない。だれもが安全な水やトイレを利用できるようにすることが求められる。

6 安全な水とトイレを世界中に

2　水源を守るために／カードにまとめる

✏ （　　）にあてはまる言葉を□□から書きましょう。

よみトク！ 図

④（　　　　　　　　）
⑤（　　　　　　　　）
⑨（　　　　　　　）
⑥（　　　　　　　）
⑧（　　　　　　　）
⑦（　　　　　　　）

雪　雲　ダム　湖

●水を生み出す⑩（　　　　　　　）の森林には、土砂くずれなどを防ぐはたらきもある。そのため、森林は「⑪（　　　　　　　）」ともよばれている。

| 水源　　雨　　海　　川　　森林　　緑のダム　　地下水　　水じょう気 |

しゃかいか工場　森林のほかに、米をつくる水田も水をためてこう水などの水害を防ぐやくわりをはたしているよ。

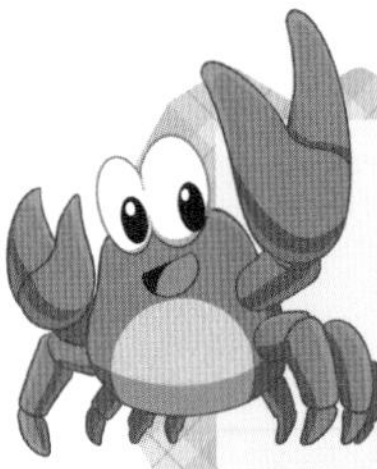

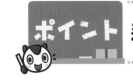

練習のワーク

教科書　66～71ページ　答え　6ページ

できた数　／10問中

おわったらシールをはろう

1 資料について、次の文の□にあてはまる言葉を□から選びましょう。

①(　　　　)　②(　　　　)　③(　　　　)

資料１

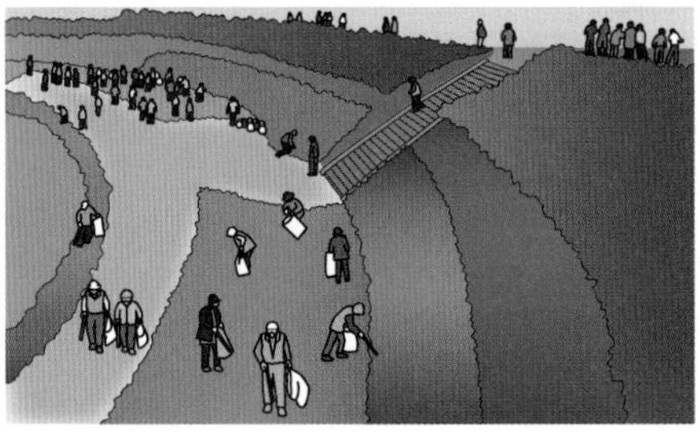

資料２

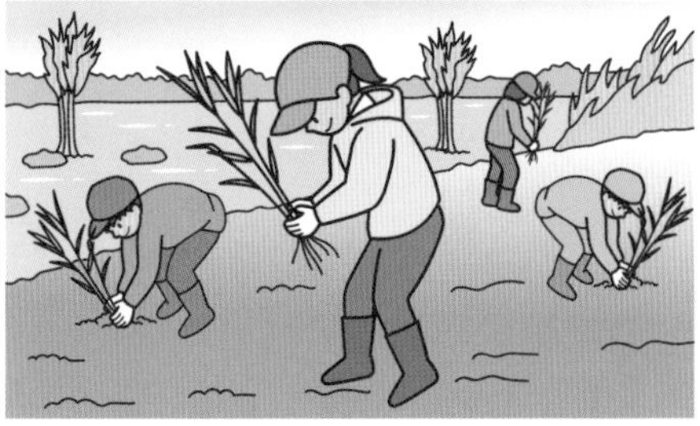

- 資料１…枚方市では、小中学校に通う子どもや地いきの人たちが天野川の［①］をして、川の水をきれいにする活動がおこなわれている。
- 資料２…琵琶湖では、水をきれいにするはたらきをもつ［②］を育て、守る活動が進められている。
- 資料１、２は、どちらも川や湖の水を［③］ために、おこなわれている。

よし　　よごさない　　そうじ

2 次の問いに答えましょう。

資料１　大阪府の給水量のうつり変わり

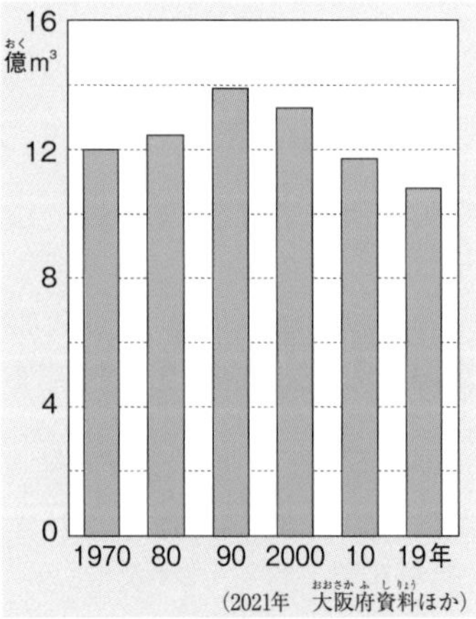

資料２　大阪府の人口のうつり変わり

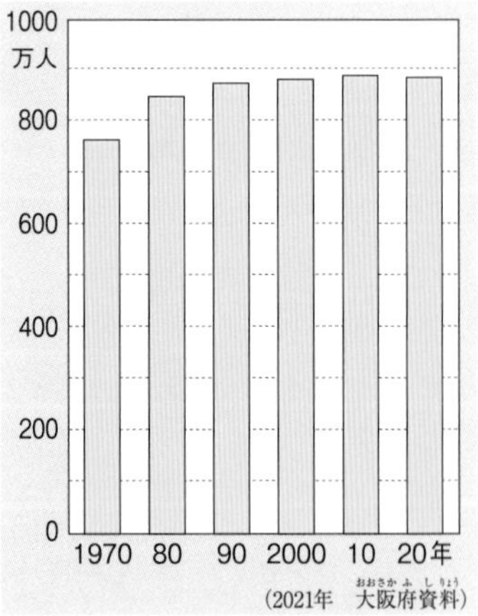

(1)　資料１、２について、次の文のうち、正しいものには○を、あやまっているものには×を書きましょう。

㋐(　　)2020年の人口は、800万人より多い。

㋑(　　)人口は2000年からへっている。

㋒(　　)給水量は、2000年がいちばん多い。

㋓(　　)給水量は、2019年より2010年のほうが多い。

(2)　次の文の{　}にあてはまる数字や言葉に○を書きましょう。

- ２つのグラフをくらべると、1970年から①{　1990　2000　}年の間は、人口も給水量もふえている。1990年以降は、②{　人口　給水量　}はほとんど変わっていないが、③{　人口　給水量　}はへっている。

ポイント　森林には、水源としてのやくわりがある。

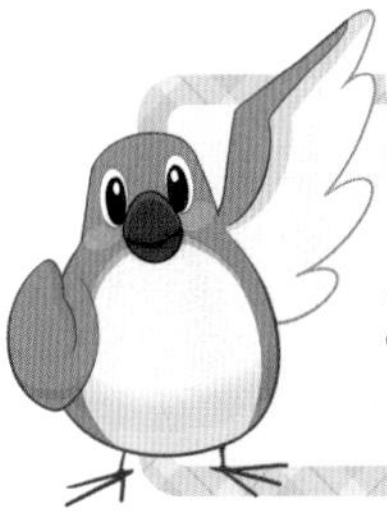

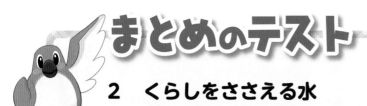

まとめのテスト

2　くらしをささえる水

とく点　/100点

おわったら シールを はろう

時間 20分

教科書　54～71ページ　答え　6ページ

1 くらしと水　次の問いに答えましょう。　1つ5〔20点〕

思考

(1) 次の文のうち、資料1からわかることとして、正しいもの1つに○を書きましょう。

㋐(　　) 1日に使う、おふろの水の量。
㋑(　　) 61日間に使った水の量。
㋒(　　) 大阪府で1年間に使われた水の量。
㋓(　　) 家にある水道のメーターの見方。

資料1　ご使用水量のお知らせ

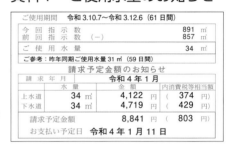

ご使用期間	令和 3.10.7～令和 3.12.6（61 日間）
今回指示数	891 ㎥
前回指示数（－）	857 ㎥
ご使用水量	34 ㎥
ご参考：昨年同期ご使用水量 31 ㎥（59 日間）	

請求予定金額のお知らせ

請求年月	令和４年１月		
	水量	金額	内消費税等相当額
上水道	34 ㎥	4,122 円	（374 円）
下水道	34 ㎥	4,719 円	（429 円）
請求予定金額		8,841 円	（803 円）
お支払い予定日	令和４年１月 11 日		

(2) 資料2から、大阪府で1年間に使う水の量を次から選びましょう。（　　）

㋐ 約3億㎥　㋑ 約5億㎥
㋒ 約8億㎥　㋓ 約10億㎥

資料2　1年間の大阪府での水の使い道

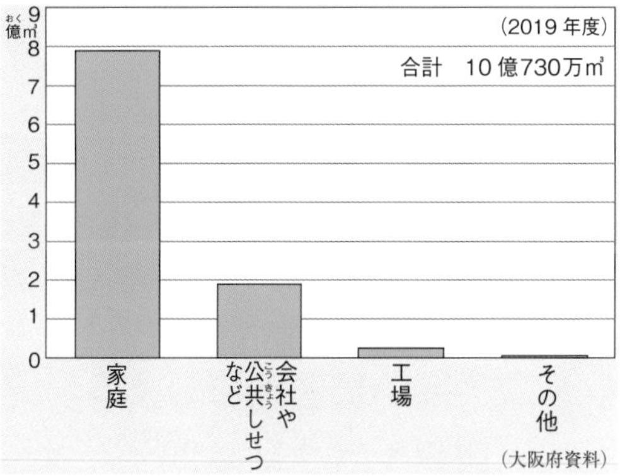

億㎥
9
8
7
6
5
4
3
2
1
0
(2019 年度)
合計　10 億730万㎥
家庭
会社や公共しせつなど
工場
その他
(大阪府資料)

(3) 資料2からわかることについて、次の文の［　］にあてはまる言葉や数字を書きましょう。

①(　　　)
②(　　　)

● 水をいちばん多く使ったのは［①］で、工場は［②］番めに多い。

2 水がとどくまで　次の問いに答えましょう。　1つ5〔25点〕

(1) 川の水をせきとめて、たくわえておくしせつを何といいますか。カタカナで書きましょう。（　　　）

よく出る

(2) 次の図は、じょう水場のしくみを示しています。図中の①～④にあてはまる文を、あとから選びましょう。①(　　) ②(　　) ③(　　) ④(　　)

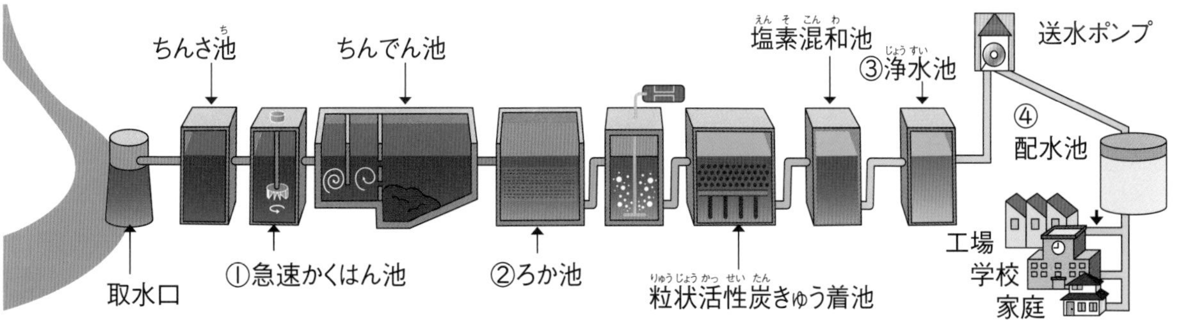

ちんさ池
ちんでん池
塩素混和池
③浄水池
送水ポンプ
④配水池
取水口
①急速かくはん池
②ろか池
粒状活性炭きゅう着池
工場
学校
家庭

㋐ 薬品を入れてかきまぜる。　㋑ できた水を必要なところに送る。
㋒ 砂のそうでにごりを取る。　㋓ 飲めるようになった水をためる。

3 安全・安心な水をつくって送る 次の問いに答えましょう。 1つ5〔15点〕

(1) 資料1、2について、次の文の□□□ にあてはまる言葉を、あとからそれぞれ選びましょう。

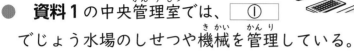

資料1　　　　　　　資料2

①(　　　) ②(　　　)

● 資料1の中央管理室では、 ① でじょう水場のしせつや機械を管理している。

● 資料2は地下にうまった古い ② を取りかえる工事をしている。

　㋐ 水道管（すいどうかん）　㋑ コンピューター　㋒ 薬品

(2) じょう水場ができる前、川のほかにどこの水を使っていましたか。

(　　　　　　　　　　　)

4 水源を守るために 次の問いに答えましょう。 1つ4〔20点〕

(1) 右の絵の①～③にあてはまる文を、次からそれぞれ選びましょう。

①(　　) ②(　　) ③(　　)

　㋐ 少しずつ地下水がたまっていく。

　㋑ 木が根から水をすい上げる。

　㋒ 森林の土が水をたくわえる。

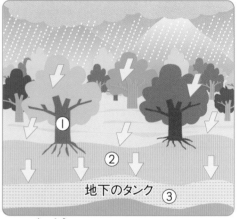

地下のタンク

(2) 森林があることで防ぐ（ふせ）ことができる災害（さいがい）を、次から2つ選びましょう。 (　　)(　　)

　㋐ 土砂（どしゃ）くずれ　㋑ こう水　㋒ 地震（じしん）　㋓ 台風（たいふう）

5 人口と水を使う量のうつり変わり 次の問いに答えましょう。 1つ5〔20点〕

(1) 資料1から、大阪府の給水量（きゅうすいりょう）がいちばん多い年を書きましょう。

(　　　　　年)

思考

(2) 資料1、2からわかることについて、次の文の□□□にあてはまる言葉を書きましょう。 ①(　　　　　)

②(　　　　　)

● 1970年にくらべて、2020年の大阪府の人口は ① いるが、2019年の給水量は ② いる。

資料1　大阪府の給水量のうつり変わり

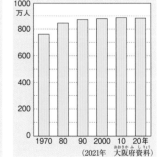

資料2　大阪府の人口のうつり変わり

チャレンジ!

(3) 水をたいせつにして、使う水の量をへらす取り組みを漢字2字で何といいますか。

(　　　　　　　　　　　)

33

勉強した日　月　日

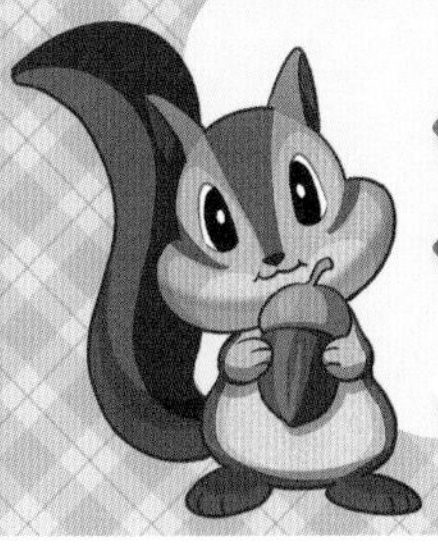

わたしたちのくらしと電気
わたしたちのくらしとガス
きほんのワーク

もくひょう
電気のつくられ方や、ガスの送り方をたしかめよう。

おわったらシールをはろう

教科書 72〜77ページ　答え 7ページ

1 電気はどこから／これまでとこれからの電気

（　）にあてはまる言葉を□から書きましょう。

よみトク！図

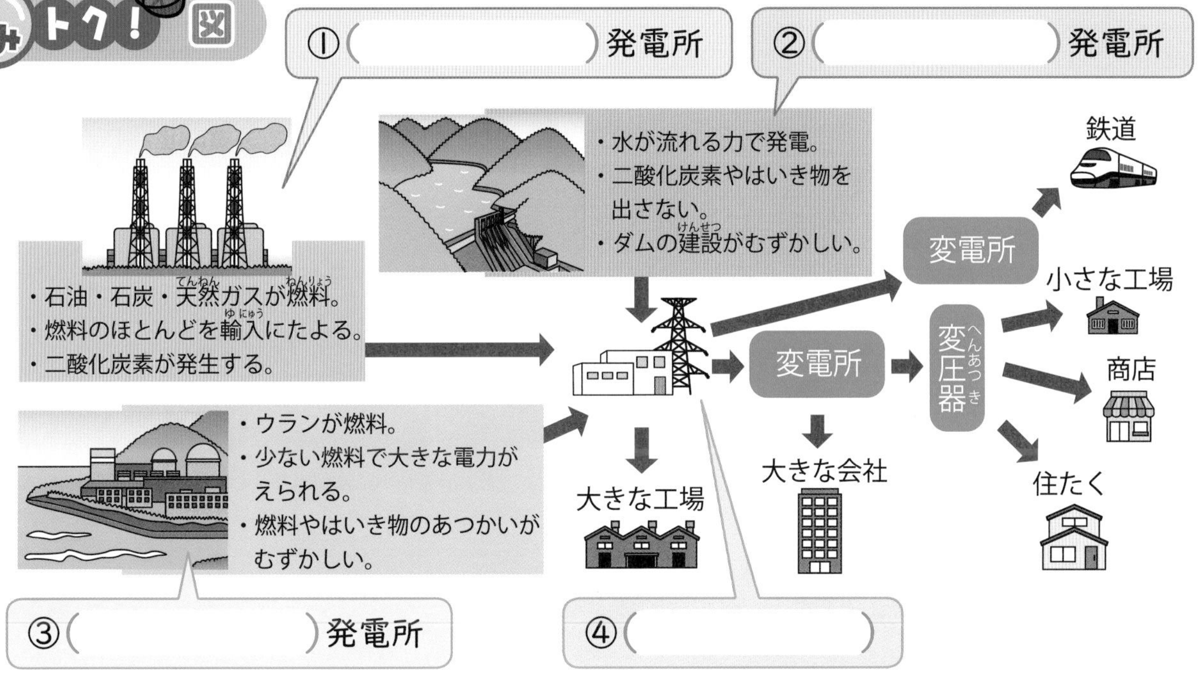

①（　　　　）発電所
②（　　　　）発電所
・石油・石炭・天然ガスが燃料。
・燃料のほとんどを輸入にたよる。
・二酸化炭素が発生する。
・水が流れる力で発電。
・二酸化炭素やはいき物を出さない。
・ダムの建設がむずかしい。
・ウランが燃料。
・少ない燃料で大きな電力がえられる。
・燃料やはいき物のあつかいがむずかしい。
③（　　　　）発電所
④（　　　　）
変電所
変電所
変圧器
鉄道
小さな工場
商店
住たく
大きな会社
大きな工場

●火力発電で発生する⑤（　　　　）は、地球温だん化の原因になるといわれている。

●⑥（　　　　）なエネルギーを使った発電方法もある。

◆風力発電、⑦（　　　　）発電、地熱発電、波力発電など。

再生可能エネルギーはかんきょうにやさしいよ。

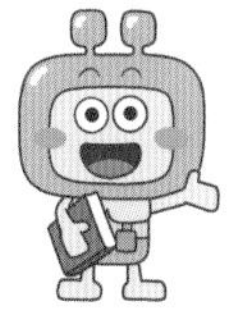

原子力　火力　水力　変電所　二酸化炭素　太陽光　再生可能

2 ガスについて調べる

（　）にあてはまる言葉を□から書きましょう。

●天然ガスは、海外から⑧（　　　　）で運ばれる。

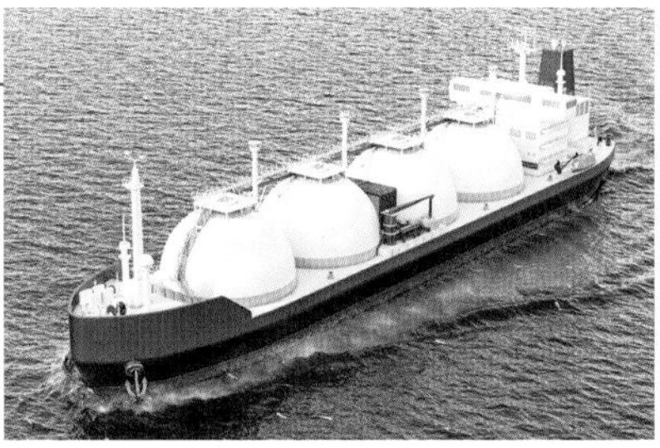

●⑨（　　　　）の会社は、⑩（　　　　）による事故がおこらないように、ガス管を守っている。

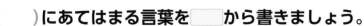

ガス　タンカー　ガスもれ

しゃかいか工場

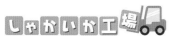

自然の力を生かした発電は、天気によって発電量が変わる、発電費用が高いなどの問題があり、火力発電や原子力発電のかわりにするのがむずかしいんだよ。

練習のワーク

できた数

／11問中

おわったら
シールを
はろう

教科書 72〜77ページ 答え 7ページ

1 次の問いに答えましょう。

(1) 右のグラフを見て、次の文にあてはまる発電方法を、あとからそれぞれ選びましょう。

① 発電量がいちばん多い。 （　　）

② 発電量が最も変わっていない。 （　　）

③ 急に発電量がへった年がある。 （　　）

　　㋐ 水力発電　㋑ 火力発電　㋒ 原子力発電

(2) 発電所と変電所をつないで、電気を送る線のことを何といいますか。 （　　　　　　）

(3) 次の文のうち、火力発電について正しいもの1つに〇を書きましょう。

㋐（　　）燃料を使わないため、二酸化炭素が発生しない。

㋑（　　）発電量の調節や、はいき物のしょりがむずかしい。

㋒（　　）燃料になる石油などは、ほとんどを輸入にたよっている。

(4) 次の文の｛　　｝にあてはまる言葉に〇を書きましょう。

● 日本は資源の①｛ 多い　少ない ｝国である。

● 大きな風車を使う②｛ 波力　風力 ｝発電など、再生可能エネルギーによる発電方法や、電気をむだにしない使い方について考える必要がある。

発電方法別の発電量のうつり変わり

（2021年 経済産業省資料）

2 次の問いに答えましょう。

(1) 次の文のうち、ガスについて正しいもの1つに〇を書きましょう。

㋐（　　）天然ガスは、日本でもじゅうぶんな量がとれる。

㋑（　　）ガスには、もともとにおいがついている。

㋒（　　）天然ガスを外国から運ぶときには、タンカーが使われる。

(2) 次の話の□□□にあてはまる言葉を、右の□□□からそれぞれ選びましょう。

①（　　　　）②（　　　　）③（　　　　）

ガス会社の人

ガス会社は、①の知らせがあると、事故を防ぐため、すぐに②をしゅうりします。また、大きな③にそなえて訓練をしています。

地震
ガス管
ガスもれ

ポイント 電気やガスは、くらしに欠かせないたいせつなエネルギー。

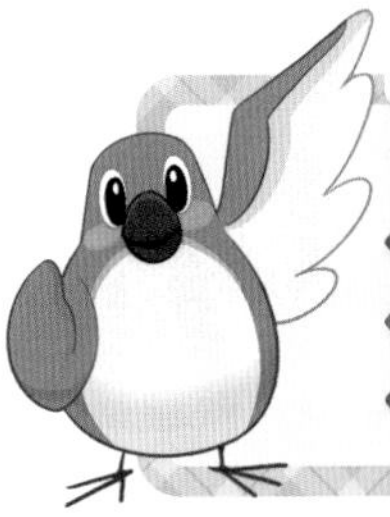

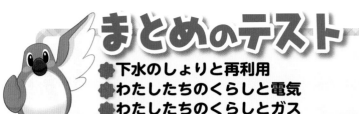

まとめのテスト
- 下水のしょりと再利用
- わたしたちのくらしと電気
- わたしたちのくらしとガス

とく点　　/100点

おわったらシールをはろう

時間 20分

教科書 50〜53、72〜77ページ　答え 7ページ

1 下水のしょり 次の問いに答えましょう。
1つ5〔35点〕

(1) 次の文にあてはまる場所を、あとの**図**中の㋐〜㋓からそれぞれ選びましょう。

① 細かいよごれをしずめる。（　　）

② び生物でよごれを分解する。（　　）

③ 大きなごみやすなを取りのぞく。（　　）

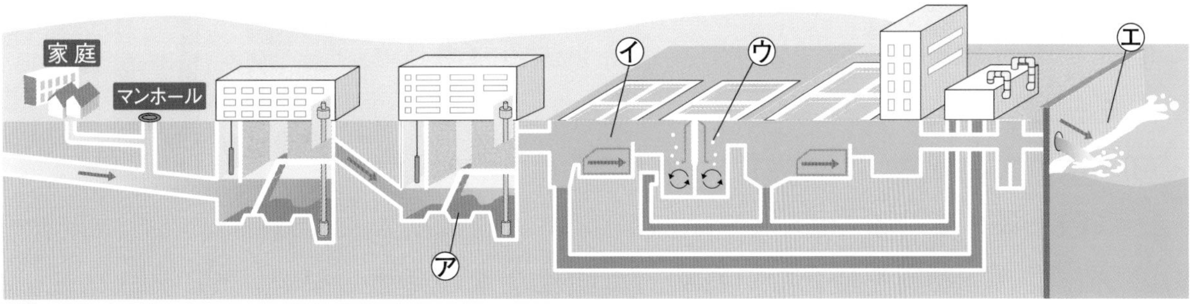

(2) 次の文の□にあてはまる言葉を書きましょう。（　　　　）

● 下水しょりで出たどろをあたため、発生した□で発電をしている。

(3) 次の文のうち、下水道が整備されたことで変わったこととして正しいものには〇を、あやまっているものには×を書きましょう。

①（　　）大雨などのときに、まちに水があふれにくくなった。

②（　　）しょりされた下水を「再生水」として使えるようになった。

③（　　）道路わきにあるみぞにごみをすてても、下水道管がつまらなくなった。

2 電気はどこから 次の問いに答えましょう。
1つ5〔10点〕

(1) 次の文のうち、電気について正しいもの1つに〇を書きましょう。

㋐（　　）水力発電は、じょう気を利用する。

㋑（　　）他の電力会社に電気を送れない。

㋒（　　）電気はためておくことができない。

(2) 次の文を読んで、右の**グラフ**中の㋐〜㋒から、水力発電を選びましょう。（　　）

> 日本の発電はおもに火力発電にたよる。水力発電は発電量の変化が3つの中で最も少ない。

発電方法別の発電量のうつり変わり

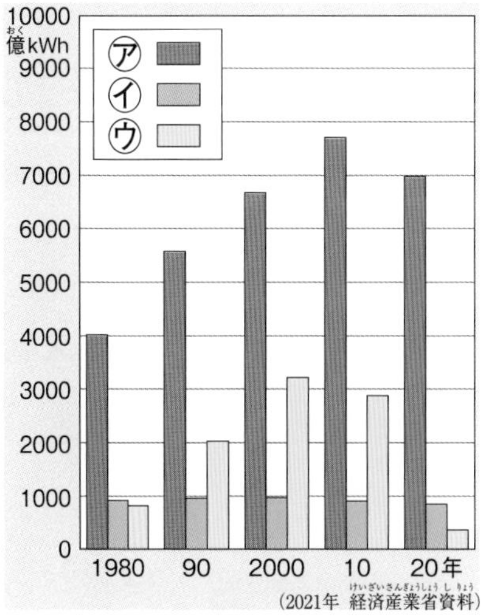

（2021年 経済産業省資料）

3 **いろいろな発電** 次の問いに答えましょう。 1つ5〔40点〕

(1) 次の文のうち、火力にあてはまるものには○を、水力にあてはまるものには△を、原子力にあてはまるものには□を書きましょう。

①( )燃料の天然ガスや石油のほとんどを輸入にたよっている。

②( )燃料を使わずに電気をつくることができる。

③( )燃料やはい物の取りあつかいがむずかしい。

④( )水不足のときは電気をつくることができない。

(2) 次の**絵**は、火力、水力、原子力以外の、自然の力を生かした発電方法のせつびです。地熱発電のせつびを選びましょう。 ( )

   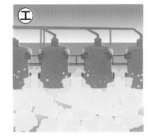

ア　イ　ウ　エ

(3) 次の文を読んで、あとの問いに答えましょう。

> 地球の大気には、太陽の熱をもとに地球をあたためるしくみがあり、地球の気温は生き物が住みやすい温度にたもたれてきました。しかし、人々の活動によって、 あ などが大気中にふえたことが原因で、ⓘ地球の気温が高くなりすぎることが心配されています。

① あ にあてはまる言葉を書きましょう。 ( )

② 下線部ⓘのような問題を何といいますか。 ( )

(4) 2016年4月からはじめられた、電力会社だけでなく、さまざまな会社から電気を買えるようになったことを、何といいますか。 電力の( )

4 **くらしとガス** 次の問いに答えましょう。 1つ5〔15点〕

(1) 次の話の□にあてはまる言葉を書きましょう。

①( )　②( )

> 海外でほり出された天然ガスは、液化基地でLNGという液体にして、 ① という専用の船で日本に運ばれます。日本の都市ガス製造所でLNGを ② にもどして、送り出しています。

(2) 都市ガスやLPガスににおいがつけられているのはなぜですか。かんたんに書きましょう。

( )

勉強した日　月　日

1　自然災害から命を守る①

きほんのワーク

もくひょう
風水害がどんな災害か、たしかめよう。

おわったらシールをはろう

教科書 80〜85ページ　答え 8ページ

1 風水害のことを知ろう

(　　)にあてはまる言葉を［　　］から書きましょう。

- 東京都では、1923年の①(　　　　)や、2011年の東日本大震災といった地震のほか、さまざまな②(　　　　)によるひ害がおきている。
- ③(　　　　)のとき、多くの雨がふることで川や下水道があふれたり、土砂くずれがおこったりする。
- 2019年の台風19号による④(　　　　)として、秋川のはんらんや、世田谷区の道路の⑤(　　　　)などがおきた。

みんながくらしている場所でおきた自然災害を調べてみよう。

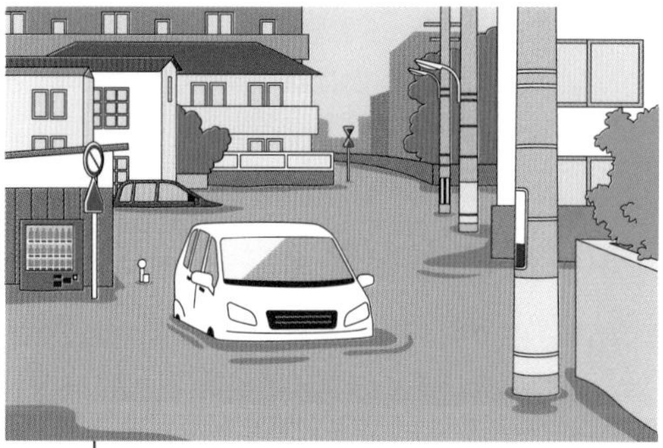

風水害　台風　しん水　自然災害　関東大震災

2 風水害について調べる

(　　)にあてはまる言葉を［　　］から書きましょう。

よみトク！グラフ

2019年の台風19号のとき、⑥(　　　　)上流からの水が増水した。

隅田川の水が、⑦(　　　　)をこえるおそれがあった。

国土交通省が岩淵⑧(　　　　)をとじたことで、川の⑨(　　　　)を防ぐことができた。

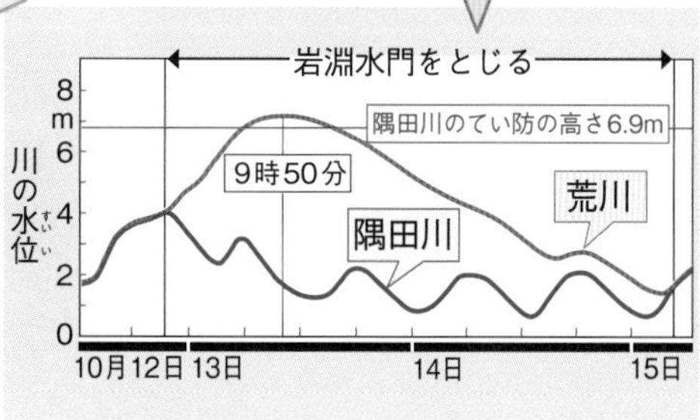

岩淵水門をとじる
8
m
6
4
2
0
川の水位
隅田川のてい防の高さ6.9m
9時50分
荒川
隅田川
10月12日
13日
14日
15日

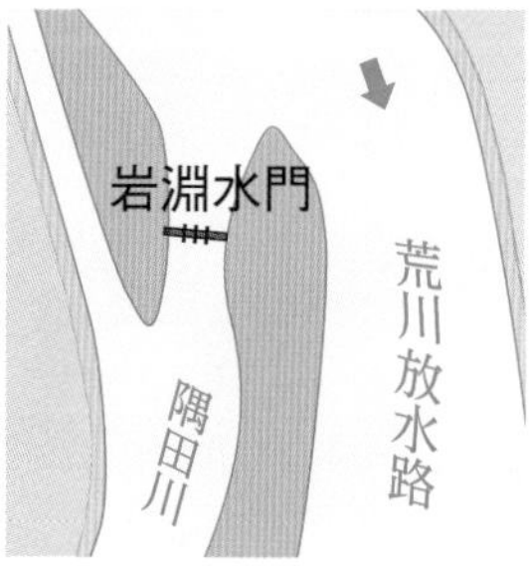

岩淵水門
荒川放水路
隅田川

はんらん　てい防　水門　荒川

しゃかいか工場
関東大震災が1923年9月1日におきたことにちなんで、1960年から9月1日を「防災の日」として、全国で防災訓練などがおこなわれるようになったよ。

練習のワーク

勉強した日 ▷ 月 日

できた数

／10問中

おわったら
シールを
はろう

教科書 80〜85ページ 答え 8ページ

1 次の問いに答えましょう。

(1) 次の文にあてはまる自然災害(しぜんさいがい)を、あとからそれぞれ選びましょう。

① ( )　　　② ( )　　　③ ( )

| 地面が強くゆれることによって、建物(たてもの)がたおれるなどのひ害がおこる。 | たくさん雨がふったときなどに、土砂(どしゃ)が家をこわしてしまうといったひ害がおこる。 | 強い風がおこり、電車がまきこまれて横にたおれてしまうといったひ害がおこる。 |

⑦ 地震(じしん)　　⑦ 竜巻(たつまき)　　⑦ 土砂災害

(2) 右の資料(しりょう)を見て、次の文の{ }にあてはまる言葉に〇を書きましょう。

● 右の資料の①{ 台風　竜巻 }によって、いちどに多くの雨がふったり、長くふり続(つづ)くと、②{ 上　下 }水道や川の水がはんらんしたり、③{ 土砂(どしゃ)くずれ　津波(つなみ) }がおこったりする。

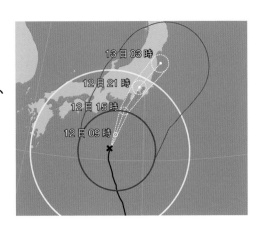

2 右の図とグラフを見て、次の問いに答えましょう。

(1) 隅田川(すみだ)の水位(すいい)は、何mをこえるとはんらんしますか。正しいもの１つに〇を書きましょう。

⑦ ( )1.62m　　⑦ ( )6.9m
⑦ ( )7.17m　　⑨ ( )12.5m

(2) 次の文の◻にあてはまる言葉を、⌐⌐⌐からそれぞれ選びましょう。

① ( )
② ( )
③ ( )

● 10月12日に岩淵水門(いわぶち)を ① ことによって、隅田川の水位が ② 。もし、水門があいていたら、隅田川の水位はてい防(ぼう)を ③ ところだった。

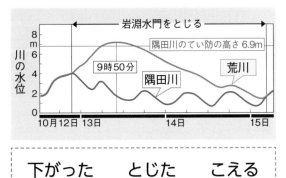

下がった　　とじた　　こえる

ポイント　日本は台風や地震などの自然災害が多い国。

1 自然災害から命を守る②

もくひょう
風水害を防ぐしせつや、かつやくする人たちについてたしかめよう。

おわったらシールをはろう

きほんのワーク

教科書 86〜89ページ　　答え 8ページ

1 風水害を防ぐしせつを調べる

✏ （　）にあてはまる言葉を □ から書きましょう。

よみトク！図

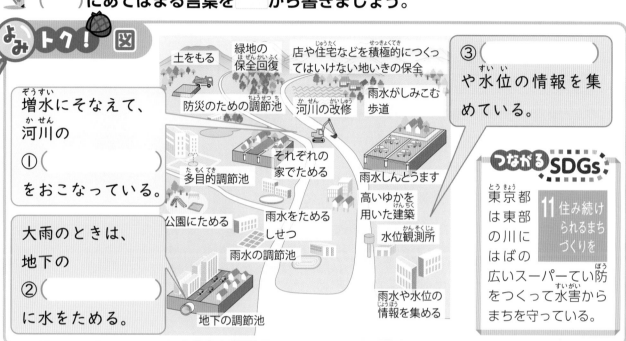

増水にそなえて、河川（かせん）の
①（　　　　　）
をおこなっている。

大雨のときは、地下の
②（　　　　　）
に水をためる。

土をもる

緑地の保全回復

店や住宅などを積極的（せっきょくてき）につくってはいけない地いきの保全

③（　　　　　）
や水位（すいい）の情報を集めている。

防災のための調節池（ちょうせつち）

河川の改修（かいしゅう）

雨水がしみこむ歩道

多目的調節池（たもくてきちょうせつち）

それぞれの家でためる

雨水しんとうます

高いゆかを用いた建築（けんちく）

公園にためる

雨水をためるしせつ

水位観測所（かんそくじょ）

雨水の調節池

雨水や水位の情報を集める（じょうほう）

地下の調節池

つながるSDGs
11 住み続けられるまちづくりを

東京都（とうきょう）は東部の川にはばの広いスーパーてい防（ぼう）をつくって水害（すいがい）からまちを守っている。

調節池（ちょうせつち）　　雨水　　改修（かいしゅう）

2 風水害がおきたら

✏ （　）にあてはまる言葉を □ から書きましょう。

● 2019年、世田谷（せたがや）④（　　　　　）では、台風19
号のひ害（がい）にそなえて、東京都（とうきょう）を通じて
⑤（　　　　　）の出動をお願（ねが）いした。

● ⑥（　　　　　）は、消防団（しょうぼうだん）とともに水があふ
れてしまった地いきの人々を⑦（　　　　　）
した。

● けいさつしょは、車にとじこめられた人を助けたり、
停電（ていでん）した交差点（こうさてん）の⑧（　　　　　）をしたりした。

消防（しょうぼう）しょ　　区役所　　交通整理　　自衛隊（じえいたい）　　救助（きゅうじょ）

しゃかいのエ場　住宅や道路などの開発で森林が少なくなった東京では、雨水をたくわえることがむずかしくなり、地下調節地を設置しておぎなっているよ。

練習のワーク

勉強した日　月　日

できた数　　／11問中

おわったらシールをはろう

1 次の問いに答えましょう。

(1) 次の文のうち、右の**写真**のしせつについて、正しいもの２つに〇を書きましょう。

㋐（　　）多摩川の上流に設置されている。

㋑（　　）大きな道路の地下に設置されている。

㋒（　　）強い風を通して、弱めている。

㋓（　　）大雨のときに水を流し入れている。

(2) 次の文の　　にあてはまる言葉を、　　からそれぞれ選びましょう。

① （　　　　　）　② （　　　　　）　③ （　　　　　）　④ （　　　　　）

● 東京都には、雨水や　①　の情報を集める　②　がある。

● 町の中にある　③　も、水をためるやくわりをもっている。

● 地下の　④　ができたことで、大雨によるひ害がへった。

観測所	調節池	水位	公園

2 次の問いに答えましょう。

(1) 台風19号のときにかつやくした次の①〜④の人たちと、㋐〜㋓のおこなったことを、正しく線で結びましょう。

① 世田谷区役所　・　　・㋐ 消防団とともに、救助活動をした。

② 自衛隊　・　　・㋑ 停電した交差点の交通整理をした。

③ 消防しょ　・　　・㋒ 東京都を通じて、自衛隊の出動をお願いした。

④ けいさつしょ　・　　・㋓ 出動をたのまれ、救助活動をおこなった。

(2) 次の文の{　　}にあてはまる言葉に〇を書きましょう。

● 台風19号でなくなった人やゆくえ不明の人は108人だった。もし、ひなんのよびかけや救助活動がなかったら、ひ害者はもっと{　少なく　多く　}なったかもしれない。

ポイント 自然災害のときは、多くの人が救助活動をおこなう。

41

勉強した日　月　日

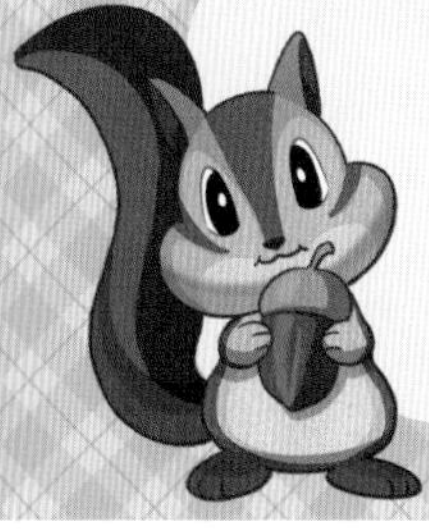

1　自然災害から命を守る③

もくひょう
風水害のひ害を少なくする情報や、ひなん所についてたしかめる。

おわったらシールをはろう

きほんのワーク

教科書 90〜93ページ　答え 9ページ

1 情報を役だてる

（　　）にあてはまる言葉を［　］から書きましょう。

よみトク！資料

- 気象庁(きしょうちょう)や国土交通省(しょう)は、風水害(ふうすいがい)について、①（　　　　　）や注意報(ほう)を発表している。
- 市（区）町村は、災害(さいがい)によるひ害(がい)を予想し、②（　　　　　）の場所などをのせた③（　　　　　）を作っている。
- 東村山(ひがしむらやま)市は、住民(じゅうみん)が災害時に写真をとって発信(はっしん)できる④（　　　　　）を開発した。

水害ハザードマップ

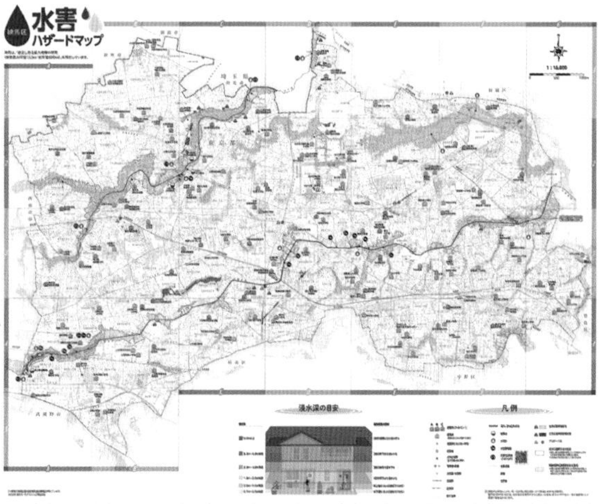

［ 防災(ぼうさい)アプリ　けい報　ハザードマップ　ひなん所 ］

2 風水害にそなえるたいさく

（　　）にあてはまる言葉を［　］から書きましょう。

- ⑤（　　　　　）は、区役所のひなん所係の人とひなん所⑥（　　　　　）をおこなっている。
- 訓練(くんれん)では、⑦（　　　　　）をたしかめたり、ひなん所で使う⑧（　　　　　）、毛布(もうふ)などの確保(かくほ)をしたりする。
- 地いきで開かれる⑨（　　　　　）には、ひなん所として使われる学校の⑩（　　　　　）も参加(さんか)し⑪（　　　　　）の点検(てんけん)などをおこなう。

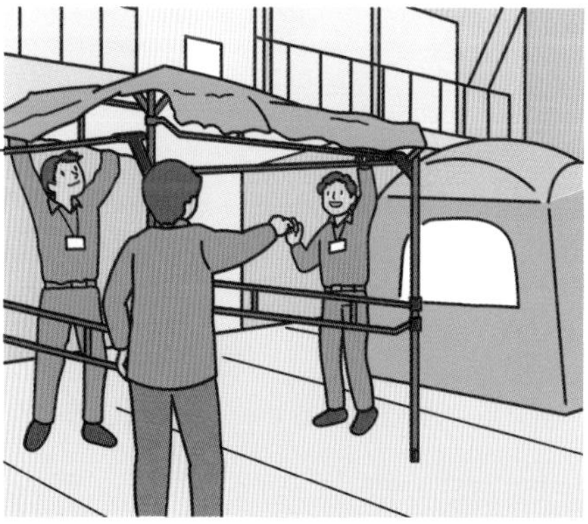

［ 運営(うんえい)訓練　校長先生　住民　びちく倉庫(そうこ)　ライフライン　食料(しょくりょう)　防災会議(ぼうさいかいぎ) ］

しゃかいか工場　ハザードマップにのっているひなん場所は、災害の種類(しゅるい)によってちがう所になることがあるよ。

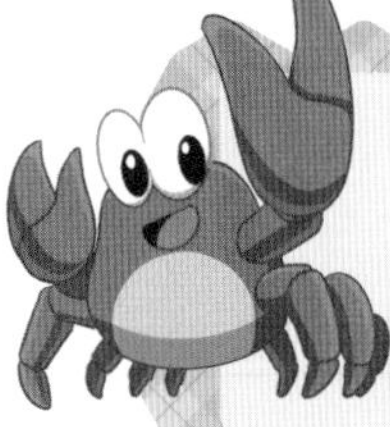

練習のワーク

教科書　90～93ページ　答え　9ページ

できた数　／11問中

おわったら シールを はろう

1 次の問いに答えましょう。

(1) 右の**資料**(しりょう)のように、雨や風などについての情報(じょうほう)を発表している役所を、次から選(えら)びましょう。（　　）

㋐ 気象庁(きしょうちょう)　㋑ 区役所
㋒ 自衛隊(じえいたい)　㋓ 国土交通省(しょう)

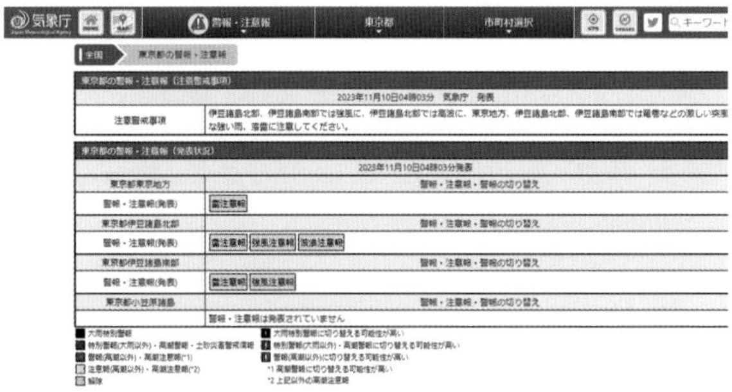

(2) 次の文の{　　}にあてはまる言葉に○を書きましょう。

● **資料**で発表されている情報のうち、{　けい報(ほう)　注意報　}は、災害(さいがい)へのそなえがより強く求(もと)められている。

(3) 次の文の□にあてはまる言葉を書きましょう。

①（　　　　）②（　　　　）

● 市（区）町村などが、自然(しぜん)災害によるひ害(がい)を予想した地図を、[①]という。この地図を見て、[②]をする場所をたしかめることもたいせつである。

2 次の問いに答えましょう。

(1) 右の**絵**について、次の話の□にあてはまる言葉を▭からそれぞれ選びましょう。

①（　　　　）②（　　　　）
③（　　　　）

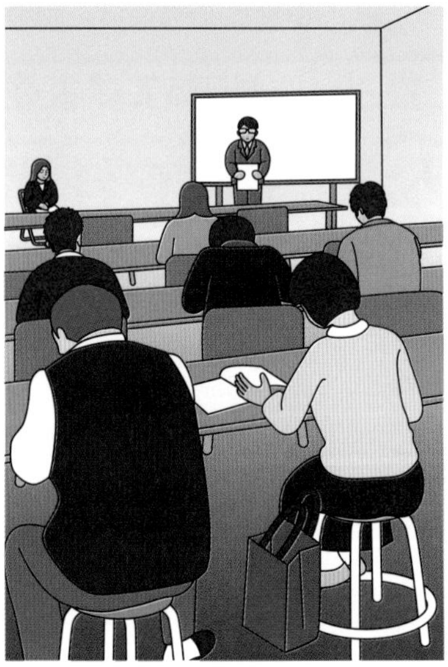

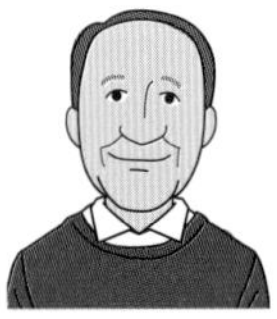

地いきの防災(ぼうさい)部長

ひなん所の多くは、[①]に開くと決められているので、[②]には、学校の校長先生や[③]の係の人も参加(さんか)しています。

防災会議(ぼうさいかいぎ)　学校　役所

(2) 次の文のうち正しいものには○を、あやまっているものには×を書きましょう。

㋐（　　）インターネットなどの通信(つうしん)は、ライフラインにふくまれない。
㋑（　　）生活するうえでかかせないせつびを、ライフラインという。
㋒（　　）ひなん所の運営(うんえい)は、ひなん所になる学校の校長先生がおこなう。
㋓（　　）ひなん所の運営やその訓練(くんれん)は、地いきの人を中心におこなわれる。

ポイント **自然災害のときに発信(はっしん)されている情報を活用する。**

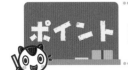

1 自然災害から命を守る④

もくひょう
風水害から命を守るための方法をたしかめる。

おわったら
シールを
はろう

きほんのワーク

教科書 94〜99ページ　答え 9ページ

1 風水害から人々の命を守る

🖊 （　　　）にあてはまる言葉を ▢ から書きましょう。

● 災害がおきたとき、消防しょなどがおこなう救助活動を①（　　　　　）、家族や近所の人たちが協力して救助することを②（　　　　　）という。

● 自分の命は自分で守ることを③（　　　　　）という。

● ボランティア活動やぼきん活動などを④（　　　　　）という。

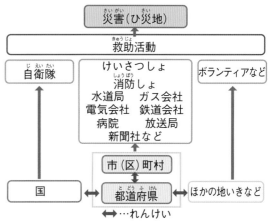

災害（ひ災地）
救助活動
自衛隊
けいさつしょ　消防しょ　水道局　ガス会社　電気会社　鉄道会社　病院　放送局　新聞社 など
ボランティアなど
市（区）町村
国　都道府県　ほかの地いきなど
↔…れんけい

▢ 互助（ごじょ）　自助（じじょ）　共助（きょうじょ）　公助（こうじょ）

2 災害のときに自分たちの安全を守るために／自分の考えを深めよう

🖊 （　　　）にあてはまる言葉を ▢ から書きましょう。

よみトク！資料 ●災害のときに自分たちの安全を守るためにすること

⑤（　　　　　）のよくない場所のそうじ。

⑥（　　　　　）が動くかたしかめる。

⑦（　　　　　）場所をかくにんする。

⑧（　　　　　）な場所に近づかない。

● 災害にそなえて⑨（　　　　　）と話し合っておくことで、自助の行動をしやすくすることができる。

● 地いきの⑩（　　　　　）に参加すれば、ひなんのしかたになれておける。

▢ きけん　ラジオ　水はけ　ひなん　防災訓練（ぼうさいくんれん）　家族

しゃかいか工場 東京都防災ホームページでは、災害がおこる前にふだんからできることや、災害がおきたときにどうすればよいかなどを、くわしく教えてくれているよ。

練習のワーク

勉強した日　月　日

できた数

／10問中

おわったら
シールを
はろう

教科書　94〜99ページ　答え　9ページ

1 次の問いに答えましょう。

(1) 防災への考え方について、次の①〜③の言葉と、㋐〜㋒の説明を、正しく線で結びましょう。

① 公助（こうじょ）　・　　・㋐ けいさつや消防などによる救助やえん助のこと。

② 自助（じじょ）　・　　・㋑ 近所の人と助け合って地いきを守ること。

③ 共助（きょうじょ）　・　　・㋒ 自分の命は、自分で守ること。

(2) 次の文の{　　}にあてはまる言葉に〇を書きましょう。

● ボランティア活動やぼきん活動など、おたがいに助け合うことを
{　互助（ごじょ）　救助　}といいます。

2 次の問いに答えましょう。

本所防災館での体験

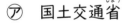

(1) 右の**絵**について、次の問いに答えましょう。

① 右の**絵**では、何の体験（たいけん）をしていますか。次から選（えら）びましょう。　（　　）
㋐ 暴風雨（ぼうふうう）　㋑ 地震（じしん）
㋒ 津波（つなみ）　　㋓ 開きにくいドア

② 右の**絵**の、本所防災館（ほんじょぼうさいかん）を運営（うんえい）している役所は
どこですか。次から選びましょう。　（　　）
㋐ 国土交通省（しょう）　㋑ 東京消防庁（とうきょうしょうぼうちょう）　㋒ 世田谷区役所（せたがや）　㋓ 気象庁（きしょうちょう）

(2) 次の文の　　にあてはまる言葉を　　からそれぞれ選びましょう。

①（　　　　）②（　　　　）③（　　　　）④（　　　　）

● 災害がおきたときのそなえやひなん場所について、　①　と話し合っておく
ことで、　②　のための行動がしやすくなる。

● 家族に　③　を登録（とうろく）してもらうことで、地いきの防災情報（じょうほう）をすぐに知ること
ができる。地いきの　④　に参加（さんか）すれば、共助にもつながる。

自助　防災訓練（ぼうさいくんれん）　防災アプリ　家族

ポイント　**自然災害へのそなえについて考える。**

45

勉強した日 月 日

まとめのテスト

1 自然災害から命を守る

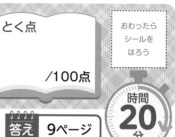

とく点 /100点

おわったら シールを はろう

時間 20分

教科書 80～99ページ　答え 9ページ

1 風水害について知る　次の問いに答えましょう。

1つ5〔30点〕

(1) 右の災害(さいがい)として正しいものを、次からそれぞれ選(えら)びましょう。

①(　　) ②(　　)

㋐ 土砂(どしゃ)災害　㋑ 地震(じしん)

㋒ 火山のふん火　㋓ 津波(つなみ)

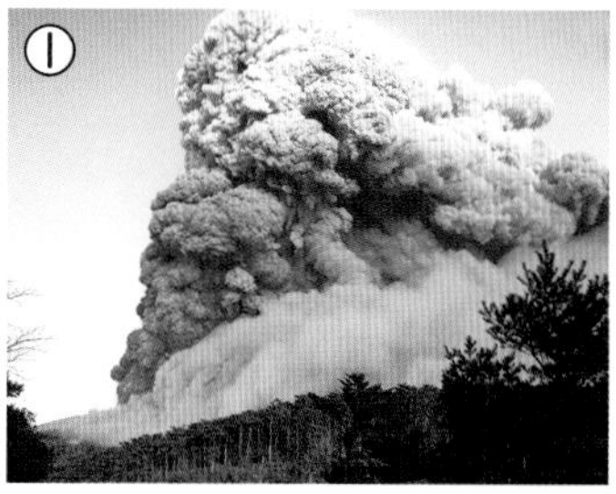

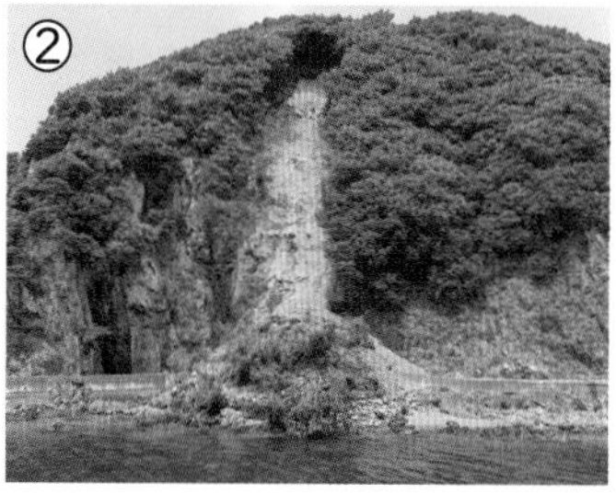

(2) 次の文の{　　}にあてはまる言葉に○を書きましょう。

● 右の図のあは開発の①{ 前 あと }、いは開発の②{ 前 あと }のようすをあらわす。

● 都市部では③{ 集中豪雨(ごうう) 台風 }がふえ、水害がおきやすくなっている。

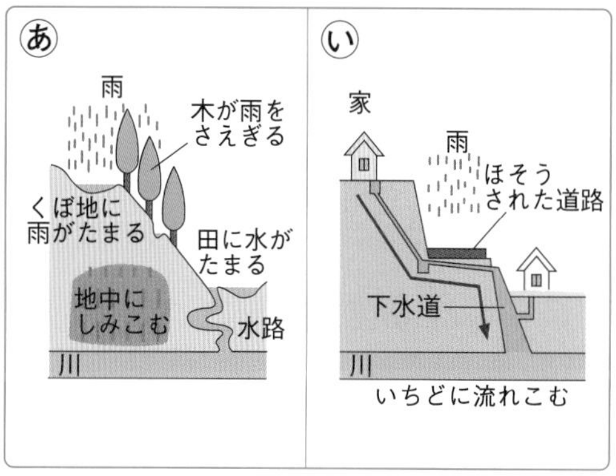

チャレンジ!

(3) 都市や道路、河川(かせん)などに関(かん)する仕事をする国の役所を何といいますか。

(　　　　)

2 風水害を防ぐしせつ　右の絵を見て、東京都(とうきょうと)の水に関するたいさくとして正しいものには○を、あやまっているものには×を書きましょう。

1つ4〔24点〕

① ふった雨水をためておくしせつがある。(　　)

② 河川(かせん)の水を流れやすくする工事がおこなわれている。(　　)

③ 緑地をけずって、ダムをつくっている。(　　)

④ 雨水をはじく歩道がつくられている。(　　)

⑤ 川に流れこむ雨水の量(りょう)を調節(ちょうせつ)する池がある。(　　)

⑥ 雨水や水位(すいい)の情報(じょうほう)を集めるしせつがある。(　　)

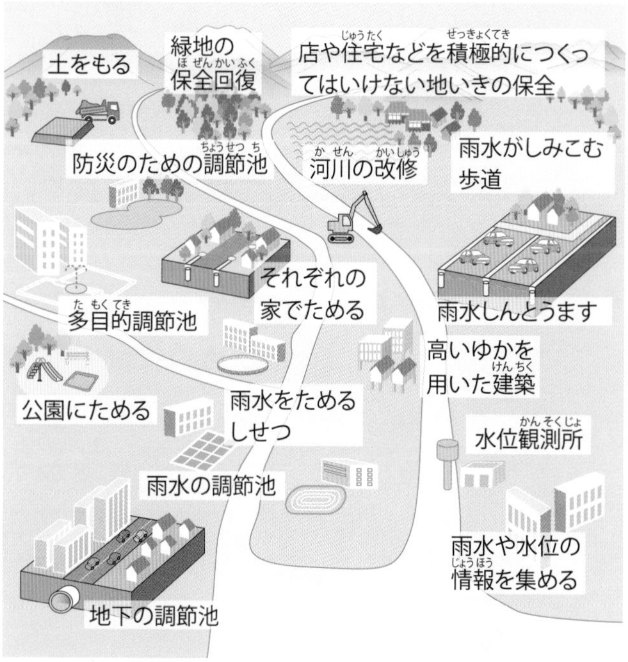

3 風水害についての情報 次の問いに答えましょう。

(1) 右のような水害ハザードマップに書かれている

こととして、正しいもの2つに○を書きましょう。

㋐（　　）住んでいる人の名前

㋑（　　）しん水のひ害が予想される地いき

㋒（　　）仮設住宅の場所

（か せつ）

㋓（　　）風水害がおきたときのひなん所の場所

記述 ▶ (2) ライフラインとは、どのようなものですか。「生

活」「せつび」という言葉を使って、かんたんに

書きましょう。

（　　　　　　　　　　　　　　　　　　　　　　　）

4 風水害から人々の命を守る 次の問いに答えましょう。

よく
出る

(1) 次の話の　　にあてはまる言葉を、それぞれ漢字2字で書きましょう。

①（　　　　　）　②（　　　　　）　③（　　　　　）

災害がおきたときには、消防しょなどの救助活動の　①　のほ

（しょうぼう）　（きゅうじょ）

かに、家族や近所の人々と助け合う　②　もおこなわれます。

また、自分で自分の命を守る　③　が最もたいせつです。

（もっと）

(2) 次の文にあてはまる**絵**を、あとからそれぞれ選びましょう。

①（　　）大雨などのときに、川に流れこむ雨水の量を調節できる。

②（　　）ひなん所を開設する訓練をして、災害にそなえている。

（かいせつ）（くんれん）

③（　　）川の岸の工事をおこなって、水があふれるのを防ぐ。

（ふせ）

④（　　）暴風雨のときにどうなるかを、体験することができる。

（ぼうふうう）（たいけん）

(3) 次の文のうち、防災について正しいもの3つに○を書きましょう。

（ぼうさい）

㋐（　　）災害のときのれんらく方法を、家族で話し合って決めておく。

（ほうほう）

㋑（　　）きけんな場所に何回も行き、なれておく。

㋒（　　）ラジオがきちんと動くかたしかめておく。

㋓（　　）水害にそなえて、ゆかが低くてがんじょうな家を建てる。

（ひく）（た）

㋔（　　）ひなん所に行く道すじをたしかめておく。

もくひょう
地震による災害と、復旧や復興の進められ方をたしかめよう。

おわったらシールをはろう

◆地震による災害

きほんのワーク

教科書 100〜105ページ　答え 10ページ

1 阪神・淡路大震災／復旧から復興へ

（　）にあてはまる言葉を□から書きましょう。

●1995年１月17日、淡路島北部を震源とする最大震度７の①（　　　　）がおきた。

●多くの人が小学校などにひなんした。しばらくは②（　　　　）、食料、電気、電話などのライフラインが使えなかった。

●消防しょや③（　　　　）など、多くの人が救助やライフラインの④（　　　　）にあたった。

ライフラインの復旧

電気	1995年１月23日
電話	1995年１月31日
ガス	1995年４月11日
水道	1995年４月17日
下水道	1995年４月20日
鉄道	1995年８月23日
高速道路	1996年９月30日

（総務省消防庁資料）

よみトク！ 資料

●自衛隊は救助、たき出しや⑤（　　　　）、トイレの設置、物資の輸送などをおこなった。

●全国から、会社員や学生が⑥（　　　　）として活動した。

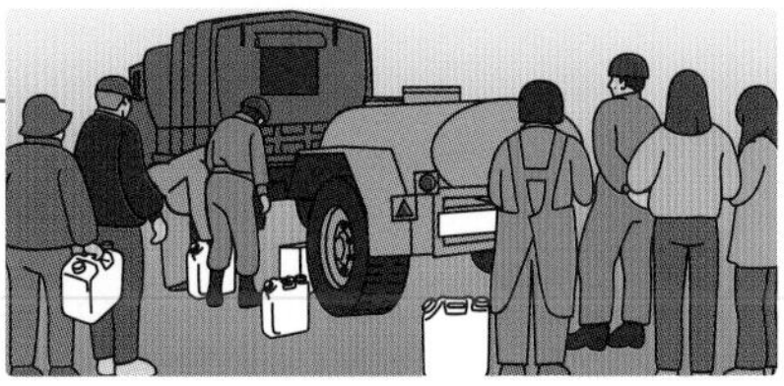

けいさつ　ボランティア　水　地震　復旧　給水

2 地震にそなえて

（　）にあてはまる言葉を□から書きましょう。

●神戸市は災害にそなえて⑦（　　　　）をつくった。

●大きな災害がおきたときは、消防や自衛隊などによる救助（⑧（　　　　））だけでなく、地いきの人々の協力（⑨（　　　　））がたいせつになる。➡神戸市では、防災福祉コミュニティがつくられた。

●自分で自分の命を守る⑩（　　　　）は何よりもたいせつである。

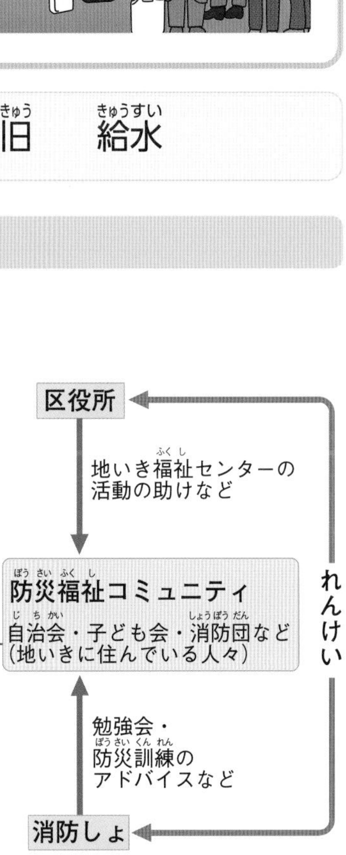
区役所
地いき福祉センターの活動の助けなど
防災福祉コミュニティ
自治会・子ども会・消防団など（地いきに住んでいる人々）
勉強会・防災訓練のアドバイスなど
消防しょ
れんけい

自助　共助　危機管理室　公助

しゃかいか工場　災害でひ害を受けた人たちが求めることと、ボランティアの人たちがおこなうしえんの活動を調整する災害ボランティアセンターがつくられているよ。

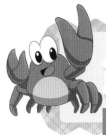

練習のワーク

教科書 100〜105ページ　答え 10ページ

できた数　／12問中

おわったら シールを はろう

1 次の問いに答えましょう。

(1) 右の表を見て、答えましょう。

① 神戸市のひなん所の数は、何か所ですか。（　　　か所）

② ひなん者の数が最も多いのは、何市ですか。（　　　市）

ひなん所の数とひなん者の数

神戸市	585か所	22万7256人
西宮市	192か所	3万3863人
芦屋市	54か所	2万970人
宝塚市	65か所	1万1018人
尼崎市	92か所	8629人

（1995年1月23日、総務省消防庁資料）

(2) 次のときに必要になるライフラインを、あとからそれぞれ選びましょう。

① 家族とれんらくをとる。（　　）　② エアコンを使う。（　　）

③ 物資を輸送する。（　　）　④ シャワーを浴びる。（　　）

㋐ 電話　㋑ 水道　㋒ 電気　㋓ 道路

2 次の問いに答えましょう。

(1) 次の①〜③の言葉と、㋐〜㋒の説明を、正しく線で結びましょう。

① 自助 ・　　・㋐ 市や県などが仮設住宅を建てる。

② 公助 ・　　・㋑ 家に食料や水をそなえておく。

③ 共助 ・　　・㋒ 地いきの人が協力して救助をおこなう。

(2) 次の場所で地震がおきたときに気をつけることを、あとから選びましょう。

①（　　）

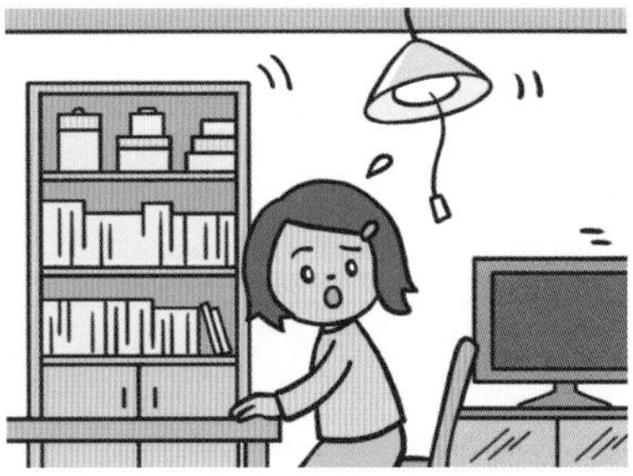

②（　　）

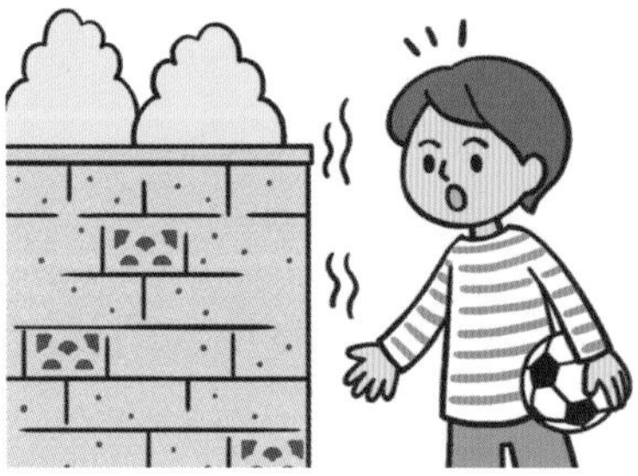

③（　　）

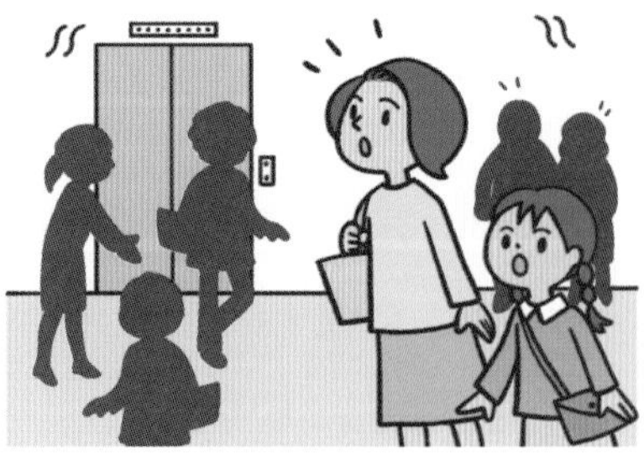

㋐ ブロックのへいに近づかないようにする。

㋑ 係の人がいればその指示にしたがって、落ちついて行動する。

㋒ あわてて外に出ず、つくえの下などにかくれる。

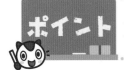

ポイント 災害にそなえ、安心してくらせる社会づくりが進められている。

勉強した日　月　日

◆津波による災害

きほんのワーク

もくひょう
津波による災害や、津波へのそなえについてたしかめよう。

おわったらシールをはろう

教科書 106～111ページ　答え 11ページ

1 津波のこわさを知る

（　）にあてはまる言葉や数字を□から書きましょう。

よみトク！地図

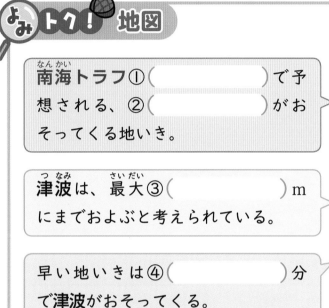

南海トラフ①（　　　　　）で予想される、②（　　　　　）がおそってくる地いき。

津波は、最大③（　　　　　）mにまでおよぶと考えられている。

早い地いきは④（　　　　　）分で津波がおそってくる。

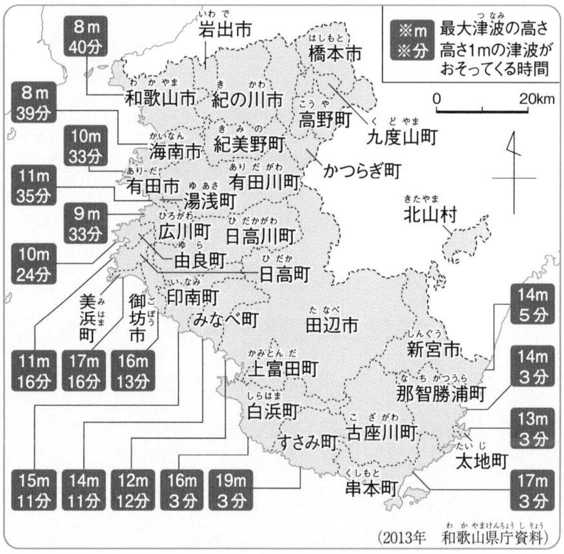

※m 最大津波の高さ
※分 高さ1mの津波がおそってくる時間
0 20km
8m 40分
岩出市
橋本市
和歌山市
紀の川市
8m 39分
高野町
九度山町
10m 33分
海南市
紀美野町
かつらぎ町
11m 35分
有田市
有田川町
湯浅町
9m 33分
広川町
日高川町
北山村
10m 24分
由良町
日高町
美浜町
御坊市
印南町
みなべ町
田辺市
14m 5分
11m 16分
17m 16分
16m 13分
上富田町
新宮市
14m 3分
那智勝浦町
白浜町
13m 3分
すさみ町
古座川町
太地町
15m 11分
14m 11分
12m 12分
16m 3分
19m 3分
串本町
17m 3分

（2013年　和歌山県庁資料）

3	19	津波	巨大地震

2 「稲むらの火」／県の取り組み

（　）にあてはまる言葉を□から書きましょう。

- 「稲むらの火」という物語で、五兵衛は村人を津波から守るため、火事をおこして村人を⑤（　　　　　）に集めた。
  - ◆五兵衛のモデルとなった浜口梧陵は、津波にそなえて⑥（　　　　　）づくりを進めた。
- 和歌山県の津波への取り組み
  - ◆新しく⑦（　　　　　）をつくったり、道路を災害に⑧（　　　　　）したりする工事をおこなっている。
  - ◆市町村でも⑨（　　　　　）などを設置している。

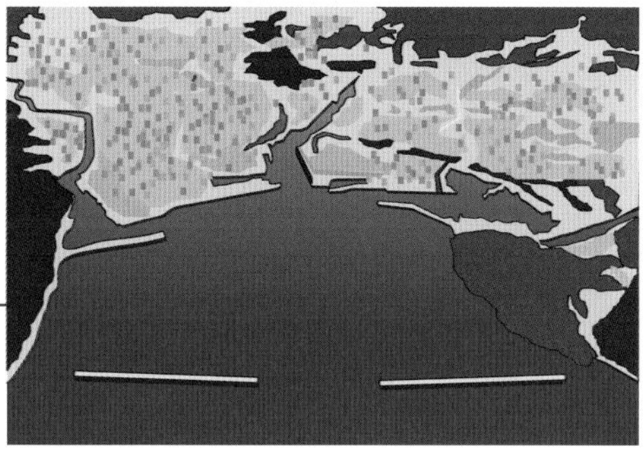

高台	てい防	ひなん標識	強く	防波てい

しゃかいか工場　2011年3月11日に東北地方の太平洋おきでおきた地震は、日本で観測された中でいちばん大きな地震で、30mをこえる津波におそわれた地いきもあったんだよ。

練習のワーク

できた数

／9問中

おわったら
シールを
はろう

教科書 106〜111ページ　　答え 11ページ

1 次の問いに答えましょう。

(1) 津波が発生するおもな原因となる災害を、次から選びましょう。　　（　　）
　　㋐ 雪害　　㋑ 地震　　㋒ 台風　　㋓ 土砂災害

(2) 次の文のうち、右の**地図**からわかること
として正しいものには○を、あやまっている
ものには×を書きましょう。

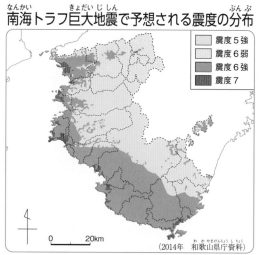

南海トラフ巨大地震で予想される震度の分布

震度5強
震度6弱
震度6強
震度7

(2014年　和歌山県庁資料)

　　① （　　）和歌山県のすべての地いきで、
　　　　　　　　震度6弱以上が予想されている。

　　② （　　）震度7が予想されているのは、
　　　　　　　　海ぞいの地いきである。

　　③ （　　）和歌山県の内陸の方は、津波の
　　　　　　　　ひ害はないと予想されている。

　　④ （　　）震度6強が予想される地いきは、県の北側より南側に多い。

2 次の問いに答えましょう。

(1) 次の文は、「稲むらの火」という物語のあらすじの一部です。これを読んで、
あとの話の□□□にあてはまる言葉を、あらすじの中から選んで書きましょう。

　　　　　　　　　　　　　　①（　　　　　　）　②（　　　　　　）

> 　村の高台に住む役人の五兵衛は、地震のあとに海のようすを見て、津波が
> おそってくることに気づいた。そこで、五兵衛が自分の畑の稲むらに火をつ
> けると、村人は火事だと思い、火を消すために集まった。

> 五兵衛が畑の稲むらに火をつけたのは、村人たちを　①　に集めることで、
> 　②　から守るためです。

(2) 次の文のうち、津波へのたいさくとして正しいもの2つに○を書きましょう。

　　㋐ （　　）より早くひなんができるように、ひなん標識を設置する。
　　㋑ （　　）てい防を低くじょうぶにし、こわれにくいようにする。
　　㋒ （　　）ひなん方法は都道府県だけで考えて、市町村に伝えるようにする。
　　㋓ （　　）「災害避難ゲーム」をつくるなど、防災教育をおこなう。

ポイント 津波のぎせい者をなくすための取り組みがある。

勉強した日　　月　　日

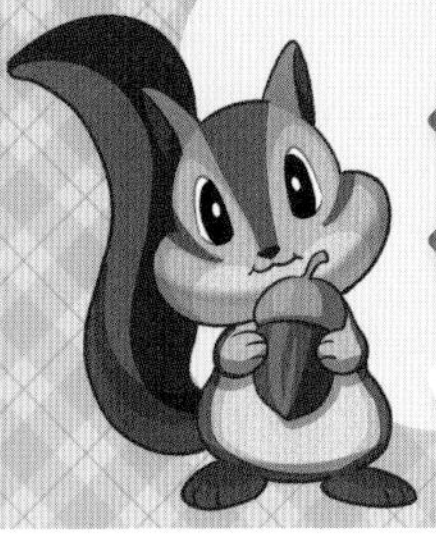

火山による災害
雪による災害
きほんのワーク

もくひょう
火山のふん火や、雪害への取り組みについてたしかめよう。

おわったらシールをはろう

教科書 112～117ページ　答え 11ページ

1 新燃岳ふん火／すべてを飲みこんだ新燃岳ふん火／立ち直っていく高原町／新たなふん火にそなえて

（　　）にあてはまる言葉を［　］から書きましょう。

よみトク！ 図

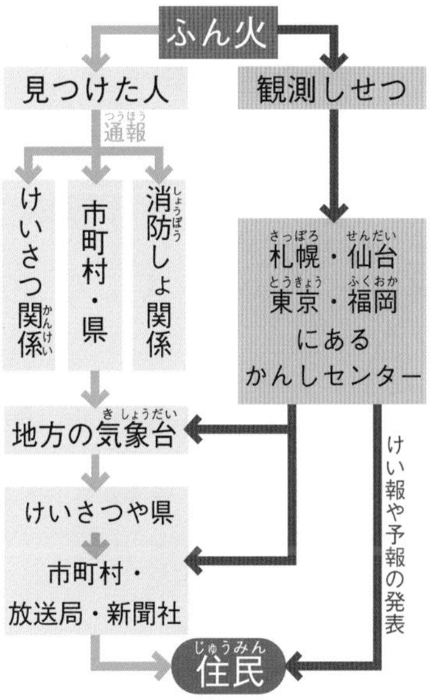
ふん火
見つけた人
観測しせつ
通報
けいさつ関係
市町村・県
消防しょ関係
札幌・仙台
東京・福岡
にある
かんしセンター
地方の気象台
けいさつや県
市町村・
放送局・新聞社
住民
けい報や予報の発表

- 2011年１月に新燃岳で①（　　　　）がおき、灰や石が②（　　　　）や道路などにふり積もるひ害があった。
- 災害から復旧・③（　　　　）をするために、国や県、④（　　　　）やボランティアの人たちが関わった。
- 新たなふん火にそなえて、国や県、高原町や周辺の市は⑤（　　　　）体制を整えている。

観測　ふん火　畑　復興　市や町

2 雪害への取り組み

（　　）にあてはまる言葉を［　］から書きましょう。

- 青森県⑥（　　　　）市には、毎年たくさんの⑦（　　　　）がふる。
- 雪を取りのぞく⑧（　　　　）をおこなったり、⑨（　　　　）を利用して、道路や歩道に雪が積もらないようにしている。
- 雪が120cm以上積もり、市が必要だとはんだんしたときに豪雪⑩（　　　　）が立ち上がる。
- 除雪がむずかしい家は、地区の社会福祉協議会や⑪（　　　　）の人が、見回りや除雪をしている。

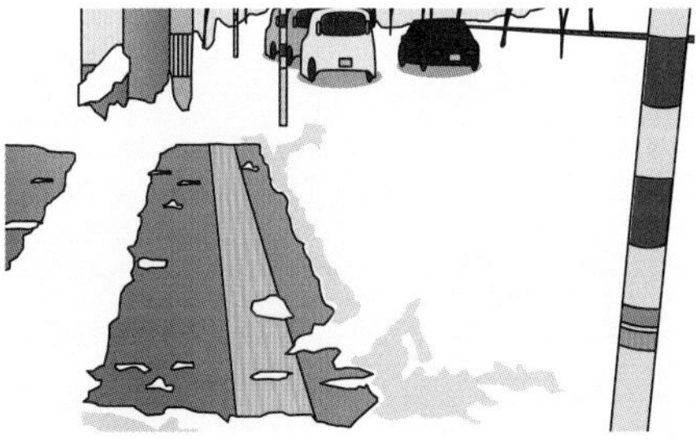

雪害
雪がたくさんふって、積もることでおこる災害のこと。

ボランティア　雪　除雪　熱　弘前　たいさく本部

しゃかいか工場　山形県の雪の多い地いきでは、地下水の熱を利用して道路の雪をとかすしくみを取り入れているよ。

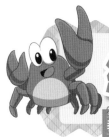

練習のワーク

教科書 112〜117ページ　答え 11ページ

できた数　／10問中

おわったらシールをはろう

1 火山による災害(さいがい)について、次の問いに答えましょう。

(1) 火山のふん火けいかいのレベルについて、右の**表**中の(　　)にあてはまる言葉を、次からそれぞれ選(えら)びましょう。

①(　　)　②(　　)　③(　　)　④(　　)

㋐ ひなん　　㋑ 火口周辺(しゅうへん)のきせい

㋒ 入山をきせい　　㋓ こうれい者などのひなん

ふん火けいかいのレベル

レベル5	(　①　)
レベル4	(　②　)
レベル3	(　③　)
レベル2	(　④　)
レベル1	活火山であることに注意

(2) 次の文のうち、火山のふん火について正しいもの1つに○を書きましょう。

㋐(　　)ふん火けいかいのレベルは、ふん火が落ち着いてから発表される。

㋑(　　)火山がいつふん火するかは、予想することができる。

㋒(　　)火山がふん火したときの体制(たいせい)が、あらかじめ考えられている。

2 雪による災害について、次の問いに答えましょう。

(1) 次の文の[　]にあてはまる言葉を、あとの[　]からそれぞれ選びましょう。

①(　　　　)　②(　　　　)

● 雪がたくさんふったとき、雪による交通[①]を防(ふせ)ぐために、夜明け前から[②]がおこなわれる。

整理　除雪(じょせつ)　じゅうたい　観測(かんそく)

(2) 次の**絵**は、雪害(せつがい)に対するせつびやくふうです。あてはまる説明(せつめい)を、あとからそれぞれ選びましょう。

①(　　)

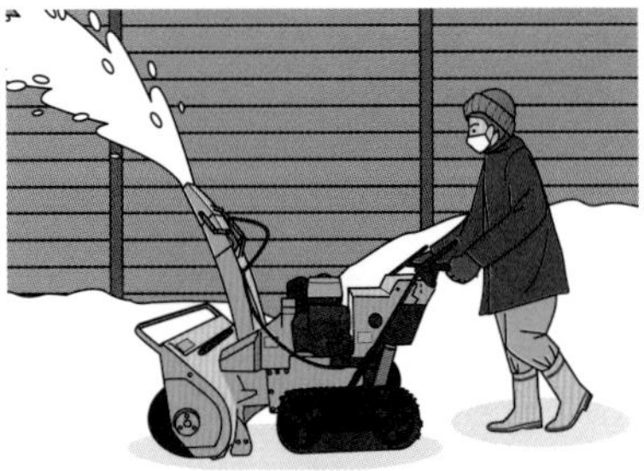

②(　　)

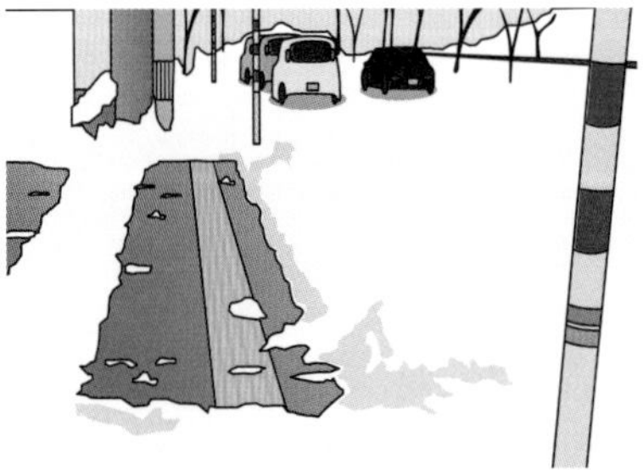

③(　　)

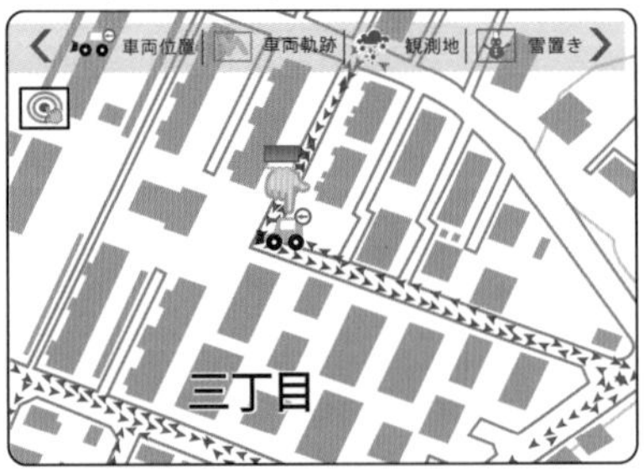

㋐ 市が小型(こがた)除雪機(き)をかし出す。　㋑ 除雪した場所を示(しめ)す。

㋒ 夜明け前に除雪車で雪を取りのぞく。　㋓ 熱(ねつ)で雪が積(つ)もらないようにする。

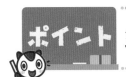

ポイント 災害のたいさくに、いろいろな機関(きかん)が協力(きょうりょく)している。

1 わたしたちのまちに伝わるもの①

きほんのワーク

1 古くから伝わるもの

✎ ( )にあてはまる言葉を □ から書きましょう。

●長崎県五島市(ながさき ごとう)では、400年以上続く舞(い じょうつづ ま)いとして

①( )がおこなわれている。

●長崎県②( )市の「対馬厳原港(つしまいづはら)まつり」では、朝鮮通信使(ちょうせんつうしんし)を再現(さいげん)したパレードが毎年おこなわれている。

●長崎県佐世保(させぼ)市にあるキリスト教の教会の

③( )は、④( )に登録(とうろく)されている。

| 世界遺産(い さん) | 五島神楽(かぐら) | 対馬 | 黒島天主堂(くろしまてんしゅどう) |

2 まちに伝わるもの

✎ ( )にあてはまる言葉や数字を □ から書きましょう。

よみトク! 資料

●毎年、決まった時期におこなわれる行事を、

⑤( )という。

●長崎市でおこなわれる⑥( )は、380年続く有名な祭りで、毎年10月7日から9日に、その年の決められた⑦( )が、諏訪(すわ)神社にだしものを奉納(ほうのう)する。

●踊町(おどりちょう)は、だしものを見せる当番の町のことで、市内の43の踊町に、⑧( )年ごとに当番が回ってくる。

日本でおこなわれているおもな年中行事

月	行事
1月	正月
2月	節分(せつぶん)
3月	ももの節句(せっく)(ひな祭り)
4月	
5月	たんごの節句
6月	虫送り
7月	七夕(たなばた)
8月	盆(ぼん)
9月	月見
10月	
11月	七五三
12月	おおみそか

●長崎市の大浦天主堂(おおうらてんしゅどう)は⑨( )で、世界遺産にもなっている。

| 長崎くんち | 7 | 国宝(こくほう) | 年中行事 | 踊町 |

 しゃかいか工場 ももの節句は女の子の成長(せいちょう)をねがう祭りで、たんごの節句は男の子の成長をねがう祭りだとされているよ。

練習のワーク

教科書 120〜123ページ　答え 11ページ

1 次の①〜⑤の言葉と、㋐〜㋔の説明を、正しく線で結びましょう。

① 五島神楽（ごとうかぐら）　・

② 朝鮮通信使（ちょうせんつうしんし）　・

③ 黒島天主堂（くろしまてんしゅどう）　・

④ 那須疏水（なすそすい）　・

⑤ 足尾銅山（あしおどうざん）　・

・㋐ 対馬がなか立ちをしていた外交使節団（しせつだん）。

・㋑ 400年以上（いじょう）の伝統（でんとう）がある舞（ま）い。

・㋒ 佐世保市にある世界遺産（いさん）の教会。

・㋓ 鉱毒（こうどく）による公害（こうがい）がおきた山。

・㋔ 栃木県（とちぎ）のあれ地に引かれた用水。

2 次の問いに答えましょう。

(1) 右の**表**を見て、次の問いに答えましょう。

① このように、毎年決まった時期におこなう行事のことを何といいますか。

（　　　　　　　　）

② **表**中の□□□にあてはまるものを、次からそれぞれ選（えら）びましょう。

㋐（　　）　㋑（　　）　㋒（　　）

㋐ 月見　㋑ 七夕（たなばた）　㋒ 節分（せつぶん）

1月	正月
2月	㋐
3月	ももの節句（ひな祭り）（せっく）
4月	
5月	たんごの節句
6月	虫送り
7月	㋑
8月	盆（ぼん）
9月	㋒
10月	
11月	七五三
12月	おおみそか

(2) 次の話の□□□にあてはまる言葉を ┌┄┄┐ からそれぞれ選びましょう。

①（　　　　）　②（　　　　）　③（　　　　）

長崎市（ながさき）でおこなわれる長崎くんちは ① 続（つづ）く祭りで、毎年 ② 7日から9日におこなわれます。当番になった踊町（おどりちょう）が、諏（す）訪（わ） ③ にだしものを奉納（ほうのう）します。

┌┄┄┄┄┄┄┄┄┄┄┄┄┄┄┄┄┄┄┄┄┄┄┄┄┐
10月　　　神社　　　380年
└┄┄┄┄┄┄┄┄┄┄┄┄┄┄┄┄┄┄┄┄┄┄┄┄┘

ポイント 地いきで古くから続けられている年中行事がある。

1 わたしたちのまちに伝わるもの②

もくひょう
長崎に古くからある祭りについて、たしかめよう。

おわったらシールをはろう

きほんのワーク

教科書 124〜127ページ ｜ 答え 12ページ

1 くんちについて調べる

（ ）にあてはまる言葉を ☐ から書きましょう。

● くんちについて調べるために、踊町（おどりちょう）の人々に

①（ ）をした。

◆ だしものは、1年前くらいから町の人たちで

②（ ）してじゅんびする。

◆ たくさんの③（ ）をかけて、だしもののけいこをしている。

◆ 庭見（にわみ）せでは、祭りに使う④（ ）などを見せている。

| 道具 | 協力（きょうりょく） | 時間 | インタビュー |

踊町の人たちは、たいへんな思いをしながらも、くんちを続（つづ）けているんだね。

2 くんちをささえる人々

（ ）にあてはまる言葉を ☐ から書きましょう。

よみトク！ 資料

かさぼこは、各（かく）踊町の⑤（ ）で、行列の先頭に立つ。重さは約（やく）100kgある。

● かさぼこづくりを手がける人

◆ かさぼこは、ほとんど⑥（ ）でつくられる。

◆ 長崎（ながさき）の美術工芸（びじゅつこうげい）の一つの⑦（ ）が、かさぼこのたれの部分に使われる。

◆ くんちで使う⑧（ ）も、長崎ししゅうでつくられている。

● くんちを成功（せいこう）させるには、町の⑨（ ）がたいせつである。

くんちの踊町は、家族みたいなつながりをもつんだって！

| つながり | 手作業 | 長崎ししゅう | 衣装（いしょう） | シンボル |

しゃかいか工場 「長崎くんち」は、1634年に2人の女性（じょせい）が諏訪神社（すわ）に小舞（こまい）という芸能（げいのう）を奉納（ほうのう）したことがはじまりといわれているよ。

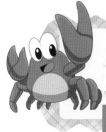

練習のワーク

教科書 124～127ページ　答え 12ページ

できた数　／11問中

おわったらシールをはろう

1 右のインタビューを読んで、次の文のうち、正しいものには○を、あやまっているものには×を書きましょう。

①(　　　)だしものには、それぞれの踊町(おどりちょう)に住む人たちが参加(さんか)している。

②(　　　)だしもののじゅんびは、約(やく)1年前からおこなわれる。

③(　　　)けいこは1年以上(いじょう)前からはじまり、毎日休みなくおこなわれる。

④(　　　)庭見(にわみ)せでは、けいこのせいかを通りがかりの人たちにひろうする。

⑤(　　　)シャギリとは、諏訪(すわ)神社のみこしのことである。

長崎(ながさき)くんちについてのインタビュー

問い：だしものなどに参加しているのは、どのような人なのですか。
答え：それぞれの踊町に住む人たちが、やくわりを決めて参加します。
問い：だしもののじゅんび期間は、どれくらいですか。
答え：1年ぐらい前からじゅんびします。
問い：けいこの期間はどれくらいですか。
答え：6月から9月まで、ほぼ毎日です。
問い：庭見せとは何ですか。
答え：家の中が見えるようにして、祭りに使う道具などを見せることです。
問い：シャギリについて教えてください。
答え：だしもので、ふえやたいこを使っておこなうえんそうのことです。

2 次の問いに答えましょう。

(1) 右の**写真**のかさぼこについて述(の)べた、次の文の{　　}にあてはまる言葉に○を書きましょう。

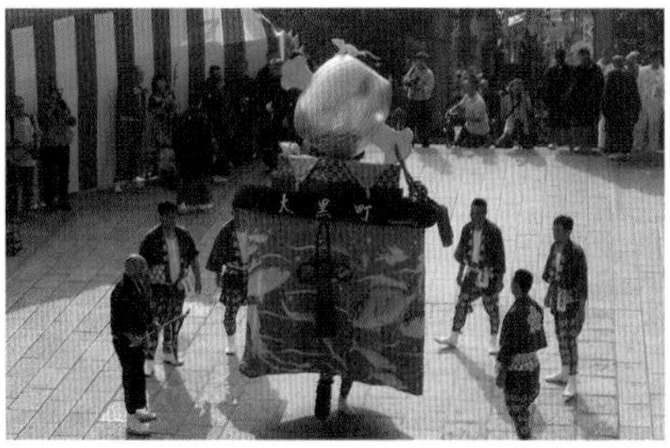

- かさぼこは、踊町の行列の㋐{　中央　先頭　}に立つ。
- かさぼこは、ほとんど㋑{　手作業　機械(きかい)　}でつくられている。
- かさぼこのかざりは、昔と今をくらべると、変(か)わって㋒{　いる　いない　}。

(2) 次の文の□にあてはまる言葉を、[　]からそれぞれ選(えら)びましょう。

①(　　　　　)　②(　　　　　)　③(　　　　　)

- かさぼこのたれの部分には、長崎[①]が使われている。
- 船頭衣装(せんどういしょう)は、[②]の上に乗る男の子が身につける。
- くんちを成功(せいこう)させるために、たくさんの人が[③]している。

船　協力(きょうりょく)　ししゅう

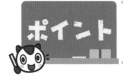

ポイント **伝統的(でんとうてき)な行事を守るには、町のつながりがたいせつである。**

勉強した日 月 日

1 わたしたちのまちに伝わるもの③

もくひょう くんちに関わる人の思いや、くんちを守るための取り組みをたしかめよう。

おわったらシールをはろう

きほんのワーク

教科書 128～133ページ　答え 12ページ

1 くんちにかける思い／問題の解決に向けて

（　　）にあてはまる言葉を［　］から書きましょう。

よみトク！資料

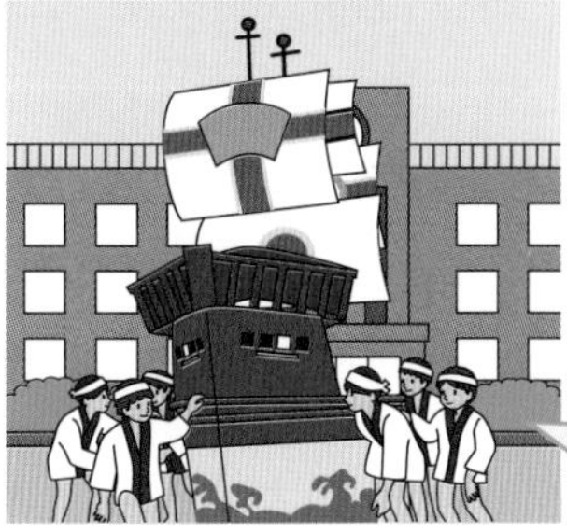

●だしもののじゅんびなどにお金がかかること、町から人が①（　　　　）いることから、くんちへの参加をとりやめる町が②（　　　　）きている。➡地いきの③（　　　　）を守るため、④（　　　　）人たちにくんちを知ってもらう活動がおこなわれている。

小学生のころからくんちに親しんでもらうため、⑤（　　　　）がおこなわれる。

> 伝統　諏訪っ子くんちフェスティバル　ふえて　へって　わかい

つながるSDGs

踊町のなかには、だしものに参加してくれるわかい人を町外から受け入れている町もある。

11 住み続けられるまちづくりを

2 昔の建物を調べる

（　　）にあてはまる言葉を［　］から書きましょう。

●長崎市には、古い建物も残されている。

◆崇福寺は、390年ほど前に、長崎市に住んでいた⑥（　　　　）の人たちが建てた。⑦（　　　　）に指定された建物もある。

◆端島は、軍艦の形ににていることから、⑧（　　　　）とよばれている。

◆1960年には⑨（　　　　）が世界一になったが、今は無人島になっており、⑩（　　　　）に登録されている。

崇福寺は、航海の安全をいのるしせつとして建てられたよ。

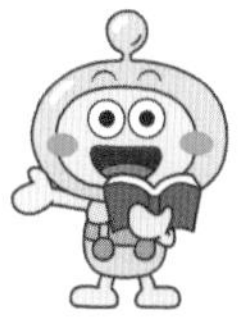

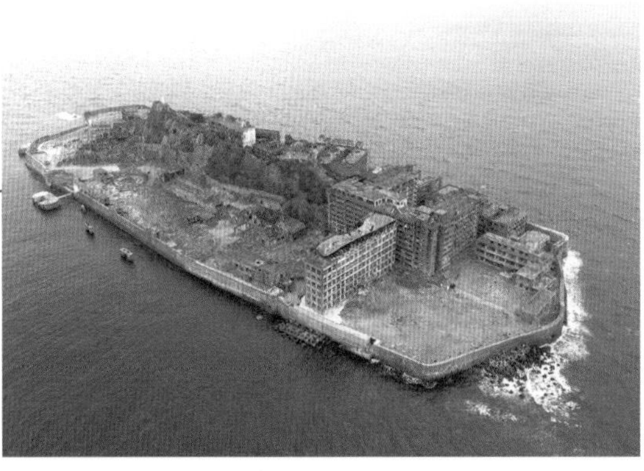

> 人口密度　中国　世界遺産　国宝　軍艦島

しゃかいか工場 世界遺産には自然遺産と文化遺産があって、大浦天主堂や端島は文化遺産に登録されているよ。

練習のワーク

できた数

／10問中

おわったら
シールを
はろう

教科書 128〜133ページ　　答え 12ページ

1 次の問いに答えましょう。

(1) 次の文のうち、今から50年ぐらい前から、くんちへの参加(さんか)をとりやめる町がふえたおもな理由として正しいもの2つに〇を書きましょう。

⑦（　　）お金がかかるから。　　　④（　　）参加したい人がふえたから。

⑦（　　）人口がへったから。　　　⑤（　　）祭りのしきたりがきびしいから。

(2) 「諏訪(すわ)っ子くんちフェスティバル」について、次の文の{ 　 }にあてはまる言葉に〇を書きましょう。

● 小学生が長崎(ながさき)くんちの演技(えんぎ)を練習して発表するもよおしで、わかい人に地いきの①{ 伝統(でんとう)　きまり }への親しみをもってもらうためにはじめられた。

● 練習の指導(しどう)は、②{ 先生　地いきの人 }たちがおこなっている。

● この取り組みで親しんで、くんちに出る人が③{ ふえて　へって }いる。

2 次の問いに答えましょう。

(1) 次の文のうち、右のカードからわかることとして正しいもの2つに〇を書きましょう。

⑦（　　）大浦天主堂(おおうらてんしゅどう)は、26人の信徒(しんと)が建(た)てた教会である。

④（　　）大浦天主堂は、最初(さいしょ)につくられた建物(たてもの)が今も残(のこ)っている。

⑦（　　）大浦天主堂は原子ばくだんでこわれて、直された。

⑤（　　）大浦天主堂は国宝(こくほう)に指定されている。

> **長崎のシンボル　大浦天主堂**
>
> 大浦天主堂は、日本でなくなった信徒26人が1862年に聖人(せいじん)とされたことを受けて建てられた教会です。
> 1945年の戦争中(せんそう)、原子ばくだんのひ害(がい)を受けましたが、しゅうりされて1953年に国宝に指定され、2018年に世界遺産(いさん)に登録(とうろく)されました。

(2) 次の①〜③の建物や島の名前と、⑦〜⑦の文を線で結(むす)びましょう。

① 諏訪神社(すわ)　　・　　　　　・⑦ 長崎くんちのだしものが奉納(ほうのう)される。

② 崇福寺(そうふくじ)　　・　　　　・④ 昔は石炭がほられていた。

③ 端島(はしま)　　・　　　　　・⑦ 航海(こうかい)の安全をいのるしせつだった。

ポイント 伝統的(てき)な行事や建物を守る取り組みがおこなわれている。

59

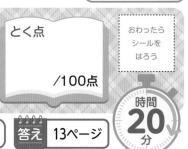

まとめのテスト

1　わたしたちのまちに伝わるもの

とく点 /100点

おわったらシールをはろう

時間 20分

教科書 120〜133ページ　答え 13ページ

よく出る **1** 古くから伝わるもの　**次の文にあてはまる絵を、あとからそれぞれ選びましょう。**

1つ5〔20点〕

①(　　　)対馬市でおこなわれる、朝鮮通信使を記念した祭り。

②(　　　)佐世保市にある、世界遺産に登録されたキリスト教の教会。

③(　　　)長崎市で航海の安全をいのってはじまった船のきょうそう。

④(　　　)五島市でおこなわれる、400年以上の伝統がある舞い。

㋐
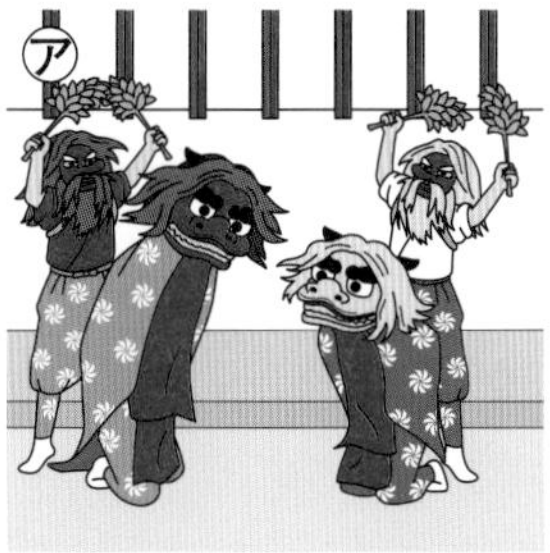

㋑
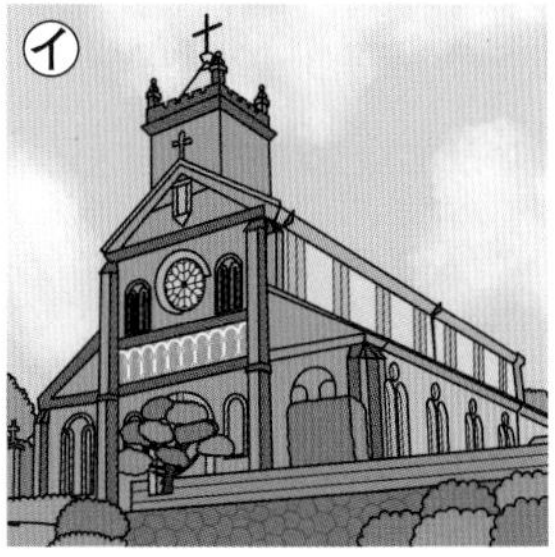

㋒
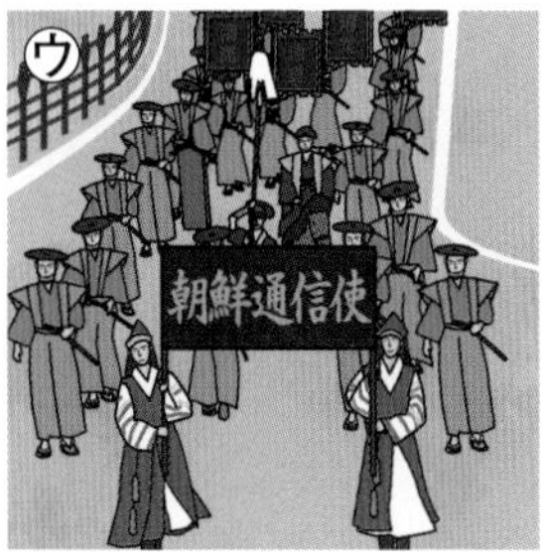

㋓
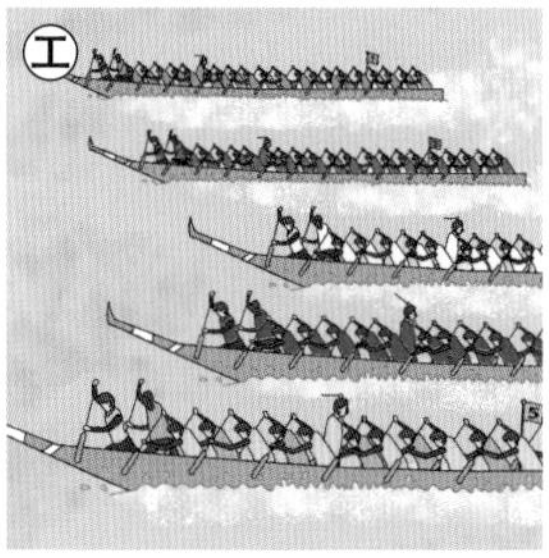

2 長崎市に伝わる祭り　**次のメモは、長崎くんちについて調べたことをまとめたものです。これを読んで、あとの問いに答えましょう。**

1つ5〔30点〕

長崎くんちは、長崎市で380年も続く年中行事です。[あ]毎年、10月7日から9日におこなわれます。くんちでは、[い]その年に決められた踊町が、諏訪神社にだしものを奉納します。だしものは、約1年かけてじゅんびをし、たくさんの時間をかけてけいこをします。[う]本番で使う道具などを見せる、「庭見せ」もおこないます。[え]踊町は長崎市に43あり、7年ごとに当番が回ってきます。

(1)　長崎くんちについて、次のことがわかる文を、**メモ**中の[あ]〜[え]からそれぞれ選びましょう。　①(　　　)　②(　　　)　③(　　　)　④(　　　)

①　踊町のだしものがおこなわれる場所　②　長崎市内にある踊町の数

③　長崎くんちがおこなわれる時期　④　じゅんびの期間にすること

(2)　次の文のうち、長崎くんちについて**メモ**からわかることとして、正しいもの2つに○を書きましょう。

㋐(　　　)毎年、同じ町の人たちがだしものをする。

㋑(　　　)だしもののじゅんびには、たくさんの時間がかかる。

㋒(　　　)踊町は7年に一度回ってきて、諏訪神社にだしものを奉納する。

㋓(　　　)だしもののけいこは、6月から9月までほぼ毎日おこなう。

3 [くんちにかける思い] 次の問いに答えましょう。 1つ5〔30点〕

(1) 次の文は、くんちに関わる人たちの話です。あてはまる人を、あとからそれぞれ選びましょう。 ①(　　) ②(　　) ③(　　)

① わかい人にくんちのよさを伝えるための活動をしています。

② 一つ一つ手作業で、かさぼこのかざりをつくっています。

③ 諏訪っ子くんちフェスティバルで、子どもの演技を見るのが楽しみです。

㋐ 職人の人　㋑ 小学生の保護者の人　㋒ 長崎伝統芸能振興会の人

[記述] (2) ①の人がくんちのよさを伝える活動をしているのは、どんなことを思っているからですか。「伝統」という言葉を使ってかんたんに書きましょう。

(　　　　　　　　　　　　　　　　)

[チャレンジ!] (3) 諏訪っ子くんちフェスティバルが地いきにあたえたえいきょうとしてあてはまるものを、次から２つ選びましょう。 (　　)(　　)

㋐ 長崎くんちを見に来る市外の人がふえた。

㋑ 小学生のころからくんちに親しむ人がふえた。

㋒ 小学校の先生が、子どもたちにくんちの指導をするようになった。

㋓ 小学校の子どもたちと、地いきの人たちのつながりが強くなった。

4 [昔の建物を調べる] 次の問いに答えましょう。 1つ5〔20点〕

(1) 次の文のうち、右の大浦天主堂について、正しいもの１つに○を書きましょう。

㋐(　　)原子ばくだんのひ害を受けた。

㋑(　　)佐世保市に建てられている。

㋒(　　)日本で最も古い教会である。

㋓(　　)航海の安全をいのるために建てられた。

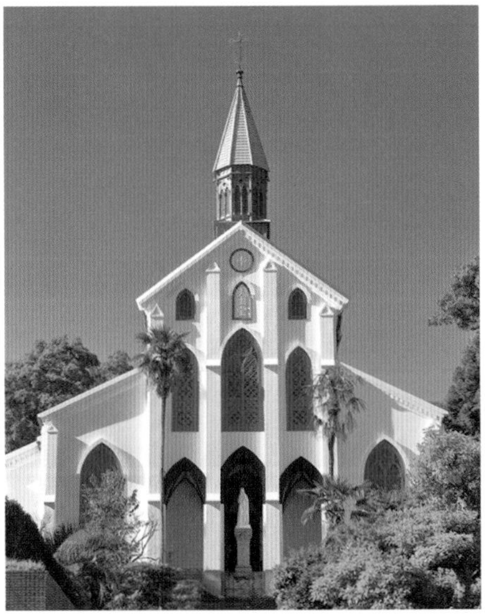

(2) 次の文の[　　]にあてはまる言葉を、それぞれ漢字２字で書きましょう。

①(　　　　) ②(　　　　) ③(　　　　)

● 端島は小さな島で、軍艦の形ににていることから軍艦島とよばれていた。1960年ごろは[①]をほるために多くの人が住んでいたが、その後人口がへり、今では[②]島になっている。

● 崇福寺は、390年ほど前に、長崎に住む[③]の人たちが建てた。

勉強した日 ▶　　月　　日

もくひょう★
那須野原に用水路がつくられたわけについて考えよう。

おわったら
シールを
はろう

2　原野に水を引く①

きほんのワーク

教科書 134〜137ページ　　答え 13ページ

1　那須疏水

✎（　　）にあてはまる言葉を□□□から書きましょう。

よみトク！　資料

蛇尾川（さび）の①（　　　　　　　　　）出口。

にしいわざき
西岩崎の取水口
那須東原
熊川（くま）
蛇尾川
那珂川（なか）
那須疏水
那須西原

耕地（こうち）
原野
川
水無川（みずなし）
那須疏水

（1890年ごろの想像図）（そうぞう）

●那須疏水（なすそすい）は、②（　　　　　　）県那須塩原市（なすしおばら）の那須野原（なすのがはら）に引かれている③（　　　　　　）のしせつ。

◆用水路の水は、生活や④（　　　　　　）に使われている。

| 農業 | 用水路 | ふせこし | 栃木（とちぎ） |

ふせこし
　川の底（そこ）に水を通すため、木組みや石組みのといを地中にうめ、水を流すしせつ。

2　原野の開こんと水への大きな願い

✎（　　）にあてはまる言葉を□□□から書きましょう。

●150年ほど前に、那須野原の⑤（　　　　　　）を開（かい）こんするために、栃木県内や県外から多くの人々がうつり住んだ。

◆那須野原を流れる⑥（　　　　　　）と蛇尾川には⑦（　　　　　　）がなかったため、生活用水などにこまっていた。

➡遠くを流れる⑧（　　　　　）や箒川（ほうき）に、大きな⑨（　　　　　）や天びんぼう、荷車を使って水をくみに行っていた。

●人々には、那須野原に水を引きたいという強い⑩（　　　　　　）があった。

開こん
　林やあれた土地から石や木、草などを取りのぞいて、畑や田などをつくること。

| 水 | 原野（げんや） | おけ | 熊川（くま） | 願い（ねが） | 那珂川（なか） |

しゃかいか工場🚚　那須野原には、今から約（やく）400年前にも用水がつくられたけれど、当時の技術（ぎじゅつ）では水の量（りょう）は飲み水程度で、洪水（こうずい）などでこわれやすいものだったよ。

練習のワーク

教科書 134〜137ページ　答え 13ページ

1 次の問いに答えましょう。

(1) 那須疏水がある那須塩原市は何県にありますか。右の**地図**を見て書きましょう。

（　　　　　　　）

(2) 那須疏水が引かれている川を、次から選びましょう。

（　　　　）

㋐ 那珂川　　㋑ 熊川　　㋒ 蛇尾川　　㋓ 箒川

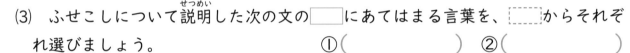

那須塩原市

(3) ふせこしについて説明した次の文の□□にあてはまる言葉を、⌐ ̄ ̄⌐からそれぞれ選びましょう。　①（　　　　　　）　②（　　　　　　　　）

● 川の ① に水を通すため、木組みや石組みの ② を地中にうめて、水を流すしせつ。

とい　　底

2 次の問いに答えましょう。

(1) 昔の那須野原のようすについて、次の話の{　　}にあてはまる言葉に○を書きましょう。

那須野原は、水もちの①{　よい　悪い　}土地でした。

那須野原の中央を流れる熊川と蛇尾川は、水の
②{　ない　多い　}川でした。

那須野原に③{　開こん　旅行　}にきた人々は、生活に使う水にもこまっていました。

(2) 右の**絵**について説明した文のうち、正しいもの2つに○を書きましょう。

㋐（　　）生活用水などを運んでいる。

㋑（　　）田や畑に使うひりょうを運んでいる。

㋒（　　）遠くの川に水をくみに行った。

㋓（　　）役所の人が水を配ってくれた。

ポイント 地いきに水を引きたいという人々の強い願いがあった。

勉強した日 月 日

2 原野に水を引く②

もくひょう

那須疏水をつくるために力をつくした人についてたしかめよう。

おわったらシールをはろう

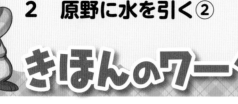

きほんのワーク

教科書 138～141ページ　答え 14ページ

1 那須疏水のしせつ見学

（　　）にあてはまる言葉を［　　］から書きましょう。

よみトク！ 地図

地形図は等高線で土地の①（　　　　）をあらわしている。

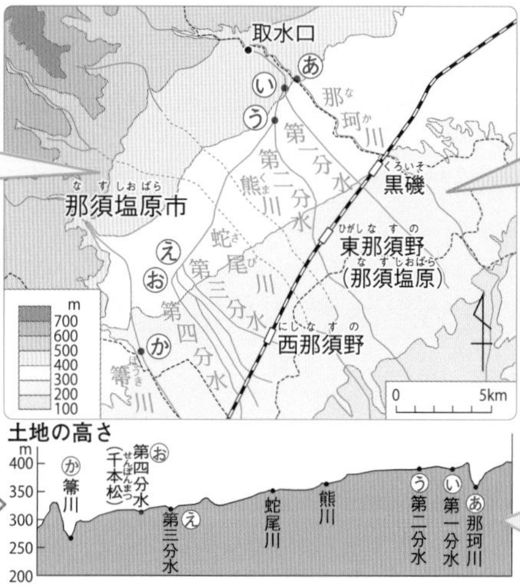

川や水路は高いところから②（　　　　）ところに流れている。

断面図は、土地を③（　　　　）に切った図。

④（　　　　）が、いちばん高いところを流れている。

●那須野原の水もちが悪い理由

◆湖のような土地が⑤（　　　　）のふん火により、火山灰や軽石でうまった。

➡川の⑥（　　　　）により、石や砂がたまった。➡水もちが悪くなった。

［たて　第一分水　山　はんらん　高さ　低い］

2 印南や矢板の願いと国や県へのうったえ

（　　）にあてはまる言葉を［　　］から書きましょう。

●印南丈作と矢板武が⑦（　　　　）の中心。

●最初、二人は⑧（　　　　）を通そうとした。

◆飲み水用の水路を通す計画に変えた。

➡1年半で水路が完成した。

◆水路の⑨（　　　　）に費用がかかった。

●水田などにも利用できる⑩（　　　　）の計画を国にうったえた。➡1885年に、国がみとめた。

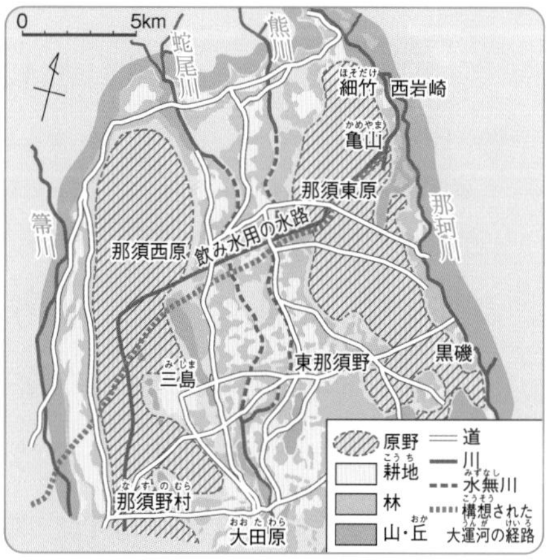

［開こん　疏水　しゅうり　大運河］

しゃかいか工場

印南丈作と矢板武は、国の役人をせっとくするために、1884年に自分たちでお金を出して、水路の試験的な工事をしたんだよ。

練習のワーク

勉強した日 ▶ 月 日

できた数

／9問中

おわったら
シールを
はろう

教科書 138〜141ページ　答え 14ページ

1 右の地図を見て、次の問いに答えましょう。

(1) 那須疏水の取水口はどこにありますか。**地図**中の㋐〜㋑から選びましょう。

（　　　）

(2) 次の文の □ にあてはまる言葉を、あとの □ からそれぞれ選びましょう。

①（　　　）　②（　　　）

● 川や水路は ① から南東にむかって流れている。水路のうち、第四分水がいちばん ② 場所を流れる。

南西　　北西　　高い　　低い

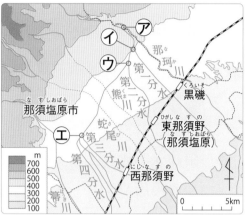

土地の高さ

2 右の年表を見て、次の問いに答えましょう。

(1) 次の文のうち、**年表**からわかることとして正しいものには○を、あやまっているものには×を書きましょう。

①（　　）最初は、那須野原に大運河を引く計画があった。

②（　　）飲み水用の水路は、願い出て1か月でみとめられた。

③（　　）飲み水用の水路の工事は、約1年2か月で終わった。

④（　　）新しい用水路の工事は、国の役人がていあんした。

(2) **年表**中の下線部について、その原因となったことを、次から2つ選びましょう。

（　　　）（　　　）

㋐ 測量
㋑ 洪水
㋒ がけくずれ
㋓ 開こん

那須疏水の計画がみとめられるまで

1876年	大運河構想を県知事と話し合う
1878年	大運河の測量がはじまる
1880年 9月	飲み水用の水路の建設を願い出る
12月18日	飲み水用の水路の建設がみとめられる
1881年 4月24日	飲み水用の水路の測量がはじまる
7月11日	飲み水用の水路の測量が終わる
9月23日	飲み水用の水路の工事がはじまる
1882年 11月14日	飲み水用の水路の工事が終わる
1883年〜 1884年	何度か水路がうまる 何回も東京にうったえに行く
1885年 4月	国から新しい用水路の工事がみとめられる

ポイント 長いはたらきかけによって、用水路の工事がみとめられた。

65

勉強した日 月 日

2 原野に水を引く③

きほんのワーク

もくひょう
那須疏水の工事のくふうをたしかめよう。

おわったらシールをはろう

教科書 142〜145ページ　答え 14ページ

1 ずい道工事のくふう

（　）にあてはまる言葉や数字を□から書きましょう。

よみトク！資料

●那須疏水の水路工事では、取水口をつくる場所や①（　　　）、ふせこしなどの工事が大きな問題だった。

◆ずい道の中が②（　　　）ことや約③（　　　）mの亀山ずい道を那珂川にそってほること。

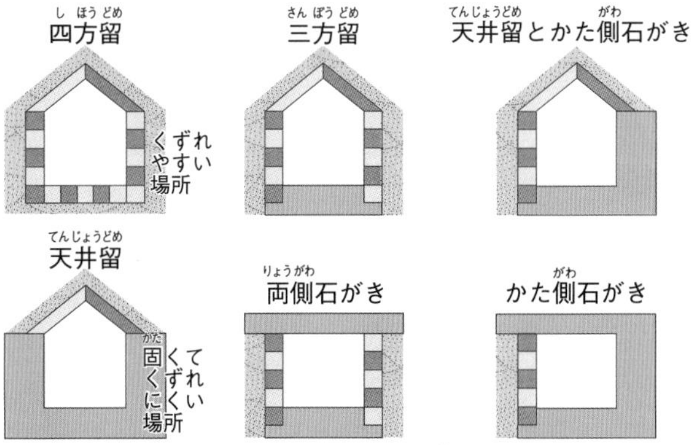

四方留
くずれやすい場所
三方留
天井留とかた側石がき
天井留
固くてくずれにくい場所
両側石がき
かた側石がき

土地のようすのちがいにより、ずい道の④（　　　）をくふうした。

くずれやすい　石組み　ずい道　920

2 川底を通すふせこしと用水路の工事

（　）にあてはまる言葉や数字を□から書きましょう。

●蛇尾川の川はばは約⑤（　　　）mあるため、川底にふせこしをつくって⑥（　　　）を通した。

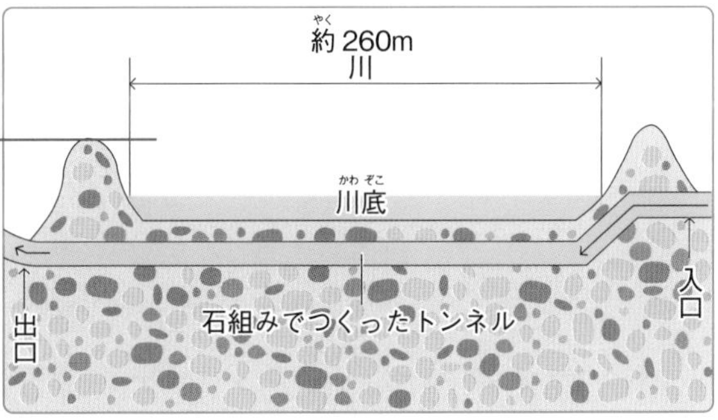

約260m
川
川底
入口
出口
石組みでつくったトンネル

◆ふせこしの工事は、⑦（　　　）をななめにほり、⑧（　　　）のわくを下にしき、その上に石組みをして、川の土石をもどす方法でおこなわれた。

◆工事には、くわやつるはし、もっこなどの⑨（　　　）を使った。

◆本線の用水路約16kmの工事は、約⑩（　　　）で完成した。

木　道具　260　川底　5か月　水路

しゃかいか工場　那須野原は、那須疏水のおかげで、米づくりやらく農（にゅう牛をかってバターやチーズなどをつくること）が栃木県でいちばんさかんな地いきになったんだよ。

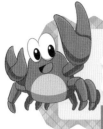

練習のワーク

教科書　142～145ページ　答え　14ページ

できた数　／10問中

おわったらシールをはろう

1 右の年表を見て、次の問いに答えましょう。

(1) 次の文の□にあてはまる言葉や数字を**年表**中から選んで書きましょう。

①(　　　)　②(　　　)

③(　　　)　④(　　　)

- 疏水の測量のあと、[①]工事がはじまった。
- 1885年４月に[②]工事の起工式がおこなわれ、[③]月に通水式がおこなわれた。
- [④]年、４本の分水路が完成した。

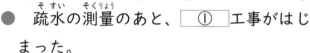

疏水工事のあゆみ

1883年(明治16)12月	疏水の測量
1884年7月20日	ずい道工事がはじまる
1885年4月15日	ずい道工事が4月半ばに完成し、水路工事の起工式がおこなわれる
9月15日	水路本線約16kmが完成し、通水式がおこなわれる
1886年8月	4本の分水路完成
1888年9月	分水路延長工事完成

(2) 疏水の測量から分水路延長工事の完成までの期間を、次から選びましょう。(　　)

㋐ 約２年　㋑ 約３年　㋒ 約４年　㋓ 約５年

2 次の問いに答えましょう。

(1) 右の**絵**は、用水路の工事のようすです。次の文のうち、**絵**からわかることに○を、わからないことに×を書きましょう。

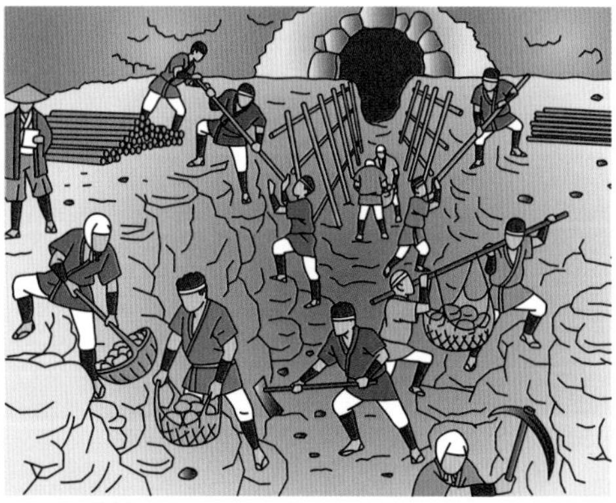

①(　　)工事は人の手でおこなわれた。

②(　　)用水路は半年ですべて完成した。

③(　　)工事では、人の身長より深くほった。

④(　　)用水路の長さは約20kmあった。

(2) ふせこしの工事について、次の**絵**の作業を、正しい順にならべましょう。(　→　→　)

㋐

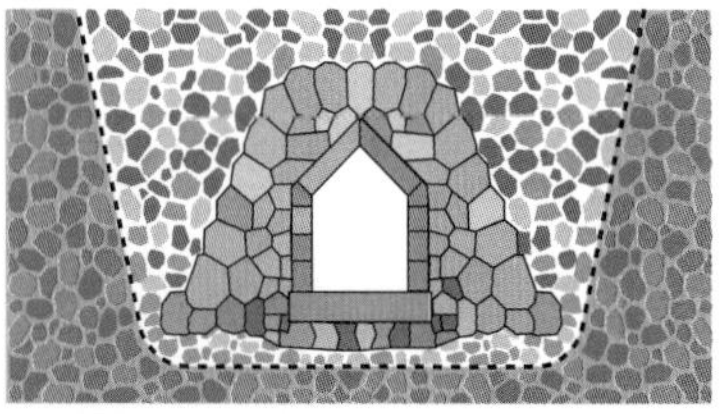

㋑

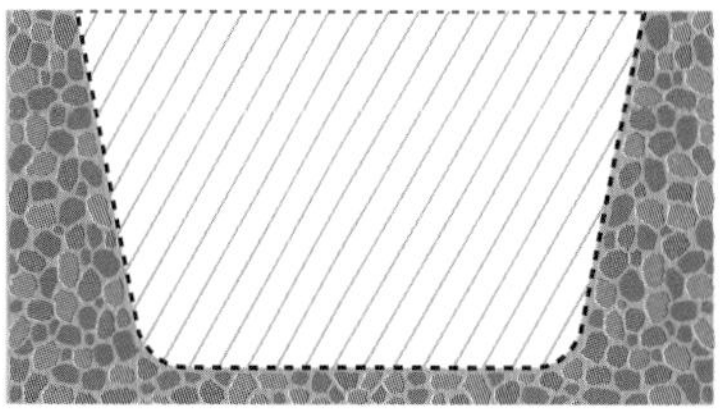

㋒

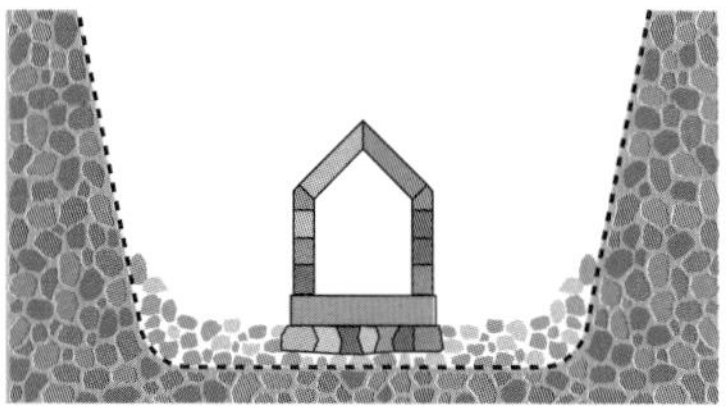

ポイント　工事には、さまざまなくふうが取り入れられた。

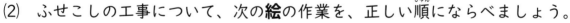

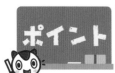

2　原野に水を引く④

きほんのワーク

もくひょう◀
那須疏水が完成したあとの那須野原の変化をたしかめよう。

おわったら
シールを
はろう

教科書 146〜151ページ　答え 14ページ

---

1 那須疏水とくらしの変化

✏ （　）にあてはまる言葉を ▢ から書きましょう。

よみトク！ グラフ

●那須疏水（なすそすい）が完成（かんせい）すると、水がいきわたるようになり、田や畑、①（　　　　　　　　　）が多く開かれた。

●原野の約②（　　　　　　　　）が田や畑になった（やく）。

那須野原（なすのがはら）への移住者（いじゅう）が③（　　　　　　　　）。

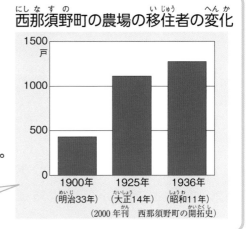

西那須野町（にしなすの）の農場の移住者（いじゅう）の変化（へんか）

1500
戸

1000

500

0
1900年　1925年　1936年
（明治33年）（大正14年）（昭和11年）
（めいじ）（たいしょう）（しょうわ）
（2000年刊 西那須野町の開拓史）（かん）（かいたくし）

●戦争（せんそう）が終わり、人々は残（のこ）っていた原野の④（　　　　　　　　）をはじめた。

◆地下水の流れがわかるようになる。➡疏水からはなれた土地では

⑤（　　　　　　　　）で地下水をくみ上げ、田を開いた。

| 開こん　　牧場（ぼくじょう）　　ふえた　　動力ポンプ　　5分の1 |

---

2 国の総合開発／学習問題の話し合いと紙しばいづくり

✏ （　）にあてはまる言葉を ▢ から書きましょう。

●那須疏水の⑥（　　　　　　　　）は、開発がおくれた。

➡国は、農業用水や飲み水をたくわえ、発電もできる

⑦（　　　　　　　　）をつくることにした。

◆戸田（とだ）と赤田（あかだ）の2か所に⑧（　　　　　　　　）がつくられた。

●那須疏水の二つの水門と用水路などが、2006年に国の

⑨（　　　　　　　　）となる。

➡2018年には⑩（　　　　　　　　）にも登録（とうろく）された。

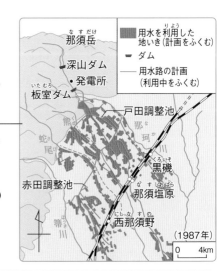

用水を利用した地いき（計画をふくむ）（りよう）
ダム
用水路の計画（利用中をふくむ）

那須岳（なすだけ）
深山ダム
発電所
板室ダム（いたむろ）
戸田調整池
那珂川（なか）（がわ）
熊（くま）
尾（お）
蛇（じゃ）
黒磯（くろいそ）
赤田調整池
那須塩原（なすしおばら）
西那須野（にしなすの）
（1987年）
0　　4km

| 深山ダム（みやま）　日本遺産（にほんいさん）　北側（きたがわ）　調整池（ちょうせいち）　重要文化財（じゅうようぶんかざい） |

しゃかいか工場

栃木県（とちぎ）の那須疏水、福島県（ふくしま）の安積疏水（あさか）、滋賀県（しが）と京都府（きょうとふ）の琵琶湖疏水（びわこ）は日本三大疏水とよばれているよ。

練習のワーク

勉強した日 ▶ 月 日

できた数

／10問中

おわったら
シールを
はろう

教科書 146〜151ページ ｜ 答え 14ページ

1 次の問いに答えましょう。

(1) 次の文のうち、右の**グラフ**について、正しい ものには○を、あやまっているものには×を書 きましょう。

那須地方の田の面積の変化（へんか）

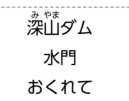

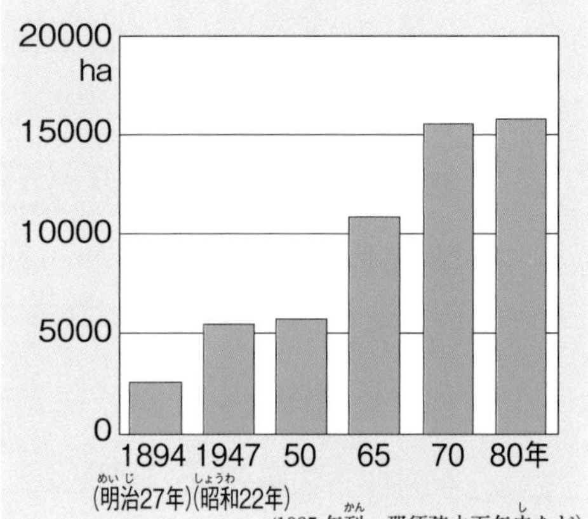

（1985年刊　那須疏水百年史など）

① (　　) 1894年から1947年にかけて、田の面（めん）積（せき）は約（やく）5000ha（ヘクタール）ふえた。

② (　　) 1950年から1970年にかけて、田の面積は約10000haふえた。

③ (　　) 1970年には、田の面積が15000haをこえた。

④ (　　) 1970年から1980年にかけて、田の面積がへった。

(2) 次の文の{　　}にあてはまる言葉に○を書きましょう。

● 水が引けなかった那須疏水（なすそすい）から⑦{　近い　遠い　}場所では、動力ポンプで⑦{　地下水　川の水　}をくみ上げて利用（りよう）できるようになった。

2 次の問いに答えましょう。

(1) 次の文の◻︎にあてはまる言葉を、┌┈┐からそれぞれ選（えら）びましょう。

①(　　　　) ②(　　　　) ③(　　　　)

● 那須疏水の北側（きたがわ）の地いきの開発が ① いたため、国は ② をつくることを決めた。

● 那須疏水の ③ や用水路などが、2006年に重要文化（じゅうようぶんか）財（ざい）となり、2018年には日本遺産（にほんいさん）に登録（とうろく）された。

┌─────────────┐
│ 深山（みやま）ダム │
│ 水門 │
│ おくれて │
└─────────────┘

(2) 次の紙しばいを、できごとのおきた順（じゅん）にならべかえましょう。

(　　　→　　　→　　　→　　　)

⑦　　　　　⑦　　　　　⑦　　　　　⑦

ポイント 那須疏水が完成（かんせい）して、人々の生活は変化した。

まとめのテスト

2　原野に水を引く

とく点

/100点

おわったら
シールを
はろう

時間
20
分

1 那須疏水　次の問いに答えましょう。

1つ5〔35点〕

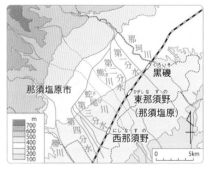

(1) 次の文の{　}にあてはまる言葉に、〇を書きましょう。

　　那須疏水は、**地図**中の①{　栃木　群馬　}県の那須塩原市に引かれている②{　川　用水路　}だが、約150年前、人々がうつり住んだときには、引かれていなかった。

　　那須野原は水もちの③{　よい　悪い　}土地だったので、生活などの水は、④{　近く　遠く　}にある那珂川や箒川まで水をくみに行っていた。

(2) 次の説明にあてはまる言葉を、あとからそれぞれ選びましょう。

①(　　　)　②(　　　)　③(　　　)

① 林やあれた土地から草木や石をのぞいて、田や畑にすること。

② トンネル

③ たがやされていない野原。

　　㋐　原野　　㋑　開こん　　㋒　ずい道　　㋓　石づか

2 国や県へのうったえ　次の問いに答えましょう。

1つ3〔15点〕

(1) 等高線を使って、土地の高さをあらわしている地図を何といいますか。漢字3字で書きましょう。

(　　　　　　)

(2) 次の文を読んで、あとの①〜④の文のうち、正しいものには〇を、あやまっているものには×を書きましょう。

> 　那須野原の開こんを進めた印南丈作と矢板武は、大運河をつくろうとしたが国にみとめられず、飲み水用の水路を通す計画に変えて国に願い出た。完成した水路は洪水などでこわれ、しゅうりに多くの費用がかかったため、疏水の建設を国や県に何回もうったえ、1885年にみとめられた。

①(　　　)飲み水用の水路の計画は、国と県からていあんされた。

②(　　　)疏水をつくるうったえは、1度でみとめられた。

③(　　　)疏水をつくるうったえは、開こんを進めた人たちがおこなった。

④(　　　)飲み水用の水路は、1885年に完成した。

3 工事のくふう 次の問いに答えましょう。　1つ5〔20点〕

(1) 那須疏水は何という川から水を取り入れていますか。　(　　　　)

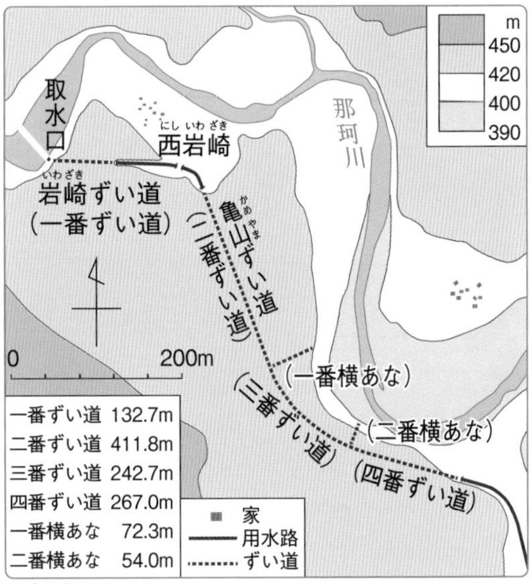

m
450
420
400
390
取水口
西岩崎
那珂川
岩崎ずい道
(一番ずい道)
亀山ずい道
(二番ずい道)
0
200m
(一番横あな)
(三番ずい道)
(二番横あな)
(四番ずい道)
一番ずい道 132.7m
二番ずい道 411.8m
三番ずい道 242.7m
四番ずい道 267.0m
一番横あな 72.3m
二番横あな 54.0m
家
用水路
ずい道

(2) 次の文のうち、**地図**からわかることとして正しいもの２つに○を書きましょう。

㋐(　　　)亀山ずい道には、３つの横あながつくられている。

㋑(　　　)ずい道は石でつくられている。

㋒(　　　)２つのずい道はつながっている。

㋓(　　　)亀山ずい道の長さは約900mである。

[チャレンジ!] (3) ずい道をつくった、石組みをせんもんにする職人のことを、漢字２字で何といいますか。　(　　　　)

4 くらしの変化 次の問いに答えましょう。　1つ6〔30点〕

[思考] (1) 次のことがわかる**資料**を、あとからそれぞれ選びましょう。また、どちらの**資料**からもわからない場合には、×を書きましょう。

① 地下水をくみ上げるポンプの台数は、どのように変化したのかな。(　　　)

② 那須疏水ができて、地いきに住む人の数はどうなったかな。(　　　)

③ 那須疏水ができて、田の面積はふえたのだろうか。(　　　)

あ 田の面積のうつり変わり

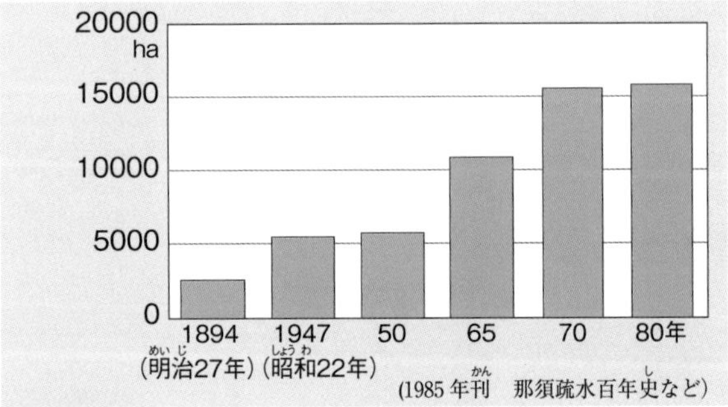

20000
ha
15000
10000
5000
0
1894
(明治27年)
1947
(昭和22年)
50
65
70
80年

(1985年刊　那須疏水百年史など)

い ポンプの台数のうつり変わり

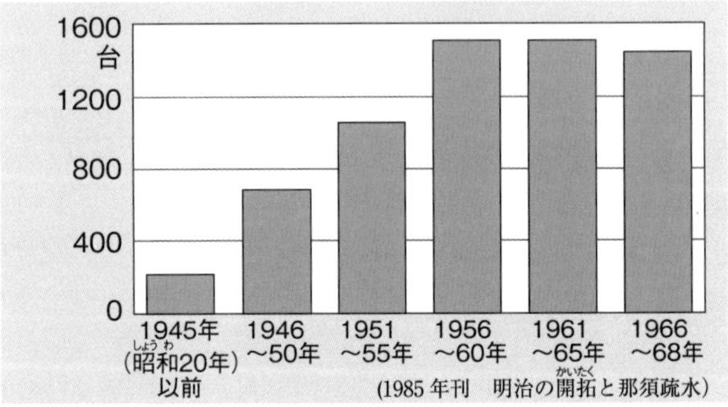

1600
台
1200
800
400
0
1945年
(昭和20年)
以前
1946
～50年
1951
～55年
1956
～60年
1961
～65年
1966
～68年

(1985年刊　明治の開拓と那須疏水)

(2) 深山ダムについて、次の問いに答えましょう。

[記述] ① 深山ダムがつくられたのはなぜですか。「那須疏水」「北側」「開発」の言葉を使ってかんたんに書きましょう。

(　　　　　　　　　　　　　　　　)

② 次の文の□にあてはまる言葉を書きましょう。　(　　　　)

● 深山ダムは農業用水や飲み水をたくわえるほかに、□をする目的でつくられた多目的ダムです。

勉強した日 月 日

村の立て直しにつくす
自然を守る運動

きほんのワーク

もくひょう
村の立て直しや、自然を守る活動についてたしかめよう。

おわったらシールをはろう

教科書 152〜159ページ　答え 15ページ

1 二宮金次郎（尊徳）を知る／村の立て直し

（　）にあてはまる言葉を［　］から書きましょう。

よみトク！資料 ●二宮金次郎（尊徳）の取り組み（一部）

農地や地いきの改善		生活の改善
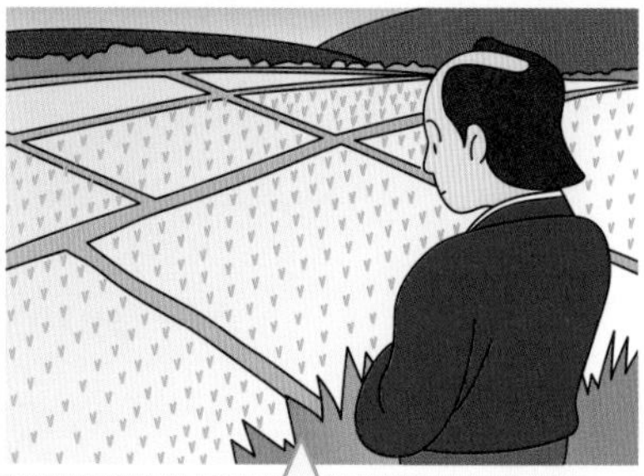	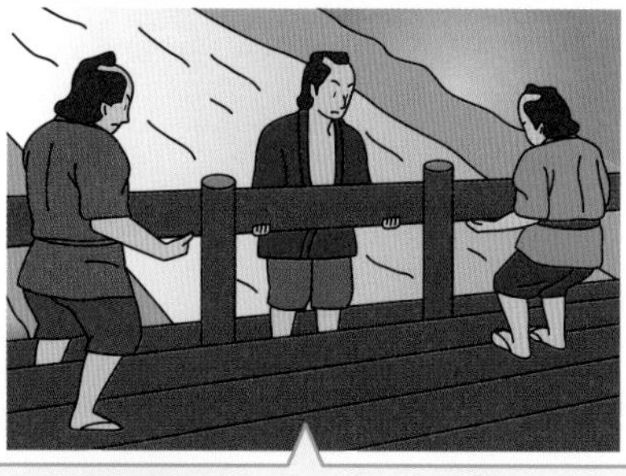	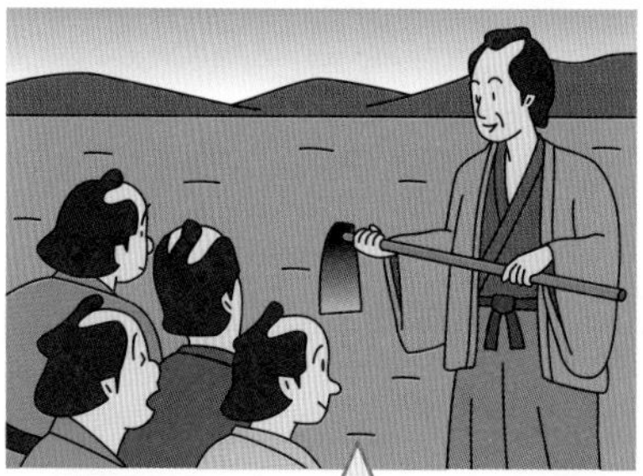
①（　　　）やあれ地などの土地を調べる。	田畑を②（　　　）し、道路・橋などを③（　　　）する。	④（　　　）の救済と働き者の⑤（　　　）。

整備　改修　農地　貧困者　表彰

2 南方熊楠を知る／自然を守る

（　）にあてはまる言葉を［　］から書きましょう。

●南方熊楠は、今の⑥（　　　）に生まれ、19才でアメリカにわたり、世界の国々で変形菌などの⑦（　　　）をしていた。

●1906年、国は一つの町村に神社を一つとする命令を出した。➡神社がこわされ、⑧（　　　）が切られた。

◆熊楠は「人が⑨（　　　）をつくりかえてはならん。」とうったえ、⑩（　　　）をおこした。➡賛成者がふえ、国は命令を取り下げた。

つながるSDGs

15 陸の豊かさも守ろう

森林がへると、そこでくらす動物や植物のすみかがなくなり、水源としての役目もはたせなくなる。森に植物を植えて森林を守る活動を進めている自治体や会社がある。

研究　反対運動　自然　和歌山市　木

しゃかいか工場 二宮金次郎（尊徳）は、605の村を復興させたといわれているよ。さらに江戸時代の末期におこった大きなききんのときは、多くの人を救ったよ。

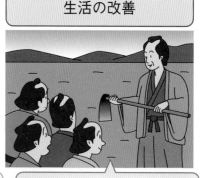

練習のワーク

教科書 152～159ページ　答え 15ページ

できた数 ／9問中

おわったら シールを はろう

1 右の地図を見て、次の問いに答えましょう。

(1) 二宮金次郎が復興に関わったのは、おもにどの地方ですか。

（　　　　　）

金次郎が復興に関わった地いき

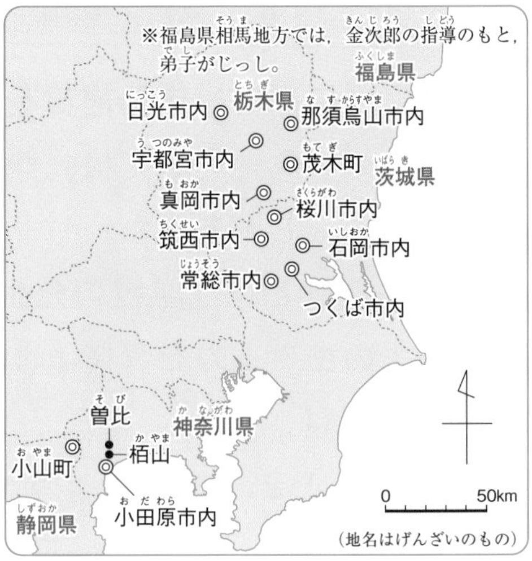
※福島県相馬地方では、金次郎の指導のもと、弟子がじっし。
福島県
日光市内
栃木県
那須烏山市内
宇都宮市内
茂木町
茨城県
真岡市内
桜川市内
筑西市内
石岡市内
常総市内
つくば市内
曽比
神奈川県
栢山
小山町
静岡県
小田原市内
0 50km
（地名はげんざいのもの）

(2) 金次郎が考えた村の立て直しのめあてについて、次の文の□にあてはまる言葉を、あとの□からそれぞれ選びましょう。

①（　　　　　）②（　　　　　）
③（　　　　　）④（　　　　　）

- 戸数や[①]、田畑の[②]や農作物の取れ高を調べること。
- [③]に見合った生活と、農民の助け合いを求めること。
- 村人の生活向上のために、[④]をかしつけること。

面積　資金　収入　人口

2 次の問いに答えましょう。

(1) 右のカードから南方熊楠についてわかることとして正しいものには○を、あやまっているものには×を書きましょう。

①（　　）一生を日本ですごし、海外で研究をすることはなかった。
②（　　）生物の研究で世界的に有名で、新種の発見もしている。
③（　　）南方熊楠が守った自然はげんざいでは見ることはできない。

> 南方熊楠について
>
> 南方熊楠は今の和歌山市で生まれた人物で、19才でアメリカにわたり、世界の国々で研究をしました。特に変形菌という生物の研究で世界的に有名で、日本で新種を発見しています。また、自然を守る運動をおこない、今も残る和歌山城の堀や木々、神島の自然、熊野古道の杉などを守りました。

(2) 南方熊楠が神社をこわすことに反対した理由を、次から選びましょう。（　　）

㋐ 神社にいる神様が、いなくなるから。
㋑ 国が決めたことに、すべて反対しようと考えたから。
㋒ 神社や、そのまわりに残されている自然が、失われるから。

ポイント　金次郎は村を立て直し、熊楠は自然を守った。

勉強した日　月　日

村を育てる教育につくす
医りょうにつくす

きほんのワーク

もくひょう
村を育てる教育や日本で最初の女医についてたしかめよう。

おわったらシールをはろう

教科書 160〜167ページ　答え 16ページ

1 村を育てる教育／義雄の教えが残されているのは

（　）にあてはまる言葉を□から書きましょう。

●兵庫県の但馬地いきでは、ゆたかなくらしを求めて、①（　　　　）人が村を出ていくことがあった。

[SDGs] ◆東井義雄という学校の先生は、村をよくするため、②（　　　　）や村人、先生の生きる力を育てようとした。

●東井先生は、「③（　　　　）」ことのたいせつさを、じゅぎょうや、『土生が丘』という④（　　　　）を通して、子どもたちや村の人たちに伝えた。

子ども　書く　わかい　学級通信

つながるSDGs
豊岡市では、東井義雄の「村を育てる教育」という考え方をもとに、「住み続けられるまちづくり」の実現に向けた取り組みを進めている。
11 住み続けられるまちづくりを

2 日本の女医第一号／北海道でのかつやく

（　）にあてはまる言葉を□から書きましょう。

よみトク！資料

女性の医者は、⑤（　　　　）も、男女を合計した医者の数に対するわりあいもふえている。

●荻野吟子は、日本で最初に女性の⑥（　　　　）になった。

◆当時は⑦（　　　　）しか受けられなかった医者になるための試験を、⑧（　　　　）でも受けられるように国にうったえた。

●結婚して北海道にうつり住み、産婦人科と⑨（　　　　）をかねた医院を開いた。

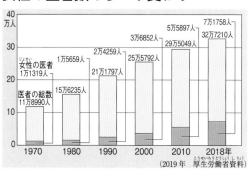

女性の医者数のうつり変わり

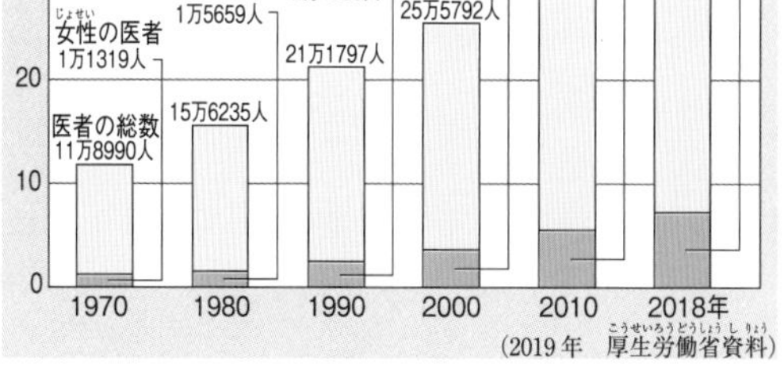

女性　男性　小児科　人数　医者

しゃかいか工場　女性の医師のわりあいは、先進国の平均が49%に対して、日本は22%で、外国にくらべると、わりあいがとても低いんだよ。（2019年）

練習のワーク

教科書 160〜167ページ | 答え 16ページ

1 右の年表を見て、次の問いに答えましょう。

(1) 次の文のうち、**年表**から読み取れること
には〇を、読み取れないことには×を書き
ましょう。

①（　　）義雄は、小学校で教育活動をお
こなっていた。

②（　　）義雄はコウノトリのたまごをあ
たため、ひなを育てた。

③（　　）義雄は全国で講演活動をしてい
た。

④（　　）義雄は、3冊の本を発行した。

(2) 義雄が「書く」ことのたいせつさを伝えるためにおこなった教育を何といいま
すか。**年表**から書きましょう。　　　　　　　　（　　　　　　　　　　　）

東井義雄の年表

年	おもなできごと
1912	東光寺(豊岡市)の長男として生まれる。
1932	姫路師範学校を卒業。豊岡尋常高等小学校に着任。生活つづり方教育をはじめる。
1947	相田小学校(豊岡市)に着任。学級通信『土生が丘』を発行する。
1957	『村を育てる学力』を発行する。
1964	八鹿小学校(養父市)に校長として着任。『培其根』を発行する。
1973	全国で講演活動をおこなう。
1991	豊岡市でなくなる。

2 次の問いに答えましょう。

(1) 右の**グラフ**を見て、次の文の{　　}にあて
はまる数字に〇を書きましょう。

● 1970年の医者の総数は、
①{　11　21　}万人以上である。

● 女性の医者の数は、
②{　2000　2010　}年に5万人をこえた。

● 女性の医者の数は、1970年から2018年の
間で、③{　6　8　}万人以上ふえた。

女性の医者数のうつり変わり

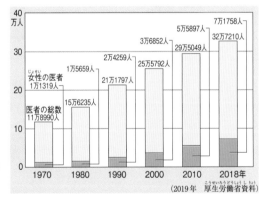

(2019年　厚生労働省資料)

(2) 次の文の□□にあてはまる言葉を、からそれぞれ選びましょう。

①（　　　　　）②（　　　　　）③（　　　　　）④（　　　　　）

● 荻野吟子は、病気にかかって病院に　①　したとき、
日本には　②　の医者が必要だと考えた。

● 吟子は、医師の試験を女性が受けられるように　③
にうったえ続けて、みとめられた。

● 吟子は　④　で産婦人科と小児科の医院を開業した。

| 女性　　男性 |
| 東京都　　国 |
| 北海道　　入院 |

ポイント 地いきや、日本の女性のための活動をした人がいた。

勉強した日 ▶ 　月　　日

1　伝統的な工業がさかんな地いき①

もくひょう 備前市や、備前焼のつくり方について、たしかめよう。

おわったら
シールを
はろう

きほんのワーク

教科書 170〜175ページ　　答え 16ページ

---

1 県内の特色ある地いき／焼き物がさかんな備前市

✎（　　　）にあてはまる言葉を▢から書きましょう。

● ①（　　　　　　　　）県の②（　　　　　　　　）市では、備前焼（ぜんやき）がくらしの一部として親しまれている。

● 岡山（おかやま）県の、雨の③（　　　　　　　　）気候（きこう）が、焼（や）き物を焼いたり、かわかしたりするのにてきしている。

　◆ 備前市のあたりは鉄分を多くふくんだ
　④（　　　　　　　　）（ヒヨセ）がとれる。

備前焼の原料（げんりょう）をとる採土場（さいどじょう）

| 少ない | 岡山 | 土 | 備前 |

岡山県など、瀬戸内海（せとないかい）に面した地いきは、雨が少ないよ。

---

2 備前焼ができるまで

✎（　　　）にあてはまる言葉を▢から書きましょう。

よみトク！ 資料　●備前焼のつくり方

⑤（　　　　　　　）
土のかたさをそろえて、中の空気をぬく。

⑥（　　　　　　　）
手やろくろを使って、作品の形をつくっていく。

⑦（　　　　　　　）
まきを入れて少しずつかまの温度を上げていく。

⑧（　　　　　　　）
約1週間冷（ひ）やしたあと、かまから作品を取り出す。

● 備前焼の作家には⑨（　　　　　　　　）に認定（にんてい）された人もいる。

● 備前焼の作家が少なくなり、伝統的（でんとうてき）な⑩（　　　　　　　　）を
受けつぐ人がいなくなることが心配されている。

長い修業（しゅぎょう）が必要（ひつよう）なんだよ。

| かま出し | 人間国宝（にんげんこくほう） | 形づくり | 技術（ぎじゅつ） | かまたき | 土ねり |

しゃかいか工場　大昔は、外でそのまま焼く野焼きという方法（ほうほう）で焼き物をつくっていた。その後、「かま」を使うようになり、じょうぶな焼き物が焼けるようになったんだ。

練習のワーク

教科書 170～175ページ　答え 16ページ

できた数 ／10問中

おわったらシールをはろう

1 次の問いに答えましょう。

(1) 右の**地図**を見て、次の文の□にあてはまる言葉を書きましょう。

①(　　　　　　)

②(　　　　　　)

● 備前焼を運ぶのに、大きな道があり、[①]に面しているので、交通の便がよい。

● 備前焼について、備前焼[②]会館で調べることができる。

備前焼をつくっているところ

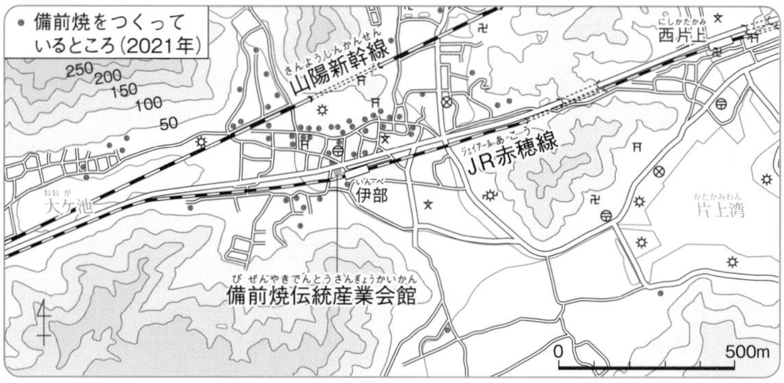

(2) 次の文の{　}にあてはまる言葉に○を書きましょう。

● 備前市は㋐{ 雨　晴れ }が少ない気候で、焼き物を焼くのにてきしていて、原料になる鉄分の㋑{ 少ない　多い }土がとれる。

● 備前焼は㋒{ 日本遺産　世界遺産 }に認定されている。

2 右のカードを見て、次の問いに答えましょう。

(1) **カード**の中の絵にあてはまる作業を、次から選びましょう。(　　)

㋐ かまたき　㋑ 形づくり　㋒ 土ねり

(2) 次の文のうち、右の**カード**からわかることとして正しいものには○を、あやまっているものには×を書きましょう。

①(　　)作品は種類ごとに、機械でまとめてつくられる。

②(　　)備前焼をつくるには、長い修業が必要である。

③(　　)現代の生活と関係のない、伝統的な作品だけをつくり続けている。

備前焼について

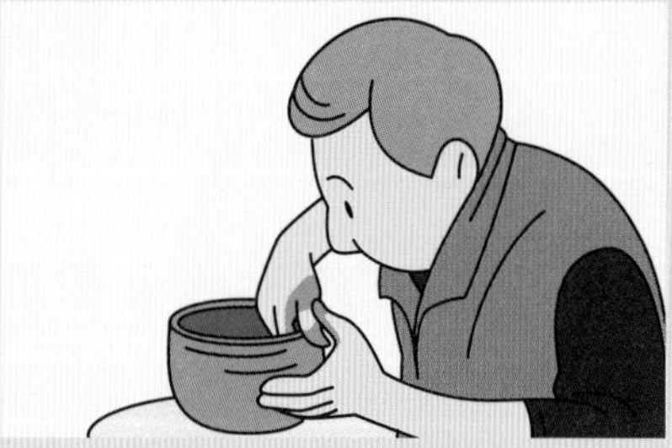

●手作業で一つずつ、ていねいにつくられる。
●長い経験と技術が必要になる。
●現代の生活に合った、新しい備前焼をつくろうとしている。

(3) 「重要無形文化財保持者」として、国が特に重要だとみとめたわざ（技術）をもつ人のことを、何といいますか。(　　　　　)

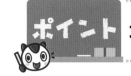

ポイント **地いきの特色を生かして、焼き物がつくられている。**

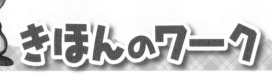

勉強した日 月 日

1 伝統的な工業がさかんな地いき②

もくひょう
備前焼を守り、広める取り組みについてたしかめよう。

おわったらシールをはろう

きほんのワーク

教科書 176～179ページ　答え 17ページ

1 備前焼を守る

（　　）にあてはまる言葉を［　　］から書きましょう。

よみトク！資料

①（　　　　　）作家に、備前焼の技術だけでなく、
②（　　　　　）をたいせつにする心を伝えている。

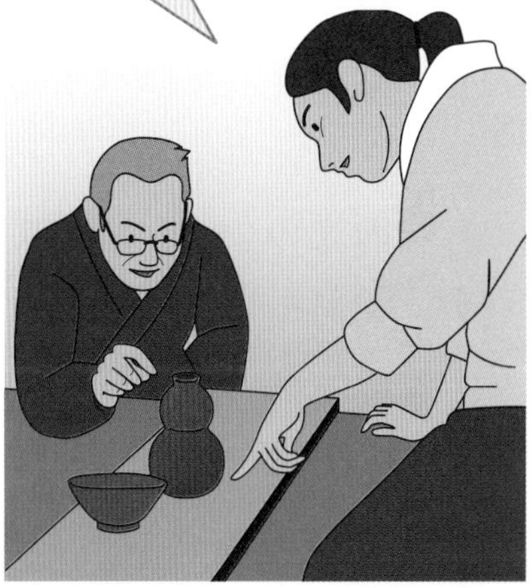

●陶芸③（　　　　　）を開くことや、備前焼のてんらん会を④（　　　　　）でおこなうことで、備前焼のよさを広めている。

●備前市は、「みんなで使おう備前焼条例」という⑤（　　　　　）をつくった。

➡備前焼を守り、広める⑥（　　　　　）を進めている。

［外国　伝統　まちづくり　わかい　体験教室　きまり］

2 備前焼をまちづくりに生かす

（　　）にあてはまる言葉を［　　］から書きましょう。

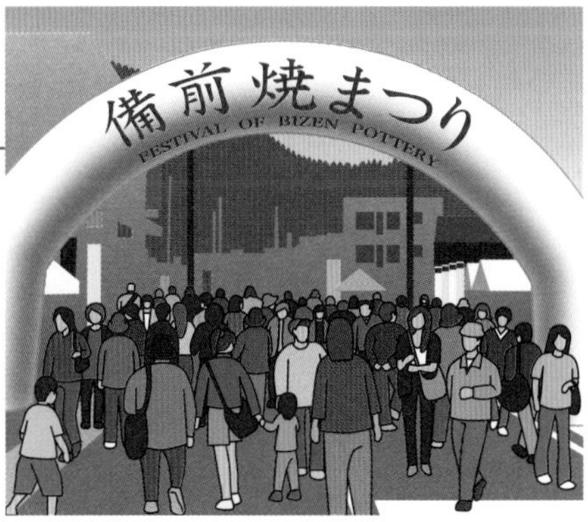

●備前市では、備前焼をさかんにするために、毎年、⑦（　　　　　）を開いている。

●備前陶芸センターというしせつをつくって、備前焼の⑧（　　　　　）を育てている。

●伊部に年間100万人の⑨（　　　　　）をよびこむため、「いんべ100万人プロジェクト委員会」をつくった。

◆毎年７月に「備前焼⑩（　　　　　）」を開いている。

［観光客　備前焼まつり　風鈴まつり　作家］

しゃかいか工場
ほかの焼き物がさかんな市では、岐阜県多治見市が「多治見市美濃焼を使おう条例」、愛知県瀬戸市が「瀬戸焼で暮らしを楽しもう条例」を定めているよ。

練習のワーク

できた数

／9問中

おわったら
シールを
はろう

教科書 176〜179ページ　答え 17ページ

 次の問いに答えましょう。

(1) 次の①〜③の取り組みの**絵**と、その説明を正しく線で結びましょう。

① 　② 　③

・　　　　　　　　・　　　　　　　　・

・　　　　　　　　・　　　　　　　　・

㋐　わかい作家に備前焼（びぜんやき）の技術（ぎじゅつ）を伝（った）える。　㋑　外国で備前焼のてんらん会を開く。　㋒　備前焼の陶芸体験（とうげいたいけん）の教室を開く。

(2) 次の文の{　　}にあてはまる言葉に〇を書きましょう。

● 備前焼は①{　芸術（げいじゅつ）　実用　}品だけでなく、花びんやアクセサリー、マグカップなどもつくられるようになっている。

● 「みんなで使おう備前焼条例（じょうれい）」は②{　岡山県（おかやま）　備前市　}が定めた。

 次の、備前焼とそれをつくる人や地いきなどの取り組みについての話の▭にあてはまる言葉を、▭からそれぞれ選（えら）びましょう。

①(　　　　　　)　②(　　　　　　)

③(　　　　　　)　④(　　　　　　)

備前焼陶友会（びぜんやきとうゆうかい）は、備前焼を買ってくれる人々に　①　の思いを伝えるために備前焼まつりを開き、作家の　②　やけんしゅうのために備前陶芸センターをつくりました。

備前市は、備前焼の作品や、関連（かんれん）した資料（しりょう）をしょうかいするために、備前焼　③　をつくるなど、備前焼を守り、広めるための　④　をしています。

教育　ミュージアム　感謝（かんしゃ）　まちづくり

 **ポイント** 備前焼を守るために、さまざまな取り組みがされている。

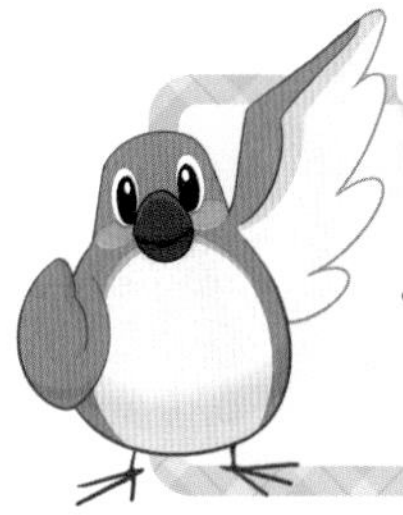

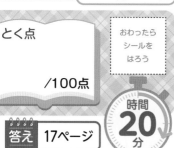

まとめのテスト

1　伝統的な工業がさかんな地いき

とく点　/100点

おわったらシールをはろう

時間20分

教科書　170〜179ページ　答え　17ページ

1 焼き物がさかんな備前市　次の問いに答えましょう。　1つ6〔30点〕

[思考] (1)　次の文のうち、右の**地図**について、正しいものには○を、あやまっているものには×を書きましょう。

備前焼をつくっているところ

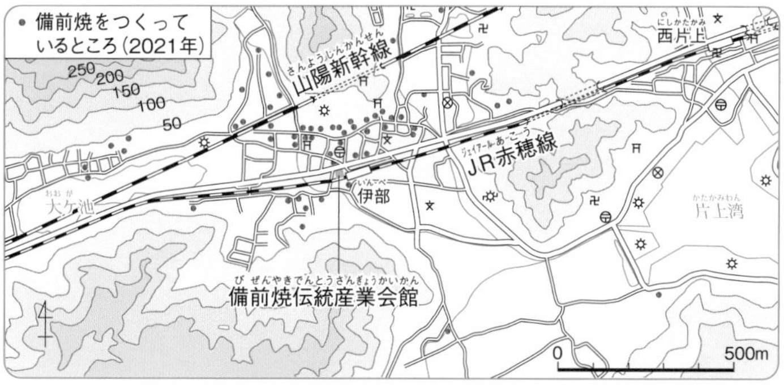

①(　　　)備前焼伝統産業会館は、JR赤穂線の北側にある。

②(　　　)備前焼をつくっているところは、山陽新幹線の線路の北側に多い。

③(　　　)備前焼をつくっているところは、高さが200mのところに多い。

④(　　　)鉄道や道路が少なく、海に面していないので交通の便が悪い。

[チャレンジ!] (2)　備前焼のように、日本の文化や伝統を語るものとして認定されているものを何といいますか。漢字２字で書きましょう。

日本(　　　　　　)

2 備前焼ができるまで　次の問いに答えましょう。　1つ5〔20点〕

[よく出る] (1)　備前焼をつくる作業を正しい順にならべましょう。　(　　→　　→　　→　　)

㋐形づくり

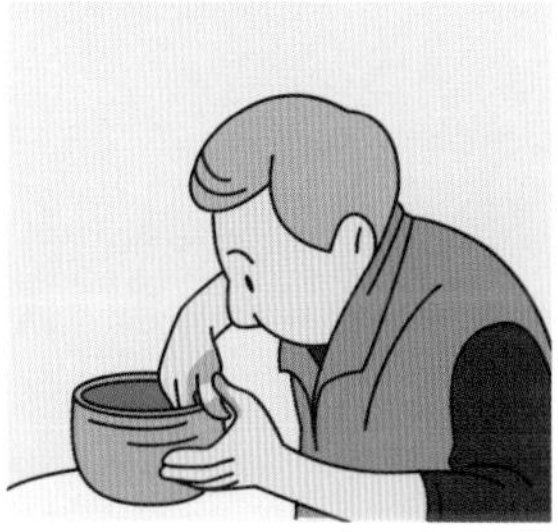

㋑かま出し

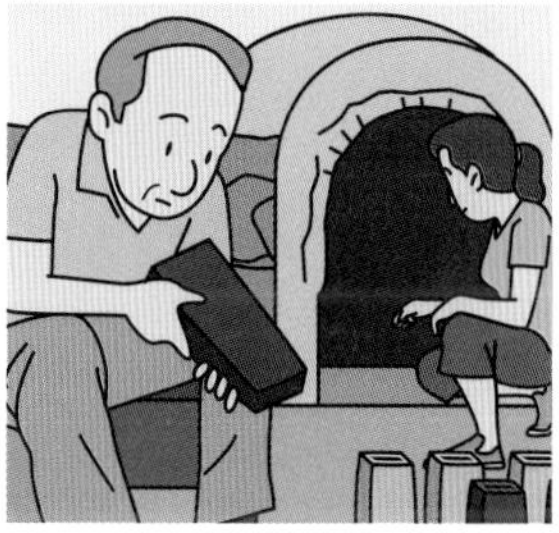

㋒土ねり

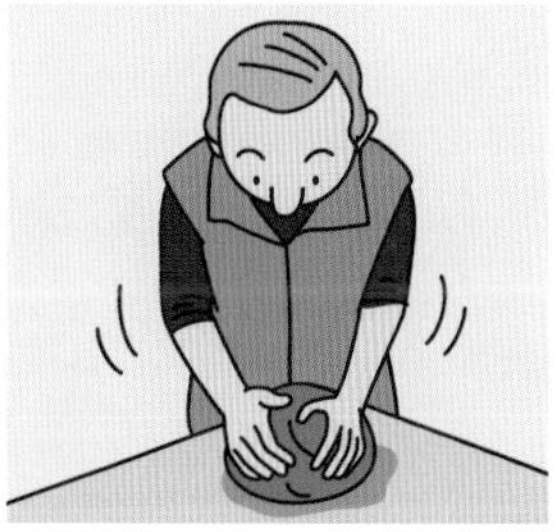

㋓かまたき

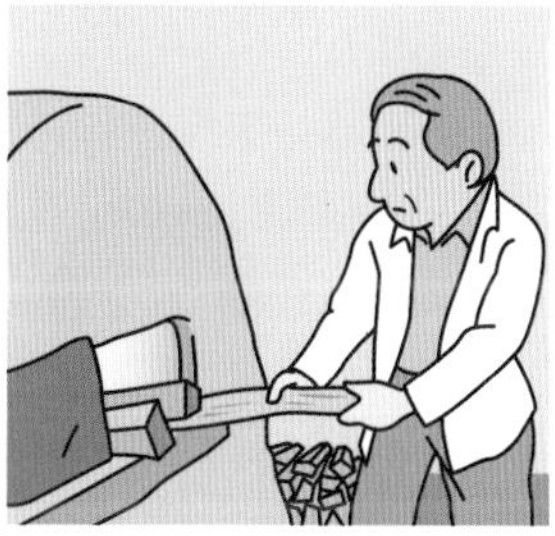

(2)　次の文の{　　}にあてはまる言葉に○を書きましょう。

● 備前焼は①{ 伝統的な　新しい }技術を受けついでつくられるが、最近は、備前焼の作家の数が②{ 多く　少なく }なってきたことが問題になっている。

● 備前焼のすばらしさを伝えるとともに、③{ 昔の　現代の }生活に合わせた備前焼をつくることもたいせつである。

3 備前焼を守る　次の問いに答えましょう。　1つ5〔30点〕

(1) 次の話の[　]にあてはまる言葉を[　]からそれぞれ選びましょう。

①(　　　　) ②(　　　　) ③(　　　　) ④(　　　　)

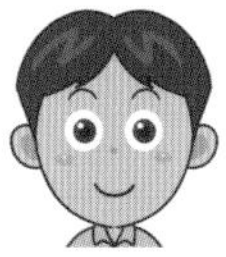

備前焼の伝統を受けつぐ人がいなくならないように、[①]作家に備前焼の[②]を伝える取り組みがおこなわれています。

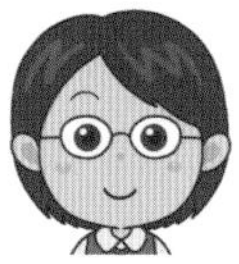

外国で備前焼の[③]をおこなうことで、備前焼を[④]もらういい機会になります。

願い　技術　えらい　わかい　てんらん会　まつり　知って　教えて

(2) 次の文のうち、備前焼についての取り組みの説明として正しいものを、2つ選びましょう。　(　　)(　　)

㋐ 陶芸体験教室を開くことで、わかい作家に備前焼の長い経験や技術を身につけてもらおうとしている。

㋑ 備前焼ミュージアムの前には、若手の備前焼作家と人間国宝の作家が共同でつくった作品が、かざられている。

㋒ 備前市は、備前焼の作家たちが芸術品や置き物以外の作品をつくらないように、きまりをつくった。

㋓ 備前市は、備前焼への理解を深め、広めるために条例を定めた。

4 備前焼をまちづくりに生かす　次の問いに答えましょう。　1つ4〔20点〕

(1) 右の絵について述べた文について、正しいものには○を、あやまっているものには×を書きましょう。

①(　　)㋐の備前焼まつりは、岡山県庁がおこなっている。

②(　　)㋐の備前焼まつりを楽しみに、観光客が備前市をおとずれている。

③(　　)㋑の備前陶芸センターでは、備前焼の作家の教育をおこなっている。

④(　　)㋑の備前陶芸センターでは、岡山県の観光案内をしている。

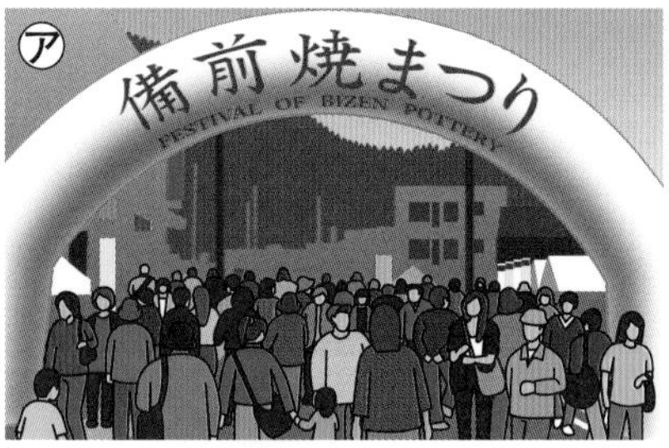

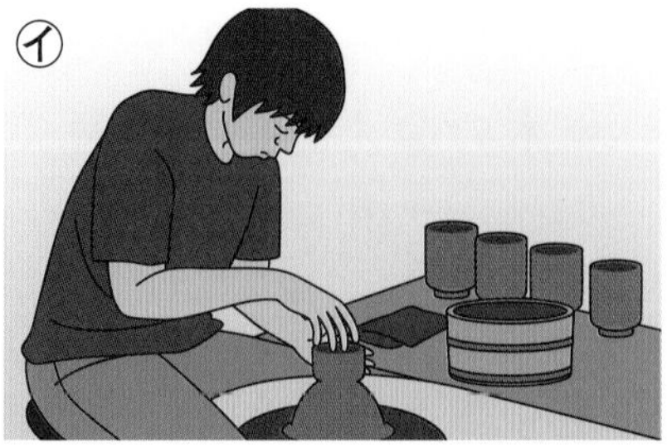

[思考] [記述]

(2) 備前市では、「備前焼まつり」のほかにも、さまざまなまつりが開かれています。その理由を「観光客」の言葉を使ってかんたんに書きましょう。

(　　　　　　　　　　　　　　　　　　　　)

勉強した日 月 日

2 土地の特色を生かした地いき①

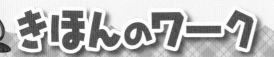

きほんのワーク

もくひょう
真庭市にある蒜山高原についてたしかめよう。

おわったらシールをはろう

教科書 180〜185ページ　答え 18ページ

1 ゆたかな自然が広がる真庭市／自然を生かした特産物や観光地

（　）にあてはまる言葉を□から書きましょう。

●真庭市は岡山県①（　　　　）にある、自然ゆたかな市。

よみトク！グラフ

蒜山高原と岡山市の気温

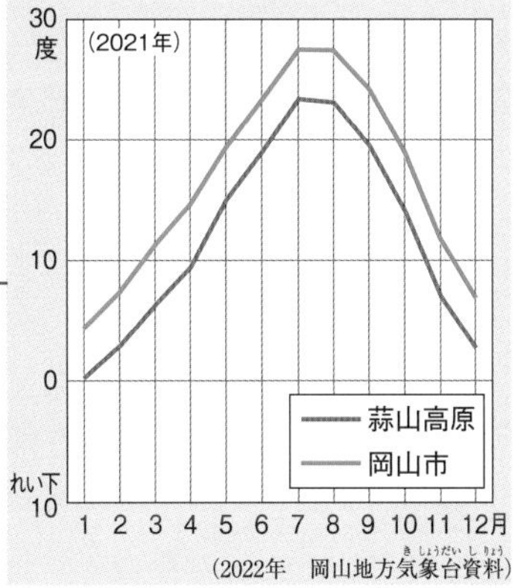
30
度
(2021年)
20
10
0
れい下
10
蒜山高原
岡山市
1 2 3 4 5 6 7 8 9 10 11 12月
(2022年　岡山地方気象台資料)

蒜山高原と岡山市の降水量

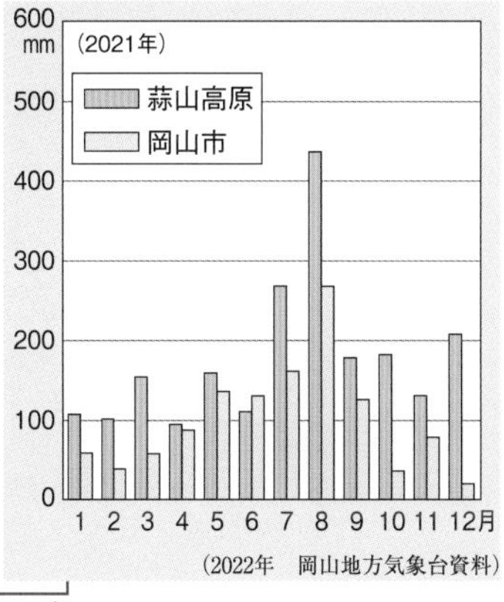
600
mm
(2021年)
500
400
300
200
100
0
蒜山高原
岡山市
1 2 3 4 5 6 7 8 9 10 11 12月
(2022年　岡山地方気象台資料)

●蒜山高原は岡山市とくらべると、1年を通して気温が②（　　　　）。

●蒜山高原は岡山市とくらべると、雨のふる量が③（　　　　）。

➡④（　　　　）の放牧や、キャベツなどの高原野菜のさいばいにてきした気候である。

●季節ごとに開かれる⑤（　　　　）を楽しんだり、「道の駅」に売っている⑥（　　　　）を買ったりするために、多くの観光客がおとずれる。

ジャージー牛　特産物　北部　イベント　多い　低い

2 森林を生かす取り組み

（　）にあてはまる言葉を□から書きましょう。

●真庭市では、100年ほど前から⑦（　　　　）がはじめられ、杉やひのきを育てている。

[SDGs] ◆木のなえを植えて育て、森林を手入れして育った木を切って⑧（　　　　）に加工している。

[SDGs] ●木くずを⑨（　　　　）に変えて、⑩（　　　　）発電所で利用している。

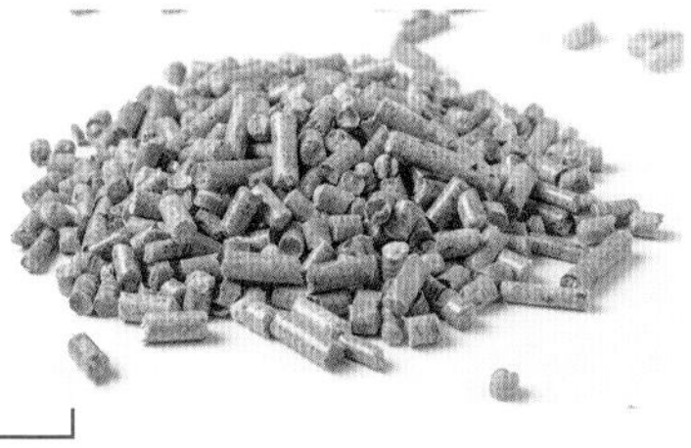

バイオマス　ペレット　木材　林業

つながるSDGs

15 陸の豊かさも守ろう

森林が多い真庭市は、バイオマス発電をおこなうことで森林を生かす取り組みを進めている。森林を育てて守り、資源として利用する持続可能な産業をめざしている。

しゃかいか工場

蒜山高原は、高さ500〜600mくらいのところにあり、平野にある岡山市にくらべると、1年を通して気温が低いよ。また、冬には雪が多くふるよ。

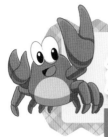

練習のワーク

教科書 180〜185ページ　答え 18ページ

できた数 ／12問中　おわったら シールを はろう

1 次の問いに答えましょう。

(1) 右のグラフを見て、気温についての説明として正しいもの2つに○を書きましょう。

蒜山高原と岡山市の気温

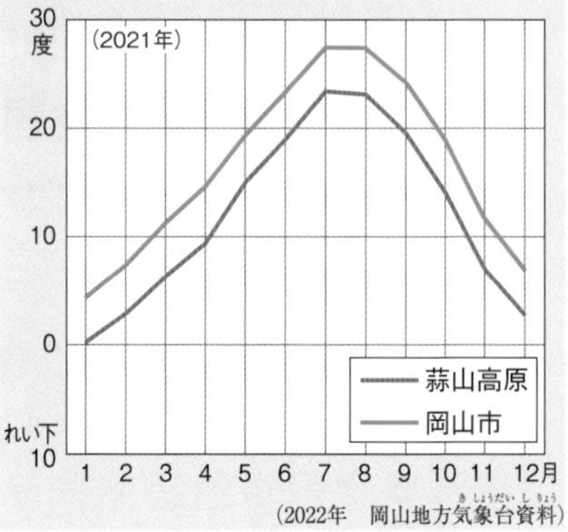

㋐(　　)蒜山高原の気温は、冬の間は岡山市よりも高くなる。

㋑(　　)蒜山高原の気温は、1年を通して岡山市の気温よりも低い。

㋒(　　)岡山市の気温は、夏に蒜山高原より10度以上高くなる月がある。

㋓(　　)蒜山高原と岡山市の気温が、10度以上ちがっている月はない。

(2) 次の話の□にあてはまる言葉を⬚からそれぞれ選びましょう。

①(　　)　②(　　)　③(　　)　④(　　)

蒜山高原のジャージー牛が出す［①］や、それを加工した［②］、すずしい気候を利用したキャベツなどの［③］が特産物です。キャンプやスキーなどの［④］を楽しむために来る人も多くいます。

乳製品
レジャー
高原野菜
牛乳

2 次の問いに答えましょう。

(1) 次の文の{　}にあてはまる数字に○を書きましょう。

- 真庭市の面積のおよそ5分の①{　2　4　}を森林がしめている。
- 木のなえを植えて②{　20〜30　50〜60　}年かけて木を育て、板や柱にできる大きさになると切り出している。

(2) 右の資料の真庭バイオマス発電所について、正しいものには○を、あやまっているものには×を書きましょう。

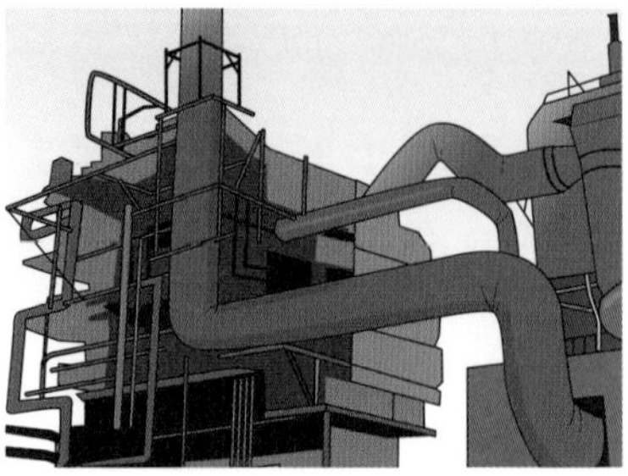

㋐(　　)林業で出た木くずをもやして発電する。

㋑(　　)真庭市と工場、森林組合などがつくった。

㋒(　　)木くずをもやしてから発電するまでに、何年もかかる。

㋓(　　)石炭をもやして発電している。

ポイント 真庭市の自然が特産物や林業に生かされている。

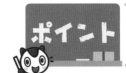

勉強した日　月　日

2 土地の特色を生かした地いき②
土地の文化財を生かした地いき

もくひょう
自然を生かしたまちづくりや文化財を生かす取り組みをたしかめよう。

おわったらシールをはろう

きほんのワーク

教科書 186～191ページ　答え 18ページ

1 自然を生かしたまちづくりを続けるために

（　　）にあてはまる言葉を□から書きましょう。

よみトク！SDGs

森林組合は、緑の①（　　　　）を子どもたちに伝える取り組みをしている。

●真庭市の市役所や会社は、②（　　　　）の考え方にそったまちづくりに取り組んでいる。
◆木材加工会社は、すてるしかなかった木から、CLTという新しい③（　　　　）をつくっている。
◆真庭市では④（　　　　）がおこなわれている。

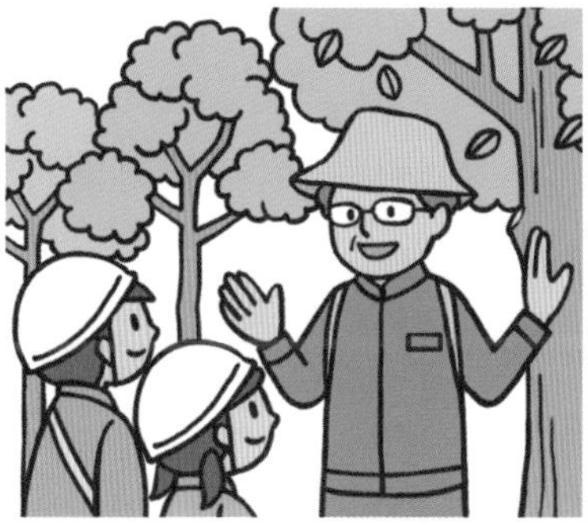

木材　バイオマスツアー　たいせつさ　SDGs

2 桃太郎のまち　岡山市／「桃太郎」で岡山を元気に

（　　）にあてはまる言葉を□から書きましょう。

●吉備津神社は、⑤（　　　　）とされる温羅をたいじした大吉備津彦命をまつっている。
◆吉備津彦の物語が「『桃太郎伝説』の生まれたまち岡山」として⑥（　　　　）に認定された。
●吉備の中山の保全のために、地いきの人々が⑦（　　　　）活動をおこなっている。
●観光ガイド養成講座を受けた、⑧（　　　　）の観光ガイドがいる。
●「温羅」をモチーフにしたけしょうをしておどる⑨（　　　　）（おかやま桃太郎まつり）がおこなわれている。

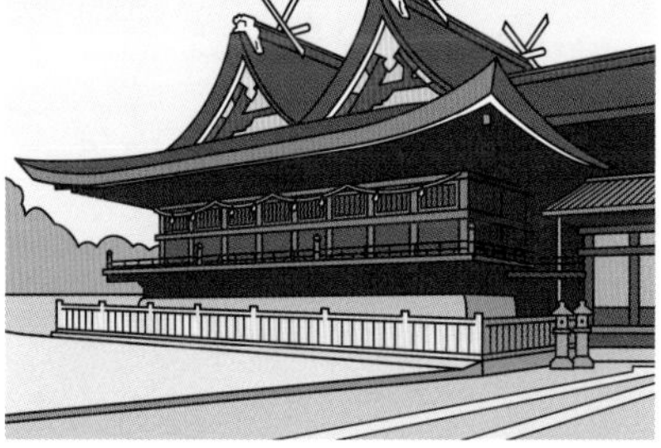

せいそう　うらじゃ　鬼　日本遺産　ボランティア

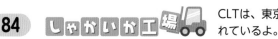

しゃかいか工場　CLTは、東京の国立競技場の選手更衣室のロッカーや休憩スペースのベンチなどにも使われているよ。

練習のワーク

教科書 186～191ページ　答え 18ページ

できた数　／10問中

おわったらシールをはろう

1 次の問いに答えましょう。

(1) 次の**資料**が示す取り組みと、取り組みの説明を線で結びましょう。

①
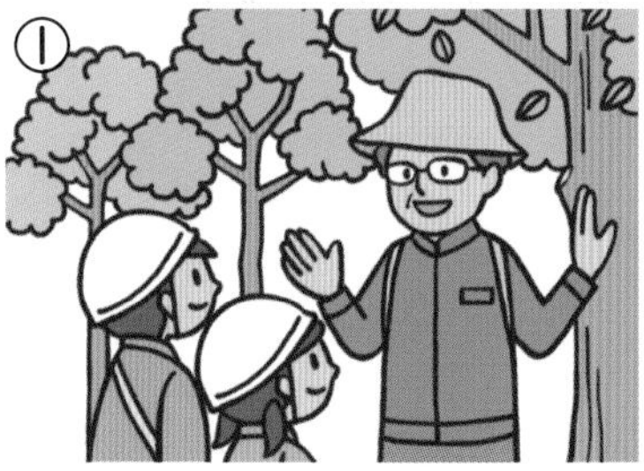

②
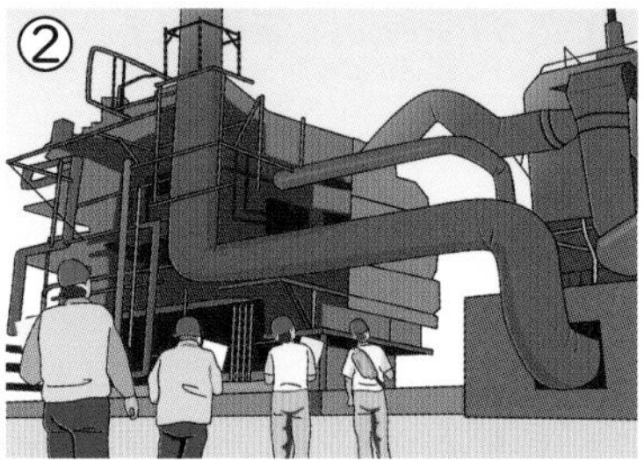

③
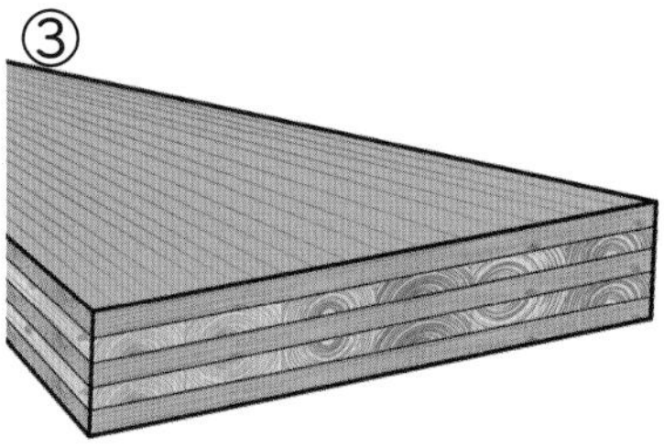

㋐ バイオマス発電所の見学を案内している。

㋑ 子どもたちに緑のたいせつさを伝えている。

㋒ すてていた木から新しい木材をつくっている。

(2) 次の話の［　］にあてはまる言葉を、［　］からそれぞれ選びましょう。

①(　　　) ②(　　　) ③(　　　) ④(　　　)

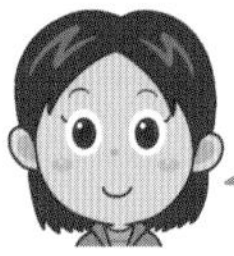

蒜山高原の地形や［①］の特色を生かして、乳製品やだいこんなどの［②］がつくられています。

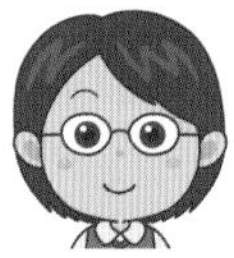

真庭市の［③］や、市内の会社やしせつなどが協力し、SDGsの考え方にそった［④］に取り組んでいます。

観光　まちづくり　気候　市役所　特産物

2 次の文の{　}にあてはまる言葉に○を書きましょう。

● 岡山に伝わる「吉備津彦と温羅」の物語が「①{ 桃太郎　浦島太郎 }」のもとになったといわれている。

● 「吉備津彦と温羅」をもとにしたストーリーが、②{ 国宝　日本遺産 }に認定された。

● 岡山市の③{ 市役所　地いき }の人が、ボランティアとして観光ガイドになり、観光客の案内をしている。

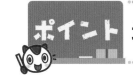

ポイント **地いきの自然や文化財を、守りながら生かしている。**

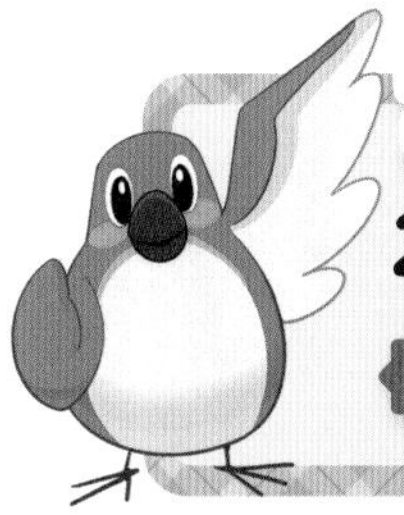

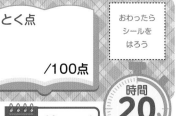

まとめのテスト

2 土地の特色を生かした地いき
土地の文化財を生かした地いき

とく点 /100点

おわったらシールをはろう

時間 20分

教科書 180〜191ページ　答え 19ページ

1 真庭市の自然を生かす **次の問いに答えましょう。** 1つ5〔30点〕

よく出る

(1) 右の**グラフ**を見て、次の文の□にあてはまる言葉を⬚からそれぞれ選びましょう。

①(　　　　)　②(　　　　)
③(　　　　)

● 蒜山高原は、岡山市よりも気温が[①]。このような気候を利用して、キャベツなどの[②]をつくることや、乳牛を放牧して牛乳をとる[③]がおこなわれている。

蒜山高原と岡山市の気温

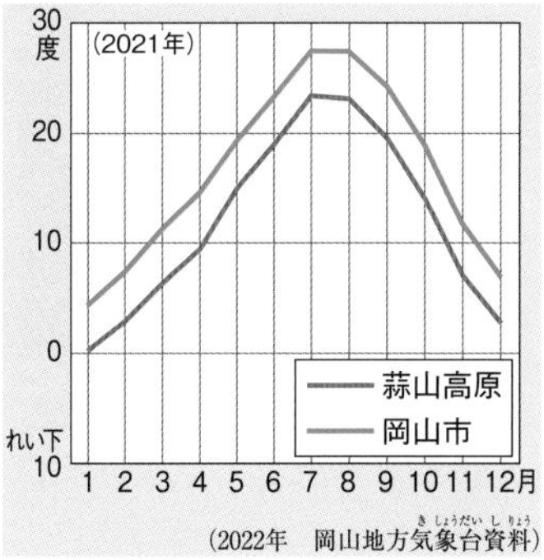

(2022年　岡山地方気象台資料)

高原野菜　なす　畑作　らく農　高い　低い

思考

(2) 右の**資料**は、岡山県のおもな観光地をおとずれた観光客数を示しています。次の文にあてはまる地いきや数を、あとからそれぞれ選びましょう。

①(　　)　②(　　)　③(　　)

① 観光客がいちばん多い観光地。
② 蒜山高原の観光客数の順位。
③ 美作・湯郷温泉をおとずれた観光客数。

㋐ 玉野・渋川　㋑ 倉敷美観地区
㋒ 2位　㋓ 3位
㋔ 82万人　㋕ 132万人

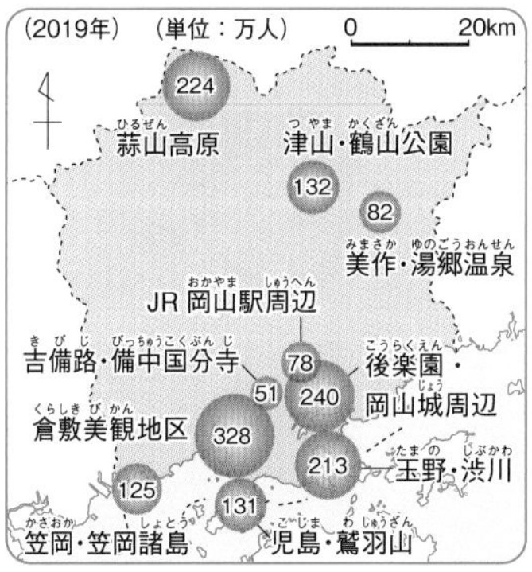

(2021年　岡山県庁資料)

2 真庭市の産業や取り組み **次の問いに答えましょう。** 1つ5〔20点〕

(1) 真庭市でおこなわれている取り組みの説明として、正しいものには○を、あやまっているものには×を書きましょう。

①(　　)こどもたちが、緑のたいせつさを森林組合にうったえている。
②(　　)すてていた木を原料にして、新しい木材をつくっている。
③(　　)観光客をよぶため、森林を切りはらって公園をつくっている。

記述

(2) バイオマス発電がSDGsの考え方にそっている理由を、「木くず」という言葉を使ってかんたんに書きましょう。

(　　　　　　　　　　　　　　　　　　　　)

3 桃太郎のまち岡山市 次の問いに答えましょう。 1つ6〔30点〕

(1) 次の文の□□にあてはまる言葉を⌈⌉からそれぞれ選びましょう。

①（ 　　　　　 ） ②（ 　　　　　 ）

● 岡山市には、昔話の「桃太郎」のもととなった、「 ① と温羅」の物語が伝えられている。この物語をもとにしたストーリーは、2018年に ② 遺産に認定された。

```
世界
日本
金太郎
（きんたろう）
吉備津彦
（きびつひこ）
```

(2) 次の**絵**から、あとの文の説明にあてはまるものをそれぞれ選びましょう。

⑦ 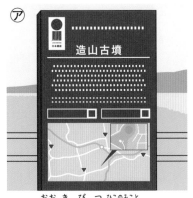　⑦ 　⑦

① 大吉備津彦命（おおきびつひこのみこと）のものとされるおはかがある山を保全（ほぜん）している。 （ 　　 ）

② 桃太郎のもとになったとされる人物がまつられている。 （ 　　 ）

③ 文化財（ぶんかざい）と「桃太郎伝説（でんせつ）」の関わり（かかわり）を説明している。 （ 　　 ）

4 岡山を元気に 次の問いに答えましょう。 1つ5〔20点〕

(1) 次の話の□□にあてはまる言葉を⌈⌉からそれぞれ選びましょう。

①（ 　　　　　 ） ②（ 　　　　　 ）

岡山市では、市でおこなわれる養成講座（ようせいこうざ）を受けた地いきの人たちが、観光 ① のボランティアをしています。

岡山駅の構内（こうない）に、岡山市 ② 観光センターがあり、「桃太郎伝説」に関係（かんけい）したパンフレットなどが配られています。

```
ももたろう　　金太郎　　ガイド　　クイズ
```

(2) 岡山市と「桃太郎」のつながりについての正しい説明を、次から2つ選びましょう。 （ 　　 ）（ 　　 ）

⑦ おかやま桃太郎まつりは、岡山市の市民（しみん）だけが参加（さんか）している。

⑦ 地いきの人が協力（きょうりょく）して、「桃太郎伝説」をたいせつに守ろうとしている。

⑦ 「桃太郎伝説」を「守る」ことができれば、「生かす」ことは必要ない。

⑦ 岡山市には、「桃太郎」を生かした取り組みがたくさんある。

5 わたしたちの住んでいる県

3 世界とつながる地いき①

きほんのワーク

教科書 192〜195ページ　答え 19ページ

もくひょう
倉敷市に来る外国人観光客や住んでいる外国の人についてたしかめよう。

おわったらシールをはろう

1 外国の人が多くくらす倉敷市

✎ ( )にあてはまる言葉を ☐ から書きましょう。

●倉敷市（くらしき）では、①( )の人をたくさん見ることができる。

●倉敷市には、外国から多くの②( )がおとずれている。

　◆2014年から2018年の間は、外国人観光客（かんこうきゃく）の宿泊者数（しゅくはくしゃ）が
　③( )いる。

　◆グラフでは2014年が最も（もっと）④( )。

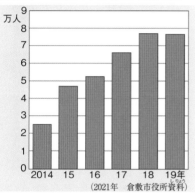
倉敷市に宿泊した外国人観光客
（2021年　倉敷市役所資料）

観光客　　少ない　　ふえて　　外国

2 外国の人がかつやくできるまちづくり

✎ ( )にあてはまる言葉を ☐ から書きましょう。

よみトク！グラフ

●倉敷市の⑤( )で働（はたら）いている外国の人や、⑥( )に留学（りゅうがく）して学んでいる外国の人がいる。

　◆大学には、⑦( )やベトナムなど、いろいろな国の留学生がいる。

　◆大学では日本の⑧( )にふれる体（たい）験（けん）活動がおこなわれている。

　◆留学生たちは、日本で⑨( )、あるいは、日本で⑩( )ことを母国で生かしたいと考えている。

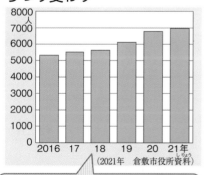
倉敷市に住む外国の人の数のうつり変わり
（2021年　倉敷市役所資料）

倉敷市に住む外国の人は、⑪( )いる。

中国（ちゅうごく）　学んだ　文化　ふえて　大学　工場　働きたい

しゃかいか工場　岡山県（おかやま）の市のうち、住んでいる外国の人が最も（もっと）多いのは岡山市で、倉敷市の2倍以上（ばいいじょう）の約（やく）1万4千人の外国の人が住んでいるよ。

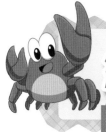

練習のワーク

教科書 192～195ページ　答え 19ページ

できた数　／10問中

おわったらシールをはろう

1 右のグラフを見て、正しいもの２つに○を書きましょう。

㋐(　　)外国人観光客の数は、2014年から2018年の間ふえている。

㋑(　　)2014年から2015年の間に、外国人観光客の数がいちばん多くふえている。

㋒(　　)外国人観光客の数は、2017年が最も多い。

㋓(　　)外国人観光客の数は、**グラフ**のすべての時期でふえている。

倉敷市に宿泊した外国人観光客

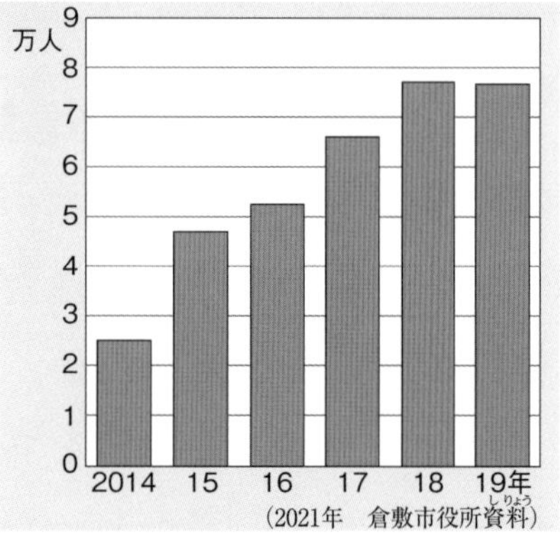

(2021年　倉敷市役所資料)

2 次の問いに答えましょう。

(1) 右の**表**について述べた、次の文の□にあてはまる言葉や数字を[　]からそれぞれ選びましょう。

①(　　)　②(　　)

③(　　)　④(　　)

● 岡山県に住む外国の人は[①]の人が最も多く、約[②]人が住んでいる。

● ２番目に多いのは[③]の人で、[④]人以上の人が住んでいる。

中国　ベトナム　７千　１万

岡山県に住む外国の人の数

国名	人数(人)
ベトナム	10368
中国	7406
大韓民国	4610
フィリピン	2021
インドネシア	1398
その他	5510
合計	31313

(2020年　岡山県庁資料)

(2) 次の話の□にあてはまる言葉をあとからそれぞれ選びましょう。

①(　　)　②(　　)　③(　　)　④(　　)

外国から来て、倉敷市の工場で[①]いる人や、大学に[②]して学んでいる人がいます。

大学では、[③]にふれる体験活動をおこなっています。留学生の中には日本で学んだことを[④]で生かして、かつやくすることを目標としている人もいます。

㋐ 留学　㋑ 母国　㋒ 働いて　㋓ 日本文化

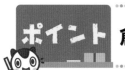

ポイント 倉敷市には、さまざまな外国の人が住んでいる。

勉強した日 月 日

3 世界とつながる地いき②

もくひょう
国際交流や岡山県の特色についてたしかめよう。

おわったらシールをはろう

きほんのワーク

教科書 196～201ページ　答え 19ページ

1 くらしのなかでの国際交流

（　　）にあてはまる言葉を□から書きましょう。

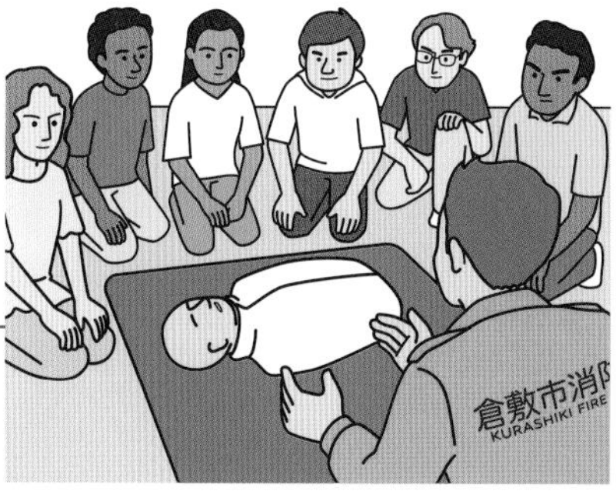

●大学は、留学生に日本の生活の①（　　　　　）やマナーを知るための講習会をおこなっている。

●日本は災害が多いため、大学で救命救急講習や②（　　　　　）をおこなっている。

●留学生は、災害があったときには③（　　　　　）として参加している。また、倉敷市のよさを世界に発信もしている。

●倉敷市観光課は、おたがいの国を理解し合う④（　　　　　）をめざしている。

ボランティア　多文化共生　ルール　防災訓練

2 市役所のはたらき／岡山県の特色

（　　）にあてはまる言葉を□から書きましょう。

よみトク！ 地図

●倉敷市の工場は、自動車や鉄こうの原料を外国から⑥（　　　　　）し、製品は外国へ⑦（　　　　　）している。

●オーストラリアや中国など、どの国にも⑧（　　　　　）がある。

倉敷市は、四つの外国のまちと⑤（　　　　　）の関係を結んでいる。

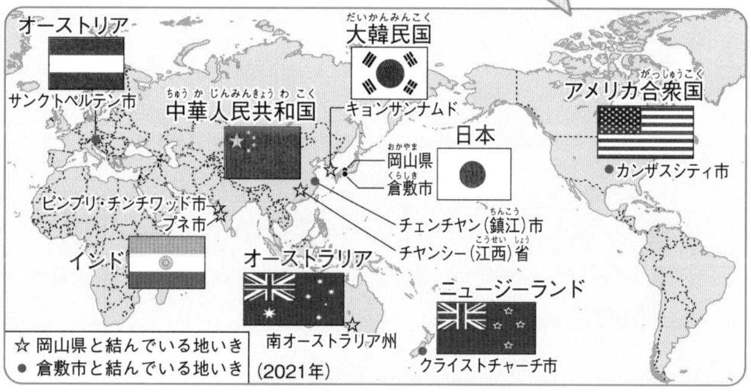

●約1000年前から続く特産物の⑨（　　　　　）を守る必要がある。

●真庭市では、森林が生み出す⑩（　　　　　）を利用する取り組みがおこなわれ、地いきの特色が生かされていた。

輸出　備前焼　輸入　姉妹友好都市　バイオマス　国旗

しゃかい工場 インターネットを使って世界の人と交流することができるサービスを、SNS（ソーシャルネットワーキングサービス）というよ。

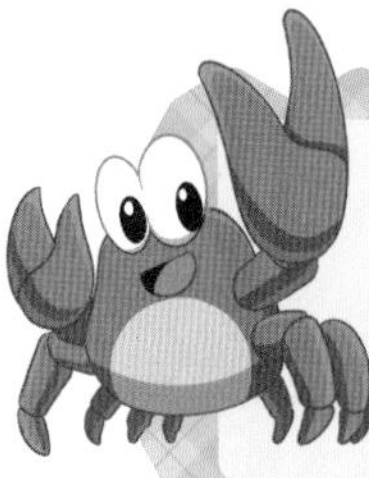

練習のワーク

教科書 196〜201ページ　答え 19ページ

できた数　／11問中

おわったら シールを はろう

1 次の問いに答えましょう。

(1) 次の**絵**と、あてはまる文を正しく線で結びましょう。

①
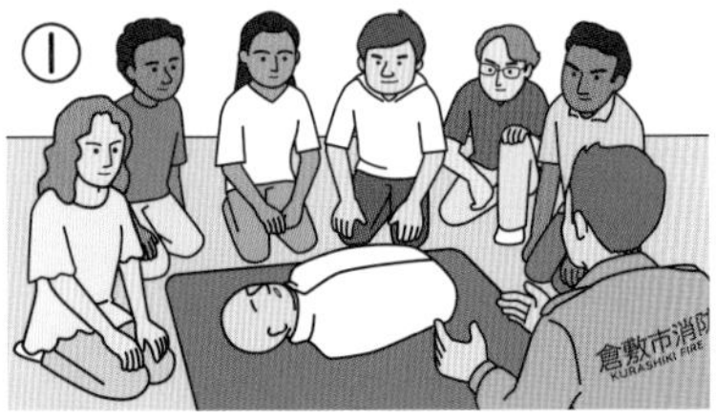

②
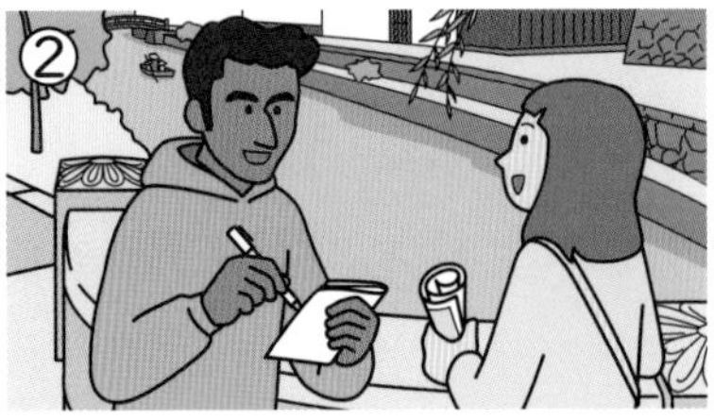

③
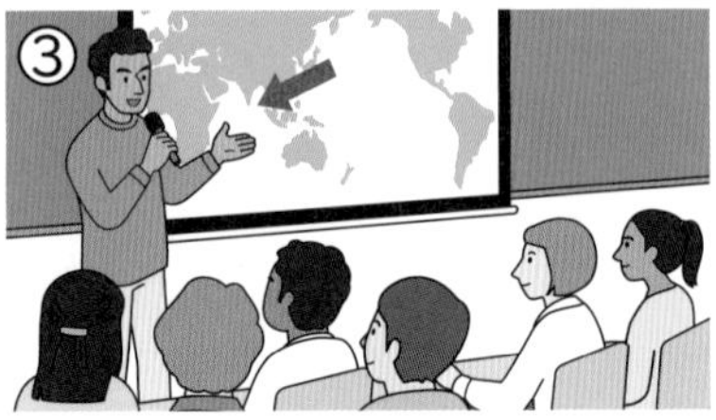

・　・　・

・　・　・

㋐ 留学生むけに救命救急講習を開いている。

㋑ 留学生が自国の文化をしょうかいしている。

㋒ 留学生が観光客にインタビューをしている。

(2) 次の文の{　}にあてはまる言葉に○を書きましょう。

● 日本人と外国の人がたがいの文化を理解し、{ いっしょ　べつべつ }にくらしていくことを多文化共生といいます。

2 右の地図を見て、次の問いに答えましょう。

岡山県と倉敷市が姉妹友好都市の関係を結んでいる地いき

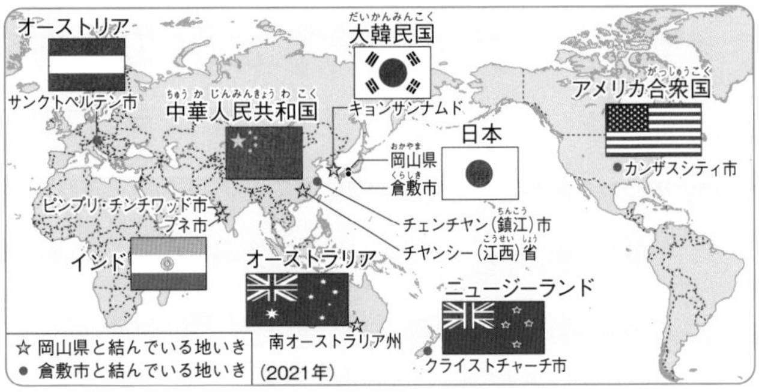

(1) **地図**から読み取れることとして正しいものには○を、あやまっているものには×を書きましょう。

㋐(　　) 倉敷市の姉妹友好都市は四つある。

㋑(　　) 岡山県の姉妹友好都市は三つある。

㋒(　　) 倉敷市はオーストラリアの地いきと姉妹友好都市の関係を結んでいる。

㋓(　　) 岡山県はインドの地いきと姉妹友好都市の関係を結んでいる。

(2) 次の国旗の国名を書きましょう。

①(　　　　)　②(　　　　)　③(　　　　)

①
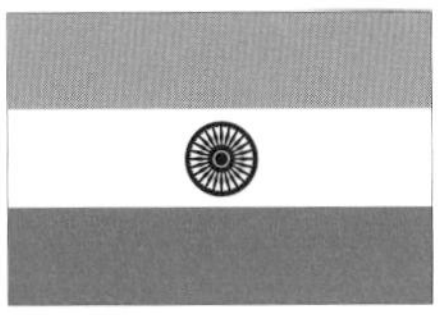

②
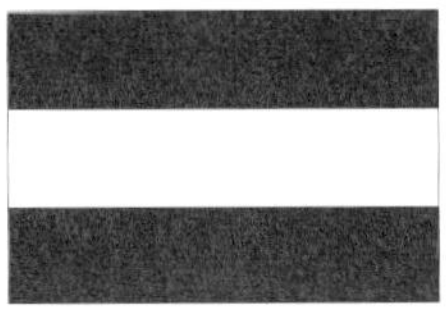

③
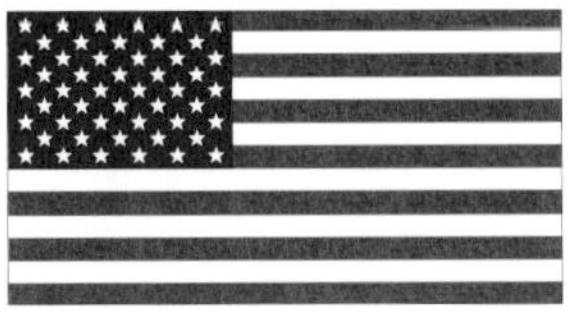

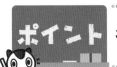

ポイント 多文化共生をめざした取り組みがおこなわれている。

勉強した日 月 日

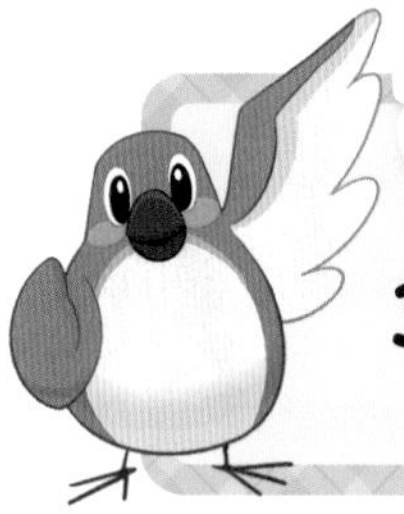

まとめのテスト

3 世界とつながる地いき

とく点 /100点

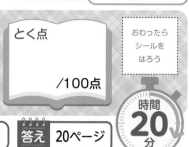

おわったらシールをはろう

時間 20分

教科書 192〜201ページ　答え 20ページ

1 外国の人とまちづくり 次の問いに答えましょう。

1つ5〔30点〕

よく出る

(1) 右の**グラフ**を見て、正しいものには○を、あやまっているものには×を書きましょう。

㋐(　　　)2018年は、前の年よりも外国の人の数がへっている。

㋑(　　　)外国の人の数が最も多いのは、2021年である。

㋒(　　　)外国の人の数が1年でいちばん多くふえたのは、2019年から2020年である。

㋓(　　　)2016年から2019年までは、外国の人の数がへっている。

倉敷市に住む外国の人の数のうつり変わり

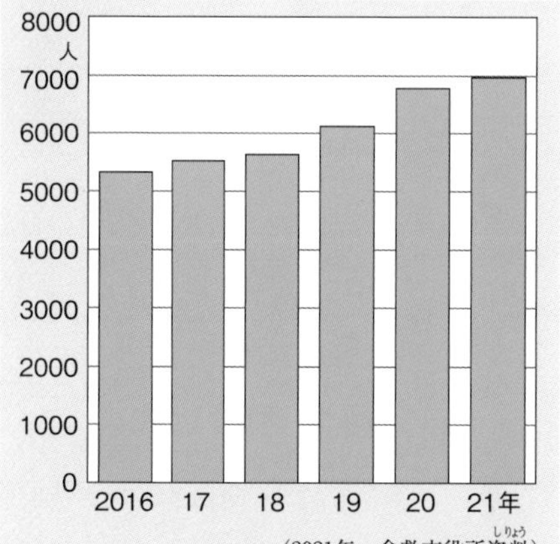

(2021年　倉敷市役所資料)

(2) 次の文の□にあてはまる言葉を、それぞれ漢字2字で書きましょう。

①(　　　　　　)　②(　　　　　　)

● 倉敷市に住む外国の人は、[①]で働いたり、留学生として[②]で学んだりしています。

2 国際交流の取り組み 次の問いに答えましょう。

1つ4〔20点〕

(1) 次の文の{　　}にあてはまる言葉に○を書きましょう。

● 日本は①{ 災害　人口 }が多いので、留学生むけに、②{ ボランティア　救命救急 }講習をおこなっている。

● 留学生は、倉敷市のよさをインターネットから発信し、外国人③{ 観光客　移住者 }をふやす取り組みに協力している。

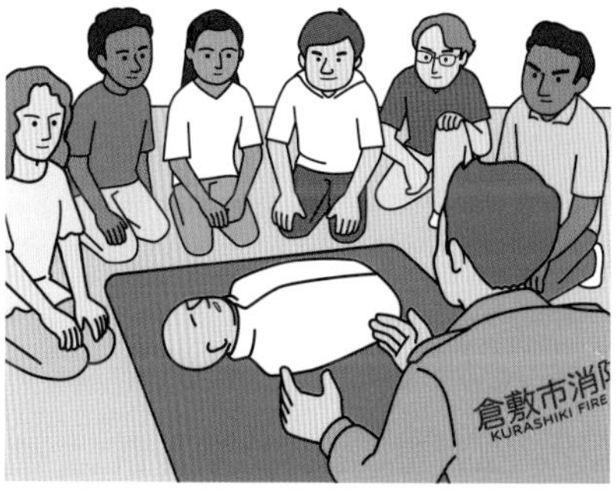

チャレンジ!

(2) 日本と外国の人が、おたがいの文化を理解しながらいっしょにくらしていくことを何といいますか。漢字5字で書きましょう。(　　　　　　)

思考

(3) (2)のための取り組みとしてあてはまるものを選びましょう。(　　)

㋐ 夏にすずしい気候を生かして高原野菜をつくる。

㋑ すてていた木を新しい材木につくりかえる。

㋒ 日本でくらすためのルールやマナーを伝える。

3 市役所のはたらき 右の地図を見て、次の問いに答えましょう。

1つ5〔30点〕

[思考] (1) 姉妹友好都市について、正しいものの2つに○を書きましょう。

岡山県と倉敷市が姉妹友好都市の関係を結んでいる地いき

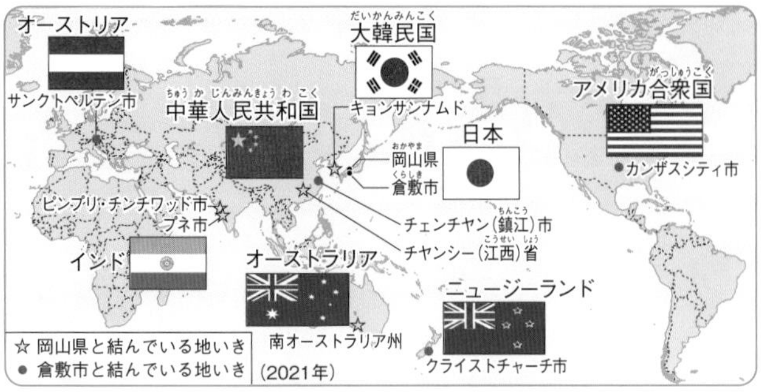

オーストリア
サンクトペルテン市
大韓民国
中華人民共和国
キョンサンナムド
アメリカ合衆国
日本
岡山県
倉敷市
カンザスシティ市
ピンプリ・チンチワッド市
プネ市
チェンチャン(鎮江)市
チャンシー(江西)省
インド
オーストラリア
ニュージーランド
南オーストラリア州
クライストチャーチ市
☆ 岡山県と結んでいる地いき
● 倉敷市と結んでいる地いき
(2021年)

㋐(　　　)倉敷市はアメリカの地いきと姉妹友好都市の関係を結んでいる。

㋑(　　　)倉敷市はインドの地いきと姉妹友好都市の関係を結んでいる。

㋒(　　　)岡山県はオーストリアの地いきと姉妹友好都市の関係を結んでいる。

㋓(　　　)岡山県と倉敷市は中国の地いきと姉妹友好都市の関係を結んでいる。

(2) 国際交流の取り組みについて、次の文の□にあてはまる言葉を、[　]から選びましょう。 ①(　　　　) ②(　　　　) ③(　　　　)

- 倉敷市は ① 訪問団を姉妹友好都市からまねいて、倉敷市のよさを知ってもらう活動をおこなっている。
- 市役所には外国人 ② まど口をつくり、くらしのかんきょうを整えている。
- 岡山県では ③ が中心となって外国の人をしえんしている。

相談　交流　市民　留学　国際交流協会　大学

[記述] (3) 輸入とはどういうことですか。「外国」という言葉を使って書きましょう。

(　　　　　　　　　　　　　　　　　　　　　　　　)

4 岡山県の特色 あとの文にあてはまるカルタの青丸の中の文字を書きましょう。

1つ5〔20点〕

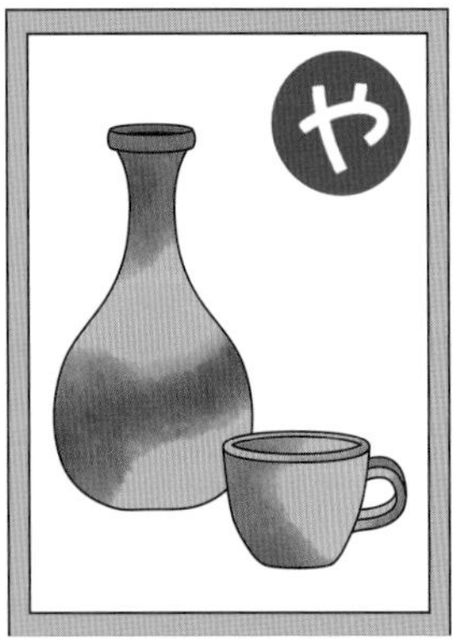

や

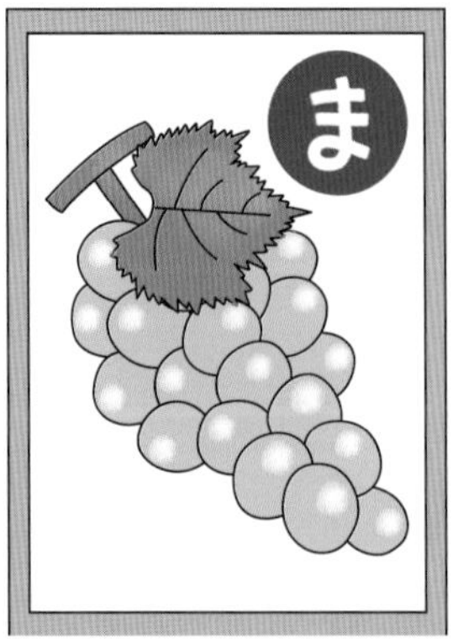

ま

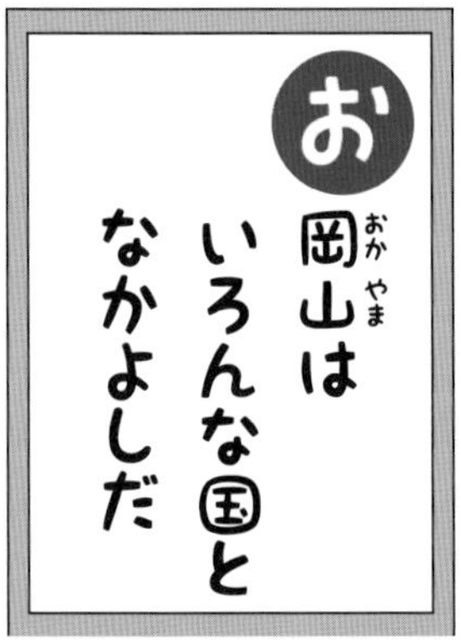

お
岡山は
いろんな国と
なかよしだ

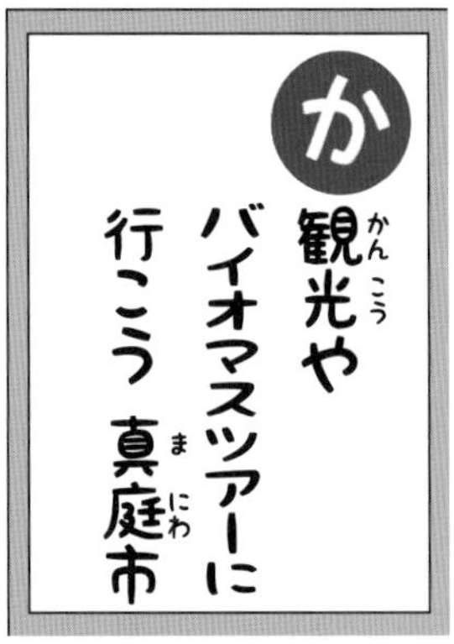

か
観光や
バイオマスツアーに
行こう 真庭市

① 岡山県は、5つの地いきと姉妹友好都市の関係を結んでいる。(　　)

② 真庭市は、観光やバイオマスツアーでまちづくりをおこなっている。(　　)

③ 焼き物の町備前市は、備前焼が特産物である。(　　)

④ 岡山県の特産物には、マスカットがある。(　　)

勉強した日　月　日

もくひょう
地図の等高線としゅくしゃくについて、たしかめよう。

おわったら シールを はろう

地図となかよしになろう

きほんのワーク

教科書 204〜205ページ　答え 20ページ

1 山の高さを平面にあらわしてみよう〜等高線〜

（　）にあてはまる言葉を［　］から書きましょう。

よみトク！ 図

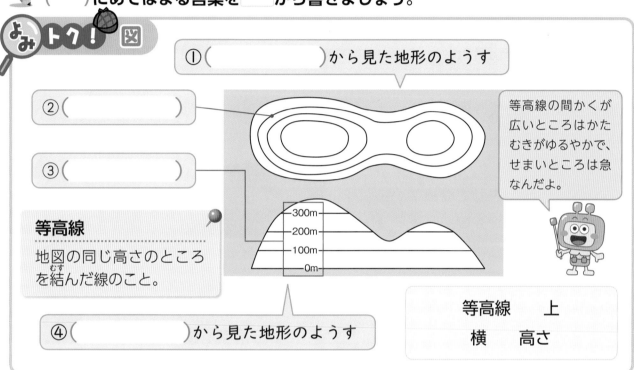

①（　　　）から見た地形のようす

②（　　　）

③（　　　）

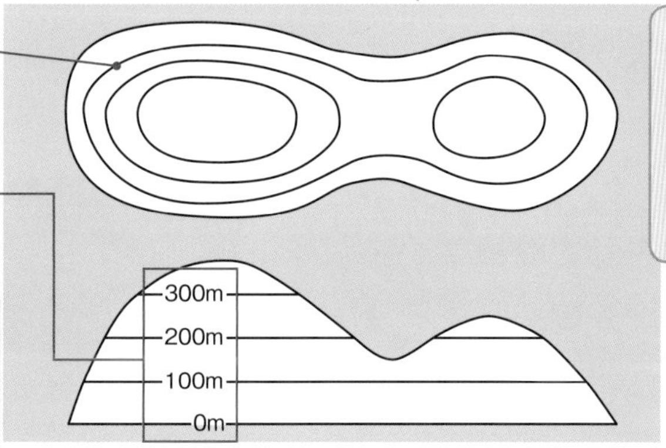
300m
200m
100m
0m

等高線の間かくが広いところはかたむきがゆるやかで、せまいところは急なんだよ。

等高線
地図の同じ高さのところを結(むす)んだ線のこと。

④（　　　）から見た地形のようす

等高線　上　横　高さ

2 きょりをくらべてみよう〜しゅくしゃく〜

（　）にあてはまる言葉や数字を［　］から書きましょう。

しゅくしゃくにコンパスを合わせてはかろう。

- 地図は、広い⑤（　　　）のようすをかくために、じっさいの⑥（　　　）をちぢめてあらわしている。
  - ◆ じっさいのきょりを調べるときは、地図の中の⑦（　　　）をものさしとして使う。
- 地図には、２万5000分の１の地図、５万分の１の地図、⑧（　　　）分の１の地図などがある。
- 土地のようすを細かく調べるときは、⑨（　　　）分の１の地図を使う。

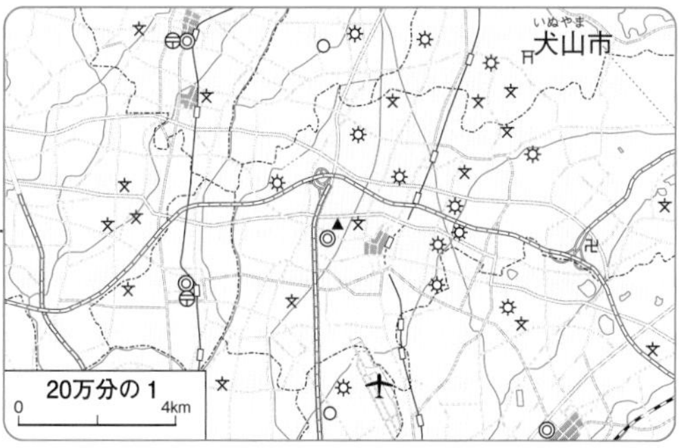
犬山市
20万分の１
0
4km

きょり　土地　しゅくしゃく　2万5000　20万

地図上のきょりを読み取るときは、しゅくしゃくをものさしとして使うとわかりやすいよ。

練習のワーク

できた数

／9問中

おわったら
シールを
はろう

教科書 204～205ページ　　答え 20ページ

1 右の図を見て、次の問いに答えましょう。

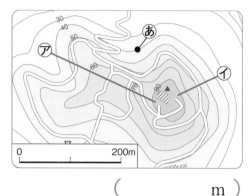

(1) 地図の同じ高さのところを結んだ線のことを、何といいますか。（　　　　　　　）

(2) 右の**図**は、ある土地をどの角度(かくど)から見たようすをあらわしていますか。上か横のどちらかを書きましょう。

（　　　　　　　）

(3) **図**中のあの地点の土地の高さは何mですか。（　　　　m）

(4) **図**中の㋐・㋑のうち、土地のかたむきがゆるやかなのはどちらですか。

（　　　）

(5) (4)のように考えた理由を、かんたんに書きましょう。

（　　　　　　　　　　　　　　　　　　　　　）

2 次の問いに答えましょう。

(1) 地図上で、じっさいのきょりがどれくらいちぢめられているかをあらわしたものを、何といいますか。（　　　　　　　）

(2) 次の**地図**を見て、あとの問いに答えましょう。

地図1

地図2

① より広いはんいをあらわしているのは、**地図1・地図2**のどちらですか。

（　　　　　　　）

② より細かい土地のようすを調べるのによいのは、**地図1・地図2**のどちらですか。

（　　　　　　　）

③ **地図1**中のあの神社とⒾのけいさつしょ間のじっさいのきょりは、約何mですか。

（約　　　　m）

ポイント　地図には、その土地の高さやきょりがあらわされている。

95

地図を使ってチャレンジ！
プラスワーク
